本书由
中央高校建设世界一流大学（学科）
和特色发展引导专项资金
资助

中南财经政法大学“双一流”建设文库
创|新|治|理|系|列|

客户供应商关系会计研究

王雄元　著

中国财经出版传媒集团
中国财经经济出版社

图书在版编目（CIP）数据

客户供应商关系会计研究／王雄元著．--北京：中国财政经济出版社，2019.12

（中南财经政法大学“双一流”建设文库．创新治理系列）

ISBN 978－7－5095－9445－2

Ⅰ.①客…　Ⅱ.①王…　Ⅲ.①企业管理－供应链管理－会计研究　Ⅳ.①F275.2

中国版本图书馆CIP数据核字（2019）第254608号

责任编辑：孙　琛　　　　责任校对：胡永立

封面设计：陈宇琰

客户供应商关系会计研究

KEHU GONGYINGSHANG GUANXI KUAIJI YANJIU

中国财政经济出版社 出版

URL：http：//www.cfeph.cn

E－mail：cfeph@cfemg.cn

社址：北京市海淀区阜成路甲28号　邮政编码：100142

营销中心电话：010－88191537

北京财经印刷厂印装　各地新华书店经销

787×1092毫米　16开　13.25印张　211 000字

2019年12月第1版　2019年12月北京第1次印刷

定价：60.00元

ISBN 978－7－5095－9445－2

（图书出现印装问题，本社负责调换）

本社质量投诉电话：010－88190744

打击盗版举报热线：010－88191661　QQ：2242791300

总 序

“中南财经政法大学‘双一流’建设文库”是中南财经政法大学组织出版的系列学术丛书，是学校“双一流”建设的特色项目和重要学术成果的展现。

中南财经政法大学源起于1948年以邓小平为第一书记的中共中央中原局在挺进中原、解放全中国的革命烽烟中创建的中原大学。1953年，以中原大学财经学院、政法学院为基础，荟萃中南地区多所高等院校的财经、政法系科与学术精英，成立中南财经学院和中南政法学院。之后学校历经湖北大学、湖北财经专科学校、湖北财经学院、复建中南政法学院、中南财经大学的发展时期。2000年5月26日，同根同源的中南财经大学与中南政法学院合并组建“中南财经政法大学”，成为一所财经、政法“强强联合”的人文社科类高校。2005年，学校入选国家“211工程”重点建设高校；2011年，学校入选国家“985工程优势学科创新平台”项目重点建设高校；2017年，学校入选世界一流大学和一流学科（简称“双一流”）建设高校。70年来，中南财经政法大学与新中国同呼吸、共命运，奋勇投身于中华民族从自强独立走向民主富强的复兴征程，参与缔造了新中国高等财经、政法教育从创立到繁荣的学科历史。

“板凳要坐十年冷，文章不写一句空”，作为一所传承红色基因的人文社科大学，中南财经政法大学将范文澜和潘梓年等前贤们坚守的马克思主义革命学风和严谨务实的学术品格内化为学术文化基因。学校继承优良学术传统，深入推进师德师风建设，改革完善人才引育机制，营造风清气正的学术氛围，为人才辈出提供良好的学术环境。入选“双一流”建设高校，是党和国家对学校70年办学历史、办学成就和办学特色的充分认可。“中南大”人不忘初心，牢记使命，以立德树人为根本，以“中国特色、世界一流”为核心，坚持内涵发展，“双一流”建设取得显著进步：学科体系不断健全，人才体系初步成型，师资队伍不断壮大，研究水平和创新能力不断提高，现代大学治理体系不断完善，国际交流合作优化升级，综合实力和核心竞争力显著提升，为在2048年建校百年时，实现主干学科跻身世界一流学科行列的发展愿景打下了坚实根基。

“当代中国正经历着我国历史上最为广泛而深刻的社会变革，也正在进行着人类历史上最为宏大而独特的实践创新”，“这是一个需要理论而且一定能够产生理论的时代，这是一个需要思想而且一定能够产生思想的时代”①。坚持和发展中国特色社会主义，统筹推进“五位一体”总体布局和协调推进“四个全面”战略布局，实现“两个一百年”奋斗目标、实现中华民族伟大复兴的中国梦，需要构建中国特色哲学社会科学体系。市场经济就是法治经济，法学和经济学是哲学社会科学的重要支撑学科，是新时代构建中国特色哲学社会科学体系的着力点、着重点。法学与经济学交叉融合成为哲学社会科学创新发展的重要动力，也为塑造中国学术自主性提供了重大机遇。学校坚持财经政法融通的办学定位和学科学术发展战略，“双一流”建设以来，以“法与经济学科群”为引领，以构建中国特色法学和经济学学科、学术、话语体系为己任，立足新时代中国特色社会主义伟大实践，发掘中国传统经济思想、法律文化智慧，提炼中国经济发展与法治实践经验，推动马克思主义法学和经济学中国化、现代化、国际化，产出了一批高质量的研究成果，“中南财经政法大学‘双一流’建设文库”即为其中部分学术成果的展现。

文库首批遴选、出版二百余册专著，以区域发展、长江经济带、“一带一路”、创新治理、中国经济发展、贸易冲突、全球治理、数字经济、文化传承、生态文明等十个主题系列呈现，通过问题导向、概念共享，探寻中华文明生生不息的内在复杂性与合理性，阐释新时代中国经济、法治成就与自信，展望人类命运共同体构建过程中所呈现的新生态体系，为解决全球经济、法治问题提供创新性思路和方案，进一步促进财经政法融合发展、范式更新。本文库的著者有德高望重的学科开拓者、奠基人，有风华正茂的学术带头人和领军人物，亦有崭露头角的青年一代，老中青学者秉持家国情怀，述学立论、建言献策，彰显“中南大”经世济民的学术底蕴和薪火相传的人才体系。放眼未来、走向世界，我们以习近平新时代中国特色社会主义思想为指导，砥砺前行，凝心聚

① 习近平：《在哲学社会科学工作座谈会上的讲话》，2016年5月17日。

力推进“双一流”加快建设、特色建设、高质量建设，开创“中南学派”，以中国理论、中国实践引领法学和经济学研究的国际前沿，为世界经济发展、法治建设做出卓越贡献。为此，我们将积极回应社会发展出现的新问题、新趋势，不断推出新的主题系列，以增强文库的开放性和丰富性。

“中南财经政法大学‘双一流’建设文库”的出版工作是一个系统工程，它的推进得到相关学院和出版单位的鼎力支持，学者们精益求精、数易其稿，付出极大辛劳。在此，我们向所有作者以及参与编纂工作的同志们致以诚挚的谢意！

因时间所囿，不妥之处还恳请广大读者和同行包涵、指正！

中南财经政法大学校长

目　录

第1章　客户供应商关系类研究现状及研究的主要问题

1.1　客户供应商关系类研究现状

1.1.1　客户供应商信息披露

具有更高 R&D 投入、商誉无形资产和广告费用的企业更愿意披露主要客户信息，而大规模公司以及聘请较高声誉审计师的企业较少披露主要客户信息①（Ellis et al.，2012；王雄元和喻长秋，2014）。

Cen L. et al.（2018）研究了两种类型供应商的诉讼披露模式的差异，结果发现：第一，与非依赖供应商相比，依赖供应商更有可能推迟披露坏消息并加速披露与诉讼结果相关的好消息；第二，当客户的转换成本较高时，由于客户对供应商也较为依赖，上述效应会被削弱；第三，诉讼风险主要是通过可能使公司陷入财务困境或使公司声誉受损两种方式影响公司面对诉讼时的信息披露政策的。

Crawford S. et al.（2018）研究发现，客户集中度与公开信息披露数量显著负相关，即当客户集中度较高时，客户能够以较低的成本获取供应商的私人信息，因此，会减少客户对供应商公开披露信息的需求。

Chiu T. et al.（2018）研究发现，企业客户年报风险信息披露越多，供应商投资效率越高，投资不足或过度投资现象越少。进一步研究发现，当供应商处

① Pandit et al.（2011）研究发现，供应商股价会对客户季度盈余公告产生反应，客户供应商关系越紧密，反应越强烈。

于讨价还价的劣势、供应商所处的行业为耐用品行业时，以及供应商更关心未来需求波动时，风险信息对投资效率的提升作用更强。

1.1.2 客户供应商关系特征

（1）是否存在大客户。客户对企业具有重要影响或客户销售占比超过某一比例，被认为对企业具有重要影响（Itzkowitz，2013）。

（2）力量强弱。合约安排总会偏向强势方，但无论买方或卖方具有优势，都会对双方盈利产生影响（Cool and Henderson，1998；Kelly and Gosman，2000）。

（3）客户集中度。集中度较高的客户具有更强谈判力，能迫使供应商的收入成本边际下降，而且供应商与客户间的战略合作关系能降低存货、管理费用、广告费用与销售费用，从而提高企业盈利水平（Gosman and Kohlbeck，2009）。

（4）客户依赖度。客户供应商关系越密切，成本、业绩的关联性越强，表现为一荣俱荣、一损俱损（Ute，1991）。

（5）信息分享。拥有信息优势的买方与卖方间的信息交换，有助于解决买方交易方式选择中的低效率问题（Baiman and Rajan，2002）。

（6）专有化投资。专有化投资如投资专有设备、信息共享等，能促进上下游企业的整合（Kale and Shahrur，2008）。

1.1.3 如何建立客户供应商关系以及关系性质好坏

（1）如何建立客户供应商关系。

①通过持有股票建立关系。客户持有供应商股票有助于管理其与供应商的关系和稳定双方交易行为（Fee et al.，2006）。

②通过并购、重组等建立关系。并购可增强企业谈判力，从而抵消垄断供应商的消极影响（Snyder，1996）。下游公司并购会让供应商现金流量边际明显下降（Fee and Thomas，2004）。在那些对目标公司与收购公司股东都有正向财富效应的并购样本中，并购也给供应商以及客户带来财富效应①（Shahrur，2005）。

① Brown，Fee and Thomas（2009）研究发现，当下游企业发布杠杆收购公告时，上游供应商股价会下跌、边际利润减少，而那些与下游企业有专有投资关系供应商的股价会猛烈下跌。

③通过战略联盟或共同经营建立关系。与供应商和客户建立战略联盟或共同经营，有助于降低企业财务压力（Kale and Shahrur，2007），改善供应管理效率（Gosman and Kohlbeck，2009）。

（2）客户供应商关系的持续性。

①关系持续性的影响因素。客户持股能增强其对供应商的监督和治理，供应商客户关系持续时间更长（Fee et al.，2006），也即持股有利于关系持续；更多项目整合和信息共享有利于提高供应链双方业绩，并且有利于经销商续签（Schloetzer，2012），也即协调有利于关系持续；当供应商被第三方起诉时，客户可能减少或结束与供应商的合作关系（Cen et al.，2013），也即遭受诉讼不利于关系持续；供应商或客户的应计盈余管理程度较高时，供应商客户关系更可能终止（Raman and Shahrur，2008），也即盈余管理不利于关系持续性；具有重要商业关系的 IPO 企业更可能实施反并购措施，而且这些反并购措施与其 IPO 后商业合作关系的持续时间显著正相关（Johnson et al.，2014），也即反收购有利于关系持续；有重要客户企业的被并购风险较低，因而更容易发展新客户以及强化与现有客户的关系，企业向客户提供专有化产品强化了这种效应（Ling et al.，2015），也即产品专有性有利于关系持续；具有贷款便利性的供应商会向其客户提供更多商业信用，供应商客户关系持续性更高（Shenoy and Williams，2015），也即贷款便利性有利于关系持续。

②关系持续性的经济后果。供应商和客户对未来关系持续性的较好预期以及较高的接触频率能促进双方合作，而不确定性则抑制双方合作（Heide and Miner，1992），也即关系持续有利于合作；与没有长期客户关系的供应商相比，具有长期客户关系的供应商与客户具有相同的成长性（Kalwani and Narayandas，1995），也即关系持续增加了供应链的同步性。

（3）客户供应商关系的好坏。

客户与供应商间既可能相互支持又可能相互压榨。Li and Yang（2011）研究发现，企业与客户关系越好，贷款利率与贷款抵押物价值越低，贷款期限越长，而且客户重要性与客户集中度强化了上述关系，但非良性的客户关系可能削弱甚至扭转上述关系。Luo et al.（2014）研究发现，CEO 任期与客户关系呈倒 U 形关系，行业不确定性会加强上述关系，客户关系会对 CEO 任期和企业业绩间的关系产生中介作用。因此，客户供应商关系对企业产生何种影响，取决于关系性质的好坏。

1.1.4 客户供应商关系对企业业绩的影响

大客户关系对企业而言是一把“双刃剑”。一方面，大客户有助于稳定供应链。拥有大客户的零售商具有更高收益和收益稳定性（Marty et al.，2004）。企业能从大客户身上获得有价值的信息，促进与客户间的联合投资，最终提高存货管理效率和应收账款可收回性，降低诸如销售费用、管理费用、广告支出等酌量性成本（Kalwani and Narayandas，1995）。与客户形成战略合作关系，能改善供应商管理效率，降低存货、管理费用，广告费用与销售费用，从而提高企业盈利（Gosman and Kohlbeck，2009）。另一方面，客户关系也可能暗含风险。大客户具有更强的谈判力，更可能要求企业降低销售价格、延长商业信用期限以及分次运送产品以降低自身存货成本，企业利润空间会被强势大客户无形侵占（Gosman，2004；Piercy and Lane，2006）。

大客户关系整体而言对企业有利，且大客户关系这种“组织资本”无形资产能被资本市场识别并体现在市场价值中（Gosman et al.，2004）。具体而言，Patatoukas（2012）研究发现，客户集中度与企业业绩正相关，并且主要是通过降低经营费用、提高资产使用效率的方式增强企业业绩。Irvine et al.（2014）认为，关系建立初期需要较多投入，因此，客户集中度与企业业绩负相关，但超过某阈值后，关系溢出效应开始显现，客户集中度与企业业绩正相关。Bonacchi et al.（2014）研究发现，客户价值与公司股价、未来盈利能力正相关。Kim and Wemmerlov（2014）研究发现，供应商通过提升产品或服务价值增强了客户对供应商的依赖性，客户依赖性有利于供应商与客户的合作行为，进而使供应商从客户关系中获得较好的会计业绩。Kang et al.（2014）研究发现，相对于非客户股权收购，客户收购的企业市场反应更好、长期经营业绩增长更快、更可能替换业绩差的CEO。Irvine P. J. et al.（2015）则基于生命周期理论，发现客户集中度和企业盈利能力的关系在企业与客户关系建立早期呈现负相关关系，而当企业与客户关系变得成熟稳定后，就变成积极的正相关关系。导致这种变化的驱动因素，是客户的专有化投资引起的早期较高的投资成本、较高的经营杠杆及可能导致的更高亏损。

但是，Hui K. W. et al.（2018）则弥补了前人研究中的缺陷，重新检验客户集中度对公司业绩的影响，结果发现，客户集中度与企业盈利能力负相关；并且，在供应链关系中，随着企业自身实力的增强，客户集中度对供应商业绩的负向影响会被削弱。

1.1.5　客户供应商关系对企业具体行为的影响

重要客户是重要的外部监督力量，为企业经营提供了稳定保证。企业为了维护这一关系的稳定性，可能主动，也可能为强势客户所迫，做出相应的经营、投融资决策或会计政策选择。

（1）对成本粘性的影响。客户集中度与成本粘性显著负相关，并且企业产品的独特性和供应商所在行业的竞争程度会影响客户集中度与成本粘性的关系（Chang et al.，2014）。

（2）对存货管理的影响。强势方可能将存货管理压力转移给弱势方，此外，买卖双方的协同也能降低双方存货水平。Kulp（2002）研究发现，供应商与客户形成战略合作关系，能改善供应商管理效率，降低存货持有水平，提高存货周转效率。Ak and Patatoukas（2014）研究发现，制造行业公司客户集中度越高，持有存货越少、周期越短。

（3）对现金持有的影响。处于这种长期关系链上的客户和供应商面临较高财务风险，出于保障动机，拥有重要客户的企业将持有更多现金（Itzkowitz，2013）。然而，当企业有美国政府作为大客户时，企业将持有较少现金，未来盈利波动性也较低，并且会给客户提供较少商业信用（Cohen and Li，2014）。

（4）对商业信用的影响。强势方更可能享有商业信用，而弱势方可能被迫提供商业信用。企业提供商业信用可减少与客户的销售摩擦并改善与客户的关系，进而为投资者创造价值（Hill et al.，2012）。因此，买卖双方都可能将商业信用作为维持双方关系的一种工具。

（5）对股利支付的影响。当企业依赖少数客户时，关系投资导致的财务压力以及主要客户信息保障效应会影响企业股利支付政策，因此，客户关系投资与企业股利支付显著负相关（Wang，2012）。

（6）对避税的影响。大客户或主要供应商的所得税实际税率较低（Cen L. et al.，2016），并且大客户主要利用避税天堂避税，大客户避税知识可通过密切的供应商客户关系传播到相对较小的供应商（Cen，2014）。

（7）对 CEO 薪酬的影响。客户集中度较高时，企业面临较高的异质性风险，因而采取CEO股权激励的动机更小，即客户集中度与CEO股权激励显著负相关（Albuquerque et al.，2014）。

（8）对股票回报波动性的影响。客户集中度越高，企业股票回报率波动性越强，这种关系在客户违约风险高、企业给予客户商业信用较高、企业所处行业竞争程度较高时更强（Mihov and Naranjo，2014）。

（9）对融资约束的影响。重要客户会降低企业代理成本，进而减少内外部融资成本，降低企业投资现金流敏感度与现金流敏感度（Itzkowitz，2015）。

（10）对社会责任的影响。公司型客户集中度与企业社会责任披露显著正相关，但政府型客户集中度与企业社会责任披露显著负相关（Habib et al.，2015）。

（11）对审计的影响。客户集中度较高时，企业审计费用较低，企业经审计的财务报告发生财务重述的行为较少，并且这种关系在企业与客户的审计师相同时更强（Krishnan et al.，2015）。

（12）对合约签订的影响。当直接监督成本较高、产品专有性较强时，财务限制条款会更频繁地使用，当财务报表可靠性较低时，供应商和客户不会依赖财务限制条款降低道德风险，从而说明财务限制条款与短期合约之间存在替代效应（Costello，2013）。

（13）对盈余管理的影响。企业可通过盈余管理，使供应商或客户相信企业有良好前景，进而从中受益，客户或供应商专有性投资越高，这种动机越明显（Raman and Shahrur，2008）。

（14）对反收购条例实施的影响。当公司具有重要商业关系时，IPO公司会开展更多反收购条例来保护这一关系和经营模式不受改变（Johnson et al.，2015）。

（15）对企业负债的影响。企业债务与供应商和客户R&D投资显著负相关，那些与供应商和客户有战略联盟或共同经营关系的企业债务水平较低，客户和供应商集中度越大，企业债务越高（Kale and Shahrur，2007）。在专有化投资比较重要的耐用品行业以及供应商高度依赖某些客户时，企业债务水平较低，那些需要客户或供应商对其进行更多专有化投资的企业有较低的债务水平（Banerjee et al.，2008）。

（16）对创新活动的影响。对于集中度较低的供应商而言，客户集中度较高会抑制其R&D支出（Farber，1981）。当供应市场高度集中且客户高度集中时，采购商的变革以及R&D投入将增加，买方在价格上的压力会减少卖方创新费用

(Peters, 2000)。客户集中度较高时，企业会进行较多创新（He et al., 2014）。

（17）对资本成本的影响。客户集中度与权益资本成本正相关，并且当供应商失去客户可能性较大或失去客户后遭受损失较大时，客户集中度与权益资本成本之间的正相关关系更强。当企业主要客户为政府机构时，因政府机构破产风险较低，不会给企业带来较大风险，所以权益资本成本也较低（Dhaliwal et al., 2015）。

（18）对会计政策的影响。供应商、客户需要更高稳健性的会计报告，以防范管理层的机会主义，但仅当其拥有较强议价能力时，企业才会如此（Hui et al., 2012）。如果供应商被起诉，客户会弱化或中断与供应商的关系，因而相对于没有重要客户，有重要客户（销售占比超过10%）的供应商倾向于披露更多好消息而战略性选择隐藏坏消息（Cen et al., 2014）。

（19）对IPO的影响。大客户可以降低IPO供应商的内在不确定性，缓解产品市场摩擦，并最终增加IPO供应商的价值和长期业绩（Johnson et al., 2010）。

1.1.6　企业对客户关系以及客户信息的反应

Kang et al.（2012）研究发现，当重要客户负债率较高时，供应商更可能利用衍生品对冲利率风险，并且这一关系在供应商对客户依赖度增加时提高，即当客户销售占比较大、企业处于耐用品行业或企业进行了较多专有化投资时，上述关系会增强。供应商对冲行为有助于供应商维系更为长久的客户关系，特别是与负债率高的客户的关系。客户债券公告或客户信用评级降低的公告对非对冲供应商具有显著负向影响，但对对冲型供应商无显著影响。

Radhakrishnan et al.（2014）研究发现，客户的资本市场信息质量与供应商的经营业绩显著正相关。上述关系在供应商销售收入波动性较高、没有积压的订单、客户对原材料依赖性较低以及供应商客户关系较短的情况下更强。

Cheng C. A., Eshleman J. D.（2014）研究发现，供应商盈余公告期间供应商非正常回报与前期客户盈余公告期间的供应商非正常回报负相关，与供应商投资者存在过度反应相一致，并且这一过度反应随着客户与供应商的经济联系的加强而弱化。

Alldredge and Cicero（2015）研究发现，企业会根据主要客户的公开信息而卖出客户股票获利。

Chen et al. （2015）研究发现，客户被卖空会给供应商带来增量信息，供应商利用该增量信息改变其经营决策并影响其投资效率，其存货、R&D 以及固定资产等投资会下降。

Kolay et al. （2015）研究发现，当客户财务危机仅仅属于财务约束且很可能从破产中复苏时，供应商较少甚至不会受到客户破产溢出效应①的影响；当客户财务危机源自实质性经营问题且危及可持续经营时，供应商受到客户破产溢出效应的影响较大。

Oliveira M. et al. （2017）研究发现，在客户提出破产申请前两年，供应商增加了财务杠杆，与议价能力理论一致：增加财务杠杆可以增加公司的议价能力，从而减少谈判中可供分配的盈余。同时，在客户重组成功后，供应商降低了财务杠杆，恢复到以前的状况。

1.1.7 投资者对企业的客户关系以及客户信息的反应

（1）市场回报率。Cohen and Frazzini（2008）研究发现，买入重要客户回报率较好的企业股票并卖出重要客户回报率较低的企业股票，可以获取超额收益。同时，持有企业和重要客户股票的基金经理，会根据重要客户的信息对企业股票进行交易，仅持有企业股票而未持有重要客户股票的基金经理的交易，对于重要客户的信息具有滞后性。企业与其重要客户的销售收入和经营利润具有显著相关性，重要客户的销售收入与企业未来收入和利润相关性更高。

（2）投资者对客户盈余公告的反应。Olsen and Dietrich（1985）研究发现，客户发布盈余公告时，企业市场反应与客户市场反应显著正相关，该关系在客户销售占比超过 20% 的样本中更强；当客户盈余公告导致客户股价发生较大变化时，企业同行业的供应商企业股价也会同向发生变化。Pandit et al. （2011）研究发现，客户发布季度盈余公告时，供应商市场反应与客户市场反应显著正相关；随着客户盈余公告信息含量的重要性以及负面程度、供应商与客户间经

① 作者将溢出效应的来源分为三个方面，分别为信息、商业信用损失、更换客户的成本。如果溢出效应来源于客户更换成本，那么当客户企业能从破产中重生时，供应商企业受到的溢出效应应该较小，实证结果支持了这一观点；研究发现其他衡量客户更换成本的变量，如供应商行业集中度、供应商企业的 R&D 集中度等也会加强溢出效应。进一步地，作者发现客户破产一年后，供应商企业的销售管理费用上升、毛利下降，但这一后果只是暂时的，再次说明溢出效应反映了企业更换客户带来的成本，而非供应商企业效益的永久性损失。

济联系的紧密度、客户的季度调整收入、产品成本以及宏观经济不确定性的提高，这种外部效应更显著，同时，该信息外部性在供应商盈余持续性较高时会降低。Madsen J.（2017）研究发现，公司盈余公告前，投资者对客户的关注程度会增加，客户的股票回报能够预测公司盈余公告前的股票回报；进一步研究发现，公司可预测性的回报随着投资者对客户信息搜集的增加而增加，且这种结果只是针对投资者能够预测到的披露事件，表明能够预测到的公司盈余公告解决了投资者对客户信息的有限注意力问题，加速了客户信息的定价能力。

（3）投资者对客户破产公告的反应。Hertzel et al.（2008）研究发现，在企业破产公告前以及公告时，企业竞争者和供应链企业会受到传染效应影响。当破产企业所在行业传染效应更强时，破产企业的供应商受到的传染效应更强。

（4）投资者对客户并购公告的反应。Brown et al.（2009）研究发现，杠杆收购 LBO 宣告前后供应商的超额收益率为负，而 LBO 企业的超额收益率为正，说明投资者认为 LBO 对于企业而言是好消息，对于供应商而言是坏消息。

（5）投资者对客户反并购的反应。Johnson et al.（2014）研究表明，具有重要商业关系的 IPO 企业更可能实施反并购措施，而且其 IPO 后商业合作关系的持续时间更长，IPO 企业反并购措施对大客户产生正向溢出效应越强，并且当 IPO 企业有重大客户并进行反并购时，其价值和后续经营业绩更好。

1.1.8　财务分析师对企业的客户关系以及客户信息的反应

Guan et al.（2014）研究发现，分析师跟踪企业的主要客户能获得增量信息，进而有利于提高盈余预测准确性，同时，跟踪供应商及其客户的分析师，能够在客户盈余公告后更好地调整其对供应商的预测。

Luo and Nagarajan（2014）研究发现，供应商与同行业其他企业、其主要客户和分析师同时跟踪的其他企业之间的信息互补性，是影响分析师是否同时跟踪供应商和客户的主要因素。相对于非供应链分析师而言，供应链分析师为供应商企业提供了更准确的预测，但对其他企业的预测准确度却显著下降。

Shuqing and Nagarajan（2015）研究发现，供应商与其主要客户、供应商主要客户与其他企业间的信息互补性，提高了分析师成为供应链分析师的可能性；相反，供应商与其同业企业的信息互补性，减少了分析师成为供应链分析师的可能性；供应商为分析师创造的收益越高，分析师越可能成为供应链分析师；

相比于非供应链分析师，供应链分析师的预测更准确且乐观偏向更小；对于非供应链公司，供应链分析师的预测比非供应链分析师的预测更不准确。

1.1.9　债权人对企业的客户关系以及客户信息的反应

（1）债权人对会计信息的要求。Gong and Luo（2014）研究发现，如果银行以前给借款者的客户提供过贷款，那么银行可以通过从客户那里获得供应链信息了解借款者，降低信息不对称，进而降低对借款者会计稳健性的需求。

（2）贷款成本。Tsung – Kang et al.（2010）研究发现，企业债券利率与供应商的信息不对称程度显著正相关，而与客户的信息不对称程度无显著关系；企业债券利息与其供应商或客户所在行业的集中度显著正相关，与其供应商R&D显著负相关。Li and Yang（2011）认为，与客户关系密切的企业能获得较优厚的银行贷款。Houston et al.（2015）研究发现，客户发布破产公告后，企业贷款成本增加。Campello et al.（2015）研究发现，客户集中度越高，贷款利率越大，限制性条款越多，与银行关系越不稳定，违约率越高，并且当客户处于财务困境时，银行贷款条款更苛刻。Files R.（2018）研究发现，大客户的财务重述会增加借款者约 11 个基准点的贷款利差。当借款者转换成本较高时，客户重述的传染效应更强（借款者贷款利差会增加约 45 个基准点），并且同行业公司的财务重述也会增加借款者的贷款利差。

1.1.10　审计师对企业的客户关系以及客户信息的反应

（1）审计师选择。供应商或客户集中度越高，非国有企业聘请大事务所的概率越低，而国有企业聘请大事务所概率呈 U 形变化（张敏等，2012）。

（2）审计收费。Chen（2014）研究发现，当供应商的审计师事务所同时审计该供应商和其主要客户时，审计师具有更多供应链知识，会收取较低审计费用。Jengfang et al.（2014）研究发现，当事务所同时审计企业及其主要客户时，事务所对企业的审计收费更低。

（3）审计质量。Johnstone et al.（2014）研究发现，若供应商与客户由同一事务所审计，由于审计师可以同时了解供应商和客户，审计质量更高，且这种效应主要出现在供应商和客户是由同一事务所同一城市分部审计时成立，同时，供应商对客户依赖程度越高，此效应越强。Dhaliwal D. S. et al.（2016）也发现，共同审计师能够降低客户与供应商之间的信息不对称，进而增加供应商的关系专有性投资。杨清香等（2015）认为，当供应商与其主要客户共享审计师时，共同审计师便可以从供应商与其客户的主要交易中获取更多细节信息和前沿信息，从而更有效地发现供应商的会计错报和可疑行为。

1.1.11　产品市场对企业的客户关系以及客户信息的反应

（1）并购。当供应商集中度较高时，同业并购提高了买方谈判力（Shahrur，2005）。

（2）商业信用。主要客户中有美国政府的企业现金持有更少，上游供应商考虑到企业与下游政府客户的关系，会给予更少的商业信用（Cohen and Li，2014）。

1.2　客户供应商关系类研究的主要问题

首先，如何更好地刻画客户供应商关系，是这类研究最主要的问题。现有研究主要从销售或采购占比，集中度，依赖度，是否有关联关系，是否有依赖风险，是否为政府性质客户供应商，以及关系是否稳定等角度刻画客户供应商关系。未来研究可以利用文本分析方法，提取有关客户和供应商方面的更多信息，构建更独特的指标。此外，可以从价值链角度理解客户供应商关系。

其次，何种因素影响客户供应商关系，好的或不好的客户供应商关系如何形成。财务管理对这些问题有基本论述，但缺乏系统性，也缺乏经验证据。地理位置、产品质量、价格等经济和非经济因素如何影响客户供应商关系，关系如何形成并发挥作用，这一过程值得关注，尤其需要从价值链甚至企业战略的高度加以理解。

最后，客户供应商关系如何影响企业的行为。既有文献对这类问题的研究非常多，但关注客户经济后果的较多，而关注供应商经济后果的较少，这与缺乏供应商数据有关。此外，这类研究的视角大多较为微观，缺乏战略层面的系统思考。

第 2 章　客户供应商类研究制度背景

2.1　宏观经济制度

经济全球化是商品、服务、资本和技术在世界性生产、消费和投资领域中的扩散。国际货币基金组织认为，全球化是指跨国商品与服务交易及国际货币资本流动规模和形式的增强，以及技术的广泛快速传播，强化世界各经济体之间的相互依赖性。简而言之，经济全球化是经济要素在全球范围流动的最优配置的过程。随着经济全球化的深入与国际分工的深化，跨国公司在全球范围内配置资源逐渐成为常态。可以说，各个国家间竞争的主线，已日益转变为全球供应链之间的竞争，而供应链能否在全球竞争中占有优势地位，业已成为衡量国家经济竞争力的重要指标。

面对复杂多变的全球化局势，为在国家间的竞争中保持领先优势，发展与创新供应链成为国家发展的应有之义。对外，我国提出了“一带一路”倡议，旨在积极发展与沿线国家的经济合作伙伴关系，共同打造政治互信、经济融合、文化包容的利益共同体、命运共同体和责任共同体。为与“一带一路”倡议的有序推进相适应，国家供应链的建设成为其间的重要支撑，我国需要通过提升供应链水平而进一步提升统筹两个市场（国际市场与国内市场）、两种资源（国内资源与国外资源）的能力。2017 年，我国国务院办公厅印发《关于积极推进供应链创新与应用的指导意见》（国办发〔2017〕84 号），指出要着力构建符合我国国情的供应链发展新技术、新模式，到 2020 年基本形成我国重点产业智慧供应链体系，培育 100 家左右的全球供应链领先企业；重点产业的供应链竞争力进入世界前列，中国成为全球供应链创新和应用的重要中心。可见，供应链的创新与发展已被上升至国家战略层面的高度，亦展现了政府推动我国产业供应链国际竞争力的决心和力度。

另一方面，我国对内提出了“供给侧结构性改革”，这是破解经济发展中供需失衡、产能过剩等问题，引领我国经济高质量发展的创新举措。供应链作为连接供给侧与需求侧的桥梁与纽带，是以市场化方式推动供给侧结构性改革的重要抓手，运用先进的供应链管理技术和模式来替代过去低效粗放的运营模式，促进降本增效，优化供给结构、供给质量和供给效率，推动经济高质量发展。

基于此，身处互联市场中的企业正面临越来越复杂的供应链关系网络，承受着来自竞争者、供应商、客户以及职工等社会各方的压力（Trebilcock，2007），管理好这些关系有助于企业获取竞争优势。利益相关者理论认为，服务好那些对企业进行了专用化投资并承担了相应风险的股东、债权人、供应商与客户等利益相关者，企业自身利益才会最终实现（Blair，1995）；社会资本理论认为，关系等社会资本能增强诚信、促进合作与提高效率（LLSV，1997）；价值链管理理论认为，优化价值链上的资源配置可增加企业价值与竞争力（Porter，1985）；组织间控制理论认为，企业可以超越自身边界获取竞争优势，实现资源共享和优势互补（Coletti et al.，2005）。这些理论从不同角度论述了管理关系网络对企业价值的作用，客户供应商关系是企业的重要无形资产（Nagar and Rajan，2005）。

2.2　微观资本市场

我国的《公开发行证券的公司信息披露内容与格式准则》中，多项准则都规范了客户与供应商的信息披露制度。2016 年修订的年度报告的内容与格式，第二十七条规定“公司应当以汇总方式披露公司向前 5 名客户销售额占年度销售总额的比例，向前 5 名供应商采购额占年度采购总额的比例，以及前 5 名客户销售额中关联方销售额占年度销售总额的比例和前 5 名供应商采购额中关联方采购额占年度采购总额的比例。鼓励公司分别披露前 5 名客户名称和销售额，前 5 名供应商名称和采购额，以及其是否与上市公司存在关联关系”，第二十八条规定应当披露面临的“单一客户依赖风险”；更早的 2015 年修订的招股说明书第四十四条，以及 2014 年修订的上市公司重大资产重组申请文件第二十一条等都有类似的规定。

此外，我国和美国对客户与供应商的披露要求存在一定的差异，美国以10%的销售占比来认定主要客户，并且美国证券交易委员会（SEC）要求披露客户的名称，对供应商没有单独认定；而我国根据前5名来认定主要客户供应商，没有强制要求而是鼓励分别披露前5名客户供应商的名称。

第3章　客户集中度与审计费用①

3.1　引言

审计费用是供需双方就审计服务达成的价格（Simunic，1980）。公司规模、存货和应收账款（伍利娜，2003）、业务复杂性、行业与财务状况（Menon and Willianms，2001）、盈余管理（Abbott，Parker and Peters，2010）、会计稳健性（朱松、陈关亭，2012）、公司治理（蔡吉甫，2007）、法律风险（冯彦超、梁莱歆，2010）等企业特征，审计师性别（施丹、程坚，2011）与事务所声誉（王兵、辛清泉，2010）等审计师与事务所特征，以及 IFRS 的强制实施（George，Ferguson and Spear，2013）等外部环境特征均显著影响审计费用，但尚无文献研究企业利益相关者对审计费用的影响。

客户可影响企业营运活动、成本结构与盈利水平（Kim and Wemmerlov，2010），具体而言可显著影响企业的创新活动（Peters，2000）、存货管理（Kulp，2002）、盈余管理（Raman and Shahrur，2008）、IPO 抑价（Johnson，Kang and Yi，2010）、资本结构（Kale and Shahrur，2008）、股利分配（Wang，2012）、商业信用（Hill，Kelly and Lockhart，2012）、审计师选择（张敏、马黎珺、张胜，2012）、会计稳健性（Kai，Sandy and Yeung，2012）以及现金持有（Jennifer，2013）等方面。由于被审计企业的客户能对企业产生广泛影响，而企业特征又是审计费用的重要影响因素，因此，我们预期客户特征也能对审计费用产生影响。

客户对审计费用的影响取决于客户关系的性质。买卖双方的成功合作能促

① 王雄元，王鹏，张金萍．客户集中度与审计费用：客户风险抑或供应链整合［J］．审计研究，2014（06）：72－82.

进通过变革节约成本，有助于解决买方交易方式选择中的低效率问题，但以所有权信息分享（Anderson and Dekker，2005）为前提，而信息分享又会引发机会主义行为与道德风险（Baiman and Rajan，2002），并产生关系风险和业绩风险（Das and Teng，2001）。如果客户关系的潜在收益大于成本，总体上呈现供应链整合效应，此时企业自身风险较小，审计风险与审计工作量较小，审计费用较低。如果客户关系的潜在收益小于成本，总体上呈现客户风险效应，此时企业自身风险较大，审计风险与审计工作量较大，审计费用较高。因此，客户特征与审计费用的关系若为风险效应，将显著正相关，若为供应链整合效应，则显著负相关。

利用2007—2011年制造业上市公司的客户特征数据，我们研究了被审计对象的客户特征对审计费用的可能影响及其作用机理。研究表明：总体上，客户集中度越高，审计费用越低。进一步分析表明，存货与应收账款越少、企业规模越大、企业法律风险越小、公司治理效率越高以及会计师事务所声誉越低，客户集中度越可能被解读为有利于产业整合，对审计费用的降低效应越强。这些结果说明，大客户的存在在我国被认为有利于供应链整合，向市场传递了好的信号，而且企业运营效率与公司治理效率越高、法律风险越低以及会计师事务所规模越小，大客户的这种信号效应越强，对审计费用的降低效应越强。我们首次从客户视角研究了被审计企业的客户特征对审计费用的影响，既拓展了审计收费影响因素文献与客户特征的经济后果文献，又能对我国当前审计收费制度改进具有一定借鉴价值。

3.2 研究假设

审计费用由审计产品成本、风险成本、事务所正常利润三部分构成（伍丽娜，2003）。审计产品成本是指执行必要审计程序与出具审计报告所需的费用，一般取决于规模（Simunic，1980）、业务复杂度（朱小平、郭志英，2006）、公司治理以及内部控制（蔡吉甫，2007）等企业特征，而风险成本主要是指诉讼损失与恢复名誉的潜在成本（伍丽娜，2003）。

被审计企业的客户特征是被审计对象企业特征的延伸，可通过影响企业特征进而影响审计产品成本以及风险成本，最终对审计费用产生影响。客户关系可影响企业营运活动、成本结构与盈利水平，买卖双方较高的整合度可增强供应商服务客户的能力，促进双方增加销售、降低成本费用（Kim and Wemmerlov，2010），提升双方盈利水平（Flynn et al.，2010）。客户购买力影响企业价格策略、营运与产品设计以及营销与客户服务活动，进而影响企业的成本结构与利润（Gosman et al.，2004）。实证证据也表明，客户关系显著影响企业的经济行为。企业可能减少股利支付（Wang，2012）或持有更多现金以应对重要客户可能发生的财务风险（Jennifer，2013），因受强势客户压迫而持有更多存货或因双方协同而持有更少存货（Kulp，2002），为维系与强势客户的关系而提供更多商业信用（Fabbri and Menichini，2010），为使客户相信自己有良好前景而进行更多的盈余管理（Raman and Shahrur，2008），执行更稳健的会计报告政策以防范管理层的机会主义行为（Kai，Sandy and Yeung，2012）。客户集中度越高，企业创新活动越多（Farber，1981）、债务水平越高（Kale and Shahrur，2007），而且 IPO 发行价格和 IPO 后业绩越好（Johnson，Kang and Yi，2010）。审计收费文献的经验证据表明，存货和应收账款占总资产的比重（Simunic，1980）以及盈余管理（Abbott，Parker and Peters，2010）等企业特征对审计费用具有重要影响，审计对象的客户特征对企业特征有影响，进而也会对审计费用产生影响。

客户对企业经济活动的影响程度取决于客户关系的紧密程度。企业与客户关系越密切，成本以及业绩的关联性越强，两者一荣俱荣、一损俱损（Ute，1991）。企业与客户关系的建立以所有权信息分享为前提（Anderson and Dekker，2005），交换更多关于产品设计、生产工艺以及需求预测等方面的信息，有助于企业及时变革以更好地适应市场和科技革新，有助于解决买方交易方式选择中的低效率问题（Baiman and Rajan，2002）。此外，专有化投资能促进上下游企业间的整合（Kale and Shahrur，2008）。信息分享以及专有化投资又会引发合作方的机会主义行为与投资中的道德风险（Baiman and Rajan，2002），进而产生关系风险和业绩风险（Das and Teng，2001）。专有化投资一旦脱离关系范畴就毫无价值，如果寻找新合作者的转换成本较高，且未来不确定、信息不对称和未预期事项发生，进行专有化投资的卖方或买方将会被锁定在这种关系中（Williamson，1991）。由于供应商破产、物流不畅、自然灾害、政治事件以及供应商监督不力等原因导致的供应失败都会引起业绩风险（Keefe，2004）。可见，客户关系对于企业而言，既有供应链整合效应，也有客户风险效应，因而对审计费用的影响也视客户关系性质而定。

一方面，客户关系有利于供应链整合并可能会降低审计费用。大客户有助于稳定供应链，拥有大客户的零售商具有更高收益和收益稳定性（Marty et al.，2004）。企业能从大客户身上获得有价值的信息，促进与客户的联合投资及战略合作，最终提高存货管理效率和应收账款回收性，降低销售费用、管理费用以及广告支出等酌量性成本（Gosman and Kohlbeck，2009）。企业对客户的依赖度越高，边际收入、资产周转速度、资金回收速度、管理费用与广告费用越低（Patatoukas，2011）。有大客户关系的企业有更高的 IPO 溢价和更好的长期业绩（Johnson et al.，2010）。上述分析表明：有大客户的企业表现更好，自身风险较低，审计风险也较低；如果企业能与客户实现供应链整合，企业运营效率的提高将使现金、存货、应收账款等审计费用的影响因素的持有水平下降，由于企业主要与少数重要客户交易，业务复杂度降低，可能降低审计工作量。综合起来，客户关系的价值链整合有助于降低审计风险与审计工作量，从而降低审计费用。

另一方面，客户关系也可能暗含风险，从而提高审计费用。大客户可能随时中断交易或与企业同行业竞争对手建立产业联盟，严重影响企业经营及财务状况（Maksimovic and Titman，1991）。企业越依赖主要客户，负债水平越高（Kale and Shahrur，2007），面临的现金流量风险越高，越可能陷入财务困境（Wang，2012）。主要客户的流失将严重影响企业经营业绩，减少企业现金流量（Hertzel，Li，Officer and Rodgers，2008；Dhaliwal et al.，2014），为防止此种风险，拥有重要客户的企业一般会持有更多现金（Jennifer，2013）。此外，大客户相对于小客户具有更强的谈判力，更可能要求企业降低销售价格、延长商业信用以及分次运送产品，以降低自身存货成本，企业利润空间会被强势大客户蚕食（Gosman，2004）。这些分析表明：大客户对于企业也可能是风险，而审计师又有识别客户集中度风险的能力（Dhaliwal et al.，2013）；大客户的压迫可能使审计费用的影响因素如现金、存货、应收账款等的持有水平上升，增加了审计工作量。综合起来，客户关系风险增加了审计风险与审计工作量，从而提高了审计费用。

综上所述，提出本章的两个对立假设：

假设 H1：客户集中度越高，供应链整合越好，审计风险以及审计工作量越小，审计费用越低，即供应链整合假说。

假设 H2：客户集中度越高，客户风险越大，审计风险以及审计工作量越大，审计费用越高，即客户风险假说。

3.3 研究设计

3.3.1 样本来源及处理

本章以 2007—2011 年制造业上市公司的数据为研究对象。样本年度始于 2007 年，是因为我国自 2007 年才开始披露客户信息。客户特征数据从年报中手工摘取，共计 5390 个，删除 35 个 ST 和 * ST 公司以及 1245 个样本缺失的公司，最终得到 3987 个样本。由于并非所有公司都披露前五大客户明细，因此，在以第一大客户所占比例以及前五大客户离散度作为客户特征指标时，样本进一步减少。由于个别企业基本只有一个客户或者基本没有稍大客户，为消除极端值的影响，我们对所有连续变量进行了 1% 的 Winsorize 处理。其他数据取自 CSMAR 数据库。

3.3.2 模型与变量设计

本章主要借鉴 Simunic（1980）以及冯延超、梁莱歆（2010）的审计费用模型建立方程（1）以检验客户特征对审计费用的影响。变量详细定义见表 3-1。

$$Lnfee = \alpha_0 + \alpha_1 CC + \alpha_2 \mathrm{abs}DA + \alpha_3 IPO + \alpha_4 M\&A + \alpha_5 \mathrm{Rec} + \alpha_6 Inv + \alpha_7 Lev + \alpha_8 \mathrm{Size} + \alpha_9 Crr + \alpha_{10} Roc + \alpha_{11} Roa + \alpha_{12} Loss + \alpha_{13} Op + \alpha_{14} Big4 + \alpha_{15} Ind\_dum + \alpha_{16} Year\_dum + \varepsilon \qquad \text{模型(3-1)}$$

表3-1　　　　变量定义表

变量类型	变量名称	变量符号	变量定义
被解释变量	审计费用	Lnfee	审计费用的自然对数
解释变量（CC）	客户集中度1	Fiveratio	前五大客户营业收入所占总的营业收入比重
	客户集中度2	Firstratio	第一大客户营业收入所占总的营业收入比重
	客户集中度3	Khsd	前五大客户各自所占营业收入比的标准差
	客户集中度4	Khcc	前五大客户销售比重的赫芬达尔指数
	客户集中度4	Firstrate	第一大客户与其他前五大客户的比例
控制变量	盈余管理	absDA	运用修正琼斯模型计算的残差绝对值
	首次公开上市	IPO	如果企业当年进行IPO取值为1
	兼并收购	M&A	企业当年进行CSMAR数据库中列示的八种兼并收购活动时，取值为1
	应收账款净额	Rec	应收账款净额与总资产的比重
	存货净额	Inv	存货净值与总资产的比重
	资产负债率	Lev	年末总负债与总资产的比重
	公司规模	Size	年末总资产的自然对数
	流动比率	Crr	流动资产/流动负债
	经营现金流量营收比	Roc	经营活动现金净流量与营业收入比例
	总资产报酬率	Roa	净利润/总资产余额
	审计意见	Op	审计意见哑变量，标准无保留意见取值为0，否则为1
	是否四大审计	Big4	会计师事务所哑变量，国际四大审计取值为1，否则为0

3.3.3 描述性统计

表3-2的主要变量描述性统计显示：前五大客户销售比例最高接近1，最低为3.8%，均值为28.9%，标准差为0.198，第一大客户销售比例最高接近66.4%，最低为1%，均值为12.3%，标准差为0.121，客户销售离散度最高接近28.3%，最低为0.1%，均值为4%，说明我国制造业上市公司客户集中度具有差异且分布较为合理，但部分公司客户集中度过高，对大客户具有较高依赖性，另有少量公司缺乏相对稳定的客户，因此有必要对样本进行极值处理。

表3－2　　主要变量描述性统计分析

variable	N	mean	sd	p50	min	max
Lnfee	3987	13.240	0.621	13.120	12.100	15.540
Fiveratio	3987	0.289	0.198	0.231	0.038	0.936
Firstratio	2368	0.123	0.121	0.081	0.010	0.664
Khsd	2352	0.040	0.050	0.022	0.001	0.283
Khcc	2366	0.041	0.075	0.013	0	0.475
DA	3987	0.091	0.091	0.068	0.001	0.572
Size	3987	21.54	1.154	21.41	19.00	24.89
Lev	3987	0.490	0.243	0.486	0.041	1.534
Rec	3987	0.101	0.082	0.085	0	0.366
Inv	3987	0.166	0.104	0.145	0.011	0.547
Crr	3987	2.043	2.693	1.321	0.243	24.23
Roc	3987	0.069	0.139	0.061	-0.368	0.543
Roa	3987	0.038	0.075	0.038	-0.285	0.261

相关系数分析显示：①客户特征指标均与审计费用显著负相关，与本章假设H1供应链整合假说基本吻合；②客户特征与Rec显著正相关，而与Inv显著负相关，说明客户集中度越高，供应链整合越明显，企业以赊销方式稳定客户并降低存货压力。表3－3为客户集中度与审计费用的差异性检验结果显示：无论均值T检验还是中值Z检验均表明，客户集中度越高，审计费用越低，说明我国资本市场客户集中度总体上有利于降低审计工作量与审计风险，这与本章假设H1供应链整合假设基本吻合。

表3－3　　差异性检验

客户集中度	分组标准	均值	T检验	中值	Z检验
Fiveratio	>均值	13.085	-12.687***	13.017	-12.845***
	其他	13.337		13.218	
Firstratio	>均值	13.170	-9.057***	13.082	-10.500***
	其他	13.350		13.271	
Khsd	>均值	13.181	-7.458***	13.082	-9.218***
	其他	13.329		13.218	
Khcc	>均值	13.164	-8.869***	13.039	-10.560***
	其他	13.337		13.218	

3.4 实证检验

3.4.1 客户特征对审计费用的影响

表3－4有关客户特征与审计费用的回归结果显示：客户的四个特征指标Fiveratio、Firstratio、Khsd和Khcc，与审计费用分别在5%或1%水平上显著负相关，说明客户集中度显著降低了审计费用，本章假设H1供应链整合效应得以验证。具体而言，前五大客户以及第一大客户销售占比越高，客户总体销售占比的离散度越大，越可能被认为客户关系较为稳定、企业风险较小，同时相对稳定且集中的客户关系也使审计的实际工作量减少，因而企业审计费用总体上呈下降趋势。此外，企业IPO当年的审计费用显著较高，这与Venkataraman et al.（2008）IPO当年企业审计费用增加两倍的研究结论一致；企业是否发生兼并收购会显著增加审计收费，这与国外文献一致，因为这些活动会增加审计风险以及审计工作量，也增加了企业规模。

表3－4　　客户集中度对审计费用的影响

变量名称	Fiveratio	Firstratio	Khsd	Khcc
CC	-0.206^{***} (0.000)	-0.157^{**} (0.018)	-0.322^{**} (0.042)	-0.257^{**} (0.013)
DA	0.159^{*} (0.064)	0.143 (0.212)	0.122 (0.285)	0.147 (0.200)
IPO	0.069^{***} (0.000)	0.059^{***} (0.008)	0.054^{**} (0.014)	0.059^{***} (0.008)
M&A	0.068^{***} (0.000)	0.082^{***} (0.000)	0.081^{***} (0.000)	0.081^{***} (0.000)
Rec	0.104 (0.295)	0.078 (0.546)	0.083 (0.512)	0.077 (0.553)
Inv	-0.150^{**} (0.016)	−0.032 (0.700)	−0.021 (0.793)	−0.033 (0.684)

续表

变量名称	Fiveratio	Firstratio	Khsd	Khcc
Lev	0.033 (0.423)	-0.034 (0.500)	-0.027 (0.588)	-0.037 (0.465)
Size	0.340*** (0.000)	0.335*** (0.000)	0.332*** (0.000)	0.335*** (0.000)
Crr	-0.008*** (0.001)	-0.010*** (0.001)	-0.010*** (0.001)	-0.010*** (0.000)
Roc	-0.130** (0.010)	-0.145** (0.030)	-0.135** (0.040)	-0.143** (0.032)
Roa	0.267** (0.025)	0.098 (0.479)	0.141 (0.304)	0.098 (0.476)
Loss	0.059*** (0.006)	0.038 (0.191)	0.037 (0.192)	0.038 (0.188)
Op	0.198*** (0.000)	0.168*** (0.000)	0.169*** (0.000)	0.173*** (0.000)
Big4	0.957*** (0.000)	0.906*** (0.000)	0.861*** (0.000)	0.905*** (0.000)
行业	控制	控制	控制	控制
年度	控制	控制	控制	控制
Constant	5.964*** (0.000)	6.048*** (0.000)	6.123*** (0.000)	6.088*** (0.000)
Observations	3987	2368	2352	2366
Adjusted R^2	0.577	0.557	0.548	0.557
F	161.892	83.163	77.956	83.110

3.4.2　稳健性测试

我们做了如下稳健性检验：①George，Ferguson and Spear（2013）研究发现，强制实施 IFRS 会加大审计师的当年审计工作量，同时也会增加审计风险，我们删除 2007 年样本并重复了表 3－4 的回归，以排除 2007 年采用 IFRS 对审计费用的可能影响。②按审计费用是否大于行业均值，取哑变量并进行 logit

定性回归分析。③改变解释变量的计量方式，即用第一大客户销售占比减第二大客户销售占比作为客户集中度的代理变量。④分别按股票代码以及行业进行聚类分析，以消除公司以及行业的可能影响。⑤用企业年度审计报告出具时间减去审计师开始审计时间作为审计工作量的代理变量，并将其与客户集中度进行回归，结果显示客户集中度显著降低了审计工作量，间接验证了供应链整合假说。⑥将客户集中度与审计意见进行回归，发现两者并不存在显著相关关系，间接排除客户风险假说。上述回归结果均表明客户特征指标与审计费用显著负相关，本章假设 H1 产业整合假说具有较强的稳健性。限于篇幅，此处不赘述。

3.5 审计成本与审计风险的影响

3.5.1 审计成本路径

（1）存货。

存货占总资产的比重可以反映审计业务的复杂程度，是审计收费的重要影响因素。强势方可能将存货管理压力转移给弱势方，要求企业持有更多存货，同时，买卖双方的协同也可能降低双方存货水平（Kulp，2002）。存货水平的变化直接影响存货盘查工作量，也可能是供应不足或过剩等潜在供应链风险的一种信号。存货比重越高，盘点工作量越大，审计风险越高，审计费用越高（Simunic，1980），反之亦然。因此，我们按存货高低对客户集中度与审计费用关系进行分组回归，以考察客户关系如何通过影响存货路径影响审计费用。表 3 - 5 的回归结果显示：除 Fiveratio 的回归结果外，客户关系特征与审计费用的负相关关系主要体现在存货水平较低组。也就是说，在客户销售占比集中的情况下，只有发挥客户关系的产业整合效应并大幅降低存货水平，审计费用才能下降；如果大客户的存在并未带来存货的减少，客户关系呈现风险效应，它对审计费用的影响并不明显。这也更好地支持了本章假设 H1 的产业整合假说。

表 3 - 5　　客户集中度与审计费用（按存货分组）

变量名称	Fiveratio		Firstratio		Khsd		Khcc	
	>均值	其他	>均值	其他	>均值	其他	>均值	其他
CC	-0.259*** (0.000)	-0.143*** (0.001)	-0.133 (0.270)	-0.143* (0.078)	-0.167 (0.561)	-0.345* (0.072)	-0.144 (0.467)	-0.259** (0.039)
其他变量	(略)	(略)	(略)	(略)	(略)	(略)	(略)	(略)
行业	控制	控制	控制	控制	控制	控制	控制	控制
年度	控制	控制	控制	控制	控制	控制	控制	控制
Constant	5.378*** (0.000)	6.344*** (0.000)	5.503*** (0.000)	6.367*** (0.000)	5.441*** (0.000)	6.380*** (0.000)	5.557*** (0.000)	6.471*** (0.000)
Observations	1647	2340	924	1444	919	1433	923	1443
Adjusted R^2	0.603	0.567	0.581	0.547	0.573	0.537	0.581	0.547
F	61.542	123.777	30.354	62.031	29.002	57.695	30.513	61.898

（2）应收账款。

应收账款占总资产的比重也可用于衡量审计业务的复杂程度，也是审计收费的重要影响因素（Simunic，1980）。应收账款越多，函证工作量越大，审计费用越高。如果企业与客户的经济联系主要集中于少数主要客户，对客户的依赖将使企业处于谈判弱势地位，少数大客户会要求更多的商业信用（Fabbri and Menichini，2010），而良好的客户关系也可能使供应链上的商业信用整体下降。总体商业信用下降时，函证审查工作量减少，总体商业信用增加，但这种增加又主要来自大客户时，其函证审查工作量较之商业信用增加来自若干分散的小客户要小。因此，我们按应收账款大小对客户关系特征与审计费用关系进行分组回归，以考察客户特征如何通过应收账款路径影响审计费用。表 3 - 6 的回归结果显示：客户特征与审计费用的负相关关系主要体现在应收账款水平较低组。也就是说，在客户销售占比集中的情况下，若能发挥客户关系的产业整合效应并同时大幅降低应收账款水平，审计费用将大幅下降，如果大客户的存在并未带来应收账款的减少，它对审计费用的影响并不明显。

3.5.2　企业规模

企业规模是审计收费的决定因素（Simunic，1980）。企业规模越大，经济业

表 3-6　　客户集中度与审计费用（按应收账款分组）

变量名称	Fiveratio		Firstratio		Khsd		Khcc	
	>均值	其他	>均值	其他	>均值	其他	>均值	其他
CC	-0.108** (0.025)	-0.303*** (0.000)	-0.040 (0.668)	-0.269*** (0.006)	-0.051 (0.816)	-0.628*** (0.006)	-0.039 (0.785)	-0.497*** (0.001)
其他变量	（略）	（略）	（略）	（略）	（略）	（略）	（略）	（略）
行业	控制	控制	控制	控制	控制	控制	控制	控制
年度	控制	控制	控制	控制	控制	控制	控制	控制
Constant	4.835*** (0.000)	6.313*** (0.000)	4.805*** (0.000)	6.470*** (0.000)	4.951*** (0.000)	6.374*** (0.000)	4.733*** (0.000)	6.463*** (0.000)
Observations	1693	2294	1002	1366	997	1355	1000	1366
Adjusted R^2	0.582	0.582	0.580	0.552	0.586	0.534	0.580	0.553
F	79.036	95.982	44.868	48.905	44.687	44.527	44.700	48.591

务和会计事项越多，固有风险和控制风险的水平越高，审计调整事项也越多，注册会计师需相应扩大审计测试范围，增加审计时间，因而审计收费较高（伍利娜，2003）。然而我们认为，企业规模可能会弱化客户集中度与审计费用的负相关关系，原因是：①企业规模越大，业务复杂度较高，但当企业主要跟少数客户交易时，相对于跟若干小客户交易，其业务复杂度事实上降低了；②企业规模越大，声誉价值越高，对客户风险的管控能力越强，因此，大规模企业的大客户更容易向市场传递好的信号。表 3-7 的回归结果显示：客户集中度对审计费用的降低效应主要体现在规模较大组。这说明，在规模较大的公司，高客户集中度被认为与大规模企业珠联璧合，向市场传递了供应链整合的有利信号，同时，由于其降低了业务复杂度以及相应审计工作量，进而降低了审计收费。

表 3-7　　客户集中度与审计费用（按资产分组）

变量名称	Fiveratio		Firstratio		Khsd		Khcc	
	>均值	其他	>均值	其他	>均值	其他	>均值	其他
CC	-0.404*** (0.000)	-0.134*** (0.001)	-0.364*** (0.002)	-0.133* (0.094)	-0.773*** (0.004)	-0.245 (0.202)	-0.623*** (0.000)	-0.212* (0.093)
其他变量	（略）	（略）	（略）	（略）	（略）	（略）	（略）	（略）
行业	控制	控制	控制	控制	控制	控制	控制	控制

续表

变量名称	Fiveratio		Firstratio		Khsd		Khcc	
	>均值	其他	>均值	其他	>均值	其他	>均值	其他
年度	控制	控制	控制	控制	控制	控制	控制	控制
Constant	3.188*** (0.000)	7.988*** (0.000)	3.427*** (0.000)	8.308*** (0.000)	3.316*** (0.000)	8.297*** (0.000)	3.322*** (0.000)	8.231*** (0.000)
Observations	1812	2175	1105	1263	1093	1259	1104	1262
Adjusted R^2	0.565	0.246	0.545	0.201	0.537	0.200	0.545	0.201
F	89.624	27.378	45.163	13.753	41.724	13.617	45.113	13.742

3.5.3　审计风险路径

（1）事务所风险识别能力。

会计师事务所应对审计风险通常具有主导权，除了加大审计投入与选择审计对象（Johnstone and Bedard，2003）外，还可采取强制客户保持会计稳健性、发表非标意见、退出审计契约（Krishnan，2007）以及提高审计费用（Johnstone，2000）等风险控制策略。同时，大会计师事务所具有更强的风险识别能力，审计风险控制工作做得更到位，因而在面对同样风险时，大会计师事务所可能执行更多审计程序并收取更高的审计费用。小会计师事务所可能无法识别客户集中度蕴含的客户风险，只关注到客户相对集中对审计工作量的降低效应，因而可能收取较低的审计费用。伍利娜（2003）研究发现，国际五大与审计收费正相关。王兵、辛清泉（2010）研究发现，规模越小的分所审计质量和审计收费越低。田利辉、刘霞（2013）研究发现，国际四大和国内十大收取了更高的审计费用。表3－8列示了客户集中度与审计费用关系按照是否四大审计分组回归的结果，数据显示：客户集中度对审计费用的降低效应主要体现在非四大审计组。这说明，面对同样的客户集中度，小会计师事务所未意识到风险的存在，反而由于客户业务集中减少了审计工作量，而收取了更低的审计费用。

（2）法律风险。

法律风险与审计收费正相关（冯彦超、梁莱歆，2010）。Paul，Tod and Wilson（2014）研究发现，财务报表质量越差，企业可能主动支付更高的审计费用

表 3－8　　客户集中度与审计费用（按是否四大分组）

变量名称	Fiveratio		Firstratio		Khsd		Khcc	
	四大	非四大	四大	非四大	四大	非四大	四大	非四大
CC	－0.213 (0.676)	－0.192*** (0.000)	1.675** (0.010)	－0.187*** (0.003)	4.270*** (0.006)	－0.362** (0.014)	3.534*** (0.002)	－0.237*** (0.008)
其他变量	（略）	（略）	（略）	（略）	（略）	（略）	（略）	（略）
行业	控制	控制	控制	控制	控制	控制	控制	控制
年度	控制	控制	控制	控制	控制	控制	控制	控制
Constant	3.819*** (0.000)	5.754*** (0.000)	4.335*** (0.001)	5.886*** (0.000)	4.154*** (0.002)	5.938*** (0.000)	4.985*** (0.000)	5.899*** (0.000)
Observations	138	3849	80	2288	73	2279	80	2286
Adjusted R^2	0.623	0.467	0.704	0.450	0.704	0.451	0.713	0.449
F	38.854	80.485	76.500	43.423	83.656	42.697	79.597	43.468

以收买审计师，审计师也可能会付出更多工作量或者要求更高的风险补偿，因而审计费用越高。Lennox and Li（2014）研究发现，会计师事务所会从失败中吸取教训，强化自身对潜在风险的认知，聘请更有能力的人或花费更多的培训成本，付出更多工作量，执行更多审计程序，以提高审计质量，因此，被诉讼过的公司发生财务重述的可能性更低。当年企业发生的诉讼案件高于行业均值，本书定义为高诉讼风险，否则为低诉讼风险。表 3－9 列示了客户集中度与审计费用关系按照企业诉讼风险高低分组回归的结果，数据显示：客户集中度对审计费用的降低效应主要体现在法律诉讼风险较低组。这说明，在法律诉讼风险较高的情况下，较高的客户集中度会被会计师事务所识别为风险，并通过增加审计程序与工作量加以应对，因而减弱了客户集中度对审计费用的降低效应。

表 3－9　　客户集中度与审计费用（按法律风险分组）

变量名称	Fiveratio		Firstratio		Khsd		Khcc	
	诉讼风险高	其他	诉讼风险高	其他	诉讼风险高	其他	诉讼风险高	其他
CC	－0.006 (0.969)	－0.220*** (0.000)	0.329 (0.325)	－0.166** (0.017)	0.720 (0.354)	－0.336** (0.042)	0.618 (0.164)	－0.298*** (0.007)
其他变量	（略）	（略）	（略）	（略）	（略）	（略）	（略）	（略）

续表

变量名称	Fiveratio		Firstratio		Khsd		Khcc	
	诉讼风险高	其他	诉讼风险高	其他	诉讼风险高	其他	诉讼风险高	其他
行业	控制	控制	控制	控制	控制	控制	控制	控制
年度	控制	控制	控制	控制	控制	控制	控制	控制
Constant	3. 867 *** (0. 000)	6. 034 *** (0. 000)	3. 735 *** (0. 000)	6. 186 *** (0. 000)	4. 005 *** (0. 000)	6. 135 *** (0. 000)	3. 586 *** (0. 000)	6. 087 *** (0. 000)
Observations	194	3793	115	2253	114	2238	115	2251
Adjusted R^2	0. 558	0. 580	0. 616	0. 558	0. 612	0. 549	0. 620	0. 558
F	10. 389	155. 044	8. 044	79. 822	7. 845	74. 727	8. 168	79. 695

（3）公司治理风险。

治理效率越高，公司防范财务舞弊的能力越强，固有风险或控制风险也越低，有助于降低审计费用（蔡吉甫，2007）。李补喜、王平心（2006）研究发现，独立董事比例、独立董事规模以及审计委员会的设立与审计费用正相关。表 3－10 列示了客户集中度与审计费用关系按照独立董事比例均值分组回归的结果，数据显示：客户集中度对审计费用的降低效应主要体现在独立董事比例较高，即公司治理较好组。这说明，在独立董事比例越高、公司治理越好的情况下，较高的客户集中度未被会计师事务所理解为风险，无须增加审计程序与工作量加以应对，相反，由于客户以及业务相对比较集中，审计工作量大大减少，审计收费也随之下降。同时，我们按 CEO 是否兼任董事长的分组回归也有相同的结论，限于篇幅，此处不再赘述。

表 3－10　客户集中度与审计费用（按独立董事比重是否大于均值分组）

变量名称	Fiveratio		Firstratio		Khsd		Khcc	
	＞均值	其他	＞均值	其他	＞均值	其他	＞均值	其他
CC	－0. 263 *** (0. 000)	－0. 105 * (0. 063)	－0. 189 ** (0. 030)	－0. 090 (0. 396)	－0. 438 ** (0. 034)	－0. 120 (0. 636)	－0. 326 ** (0. 018)	－0. 130 (0. 425)
DA	0. 156 (0. 138)	0. 121 (0. 394)	0. 063 (0. 644)	0. 244 (0. 216)	0. 050 (0. 718)	0. 214 (0. 268)	0. 069 (0. 616)	0. 245 (0. 214)
其他变量	（略）	（略）	（略）	（略）	（略）	（略）	（略）	（略）

续表

变量名称	Fiveratio		Firstratio		Khsd		Khcc	
	>均值	其他	>均值	其他	>均值	其他	>均值	其他
行业	控制	控制	控制	控制	控制	控制	控制	控制
年度	控制	控制	控制	控制	控制	控制	控制	控制
Constant	6. 107 *** (0. 000)	5. 878 *** (0. 000)	5. 914 *** (0. 000)	6. 358 *** (0. 000)	5. 888 *** (0. 000)	6. 321 *** (0. 000)	5. 893 *** (0. 000)	6. 350 *** (0. 000)
Observations	2654	1333	1590	778	1581	771	1588	778
Adjusted R^2	0. 577	0. 588	0. 565	0. 547	0. 559	0. 533	0. 566	0. 547
F	101. 813	83. 344	51. 399	46. 711	49. 839	39. 854	51. 382	46. 658

3. 6 研究结论

已有文献并未关注企业利益相关者，尤其是对企业财务决策、经营决策以及业绩有重要影响的客户对审计费用的可能影响。利用公开披露的客户信息，我们首次研究了被审计单位的客户特征对审计费用的影响，经验证据表明，客户集中度与审计费用显著负相关，且存货与应收账款更少、企业规模更大、企业法律风险更小、公司治理效率更高以及会计师事务所声誉更低，客户集中度对审计费用的减低效应更强。这些研究既有助于拓展审计收费影响因素与客户特征经济后果文献，又有助于促进我国注册会计师行业审计收费实践。

第 4 章　客户关系与企业成本粘性①

4.1　引言

当前，中国经济全面进入减速新常态已成不争事实，而要素供给效率和资源配置效率变化可能是中国经济结构性减速的重要原因。要素成本的全面上升以及成本结构的改变，压缩了企业利润空间，减缓了企业成长速度。那么，在当前经济背景下，成本习性分析通过探究成本与业务量之间的规律，帮助企业优化资源配置决策，就具有现实价值和理论意义。

传统成本习性研究认为成本与业务量存在对称线性关系，但近期研究却发现，成本随业务量上升时增加的幅度大于随业务量下降时减小的幅度，也即成本具有粘性。调整成本观认为，部分资源具有调整成本，收入降低时，调整成本较高的资源不能及时减少资源投入；管理者乐观预期观认为，管理者预计当前收入下降是暂时的，不会在收入降低时立刻减少资源；代理观则认为，管理层出于“帝国建造”动机不愿在收入降低时减少资源投入。这三种原因促使企业在收入下降时并未同比例减少资源，从而导致成本粘性现象。然而，现有文献尚未关注企业间关系对成本粘性的可能影响。Anderson 等分析供应链关系对战略成本的影响时指出，企业为获取竞争优势，会基于外部供应商或客户做出决策，并且成本结构中很大部分来自供应链关系，因此，从企业内部探究成本粘性存在固有局限，从企业间关系视角研究成本粘性，有利于我们更全面了解成本粘性现象。

本章认为，客户可能通过“敲竹杠”或“合作”影响上市公司成本粘性。

① 王雄元，高开娟. 客户关系与企业成本粘性：敲竹杠还是合作［J］. 南开管理评论，2017，20（01）：132－142.

一方面，强势的客户可能要求上市公司进行更多关系专用性投资，并且上市公司也有动机进行更多关系专用性投资，以吸引大客户。然而，关系专用性投资是把“双刃剑”，绑定双方关系的同时，也能导致投资上市公司被客户“敲竹杠”。因为这类承诺性投资一旦发生便被关系锁定，很难撤销或收回，这将导致企业成本粘性增加，也即客户对成本粘性的“敲竹杠效应”。另一方面，客户能发挥“帮助和监督”作用。供应链上双方共同就成本、需求预测及产品设计做出决定并及时帮助对方解决问题，这种合作有助于降低与该客户相关的调整成本，如客户维护成本等，而调整成本的下降会导致企业成本粘性降低。合作能促进信息共享、降低需求不确定性，进而避免管理层过度乐观，而管理层乐观预期的降低会导致上市公司成本粘性下降。因此，大客户能通过合作降低调整成本或降低管理层乐观预期，进而降低成本粘性，也即大客户对成本粘性有“合作效应”。

本章利用2007—2013年沪深制造业上市公司数据，实证分析了客户关系对上市公司成本粘性的作用，结果显示：大客户的“合作效应”起主导作用，即大客户通过合作降低成本粘性，该结论即使控制了样本自选择等问题后依然成立。大客户的“合作效应”仅在需求不确定性较高组以及行业竞争激烈组显著存在，进一步证实了大客户“合作效应”的同时，也表明企业间合作受外部环境的影响。另外，我们还发现大客户的“敲竹杠效应”在关系专用性投资较高时存在，而关系专用性投资较低时，大客户依然体现为“合作效应”。

尽管Chang等指出，客户集中度高，上市公司为增加客户转换成本，会提高固定投资，降低成本弹性。但事实上，本章的研究与其研究并不矛盾并且相互补充，因为客户集中度降低了变动成本与固定成本比重，说明大客户使上市公司为客户关系投入了固定的关系专用性投资。本章研究结论表明，大客户确实可能通过关系专用性投资增加成本粘性，但同时上市公司与客户之间合作能够降低成本粘性，说明大客户降低成本弹性，同时降低了成本粘性，因此，大客户从成本弹性和粘性两个方面影响成本习性。本章研究可能具有以下贡献：①本章研究证实了大客户对供应商的“合作”及“敲竹杠”作用，丰富了供应链领域研究文献；②我们发现大客户“合作效应”仅在需求不确定性较高组和行业竞争激烈组显著存在，证实了外部环境对企业间合作产生影响，为企业进行战略决策提供了数据支持；③我们利用实证数据验证，发现了大客户可以通过合作降低上市公司成本粘性，而过高的关系专用性投资可能导致“敲竹杠”现象。我们期望本章研究能够为当前中国企业管理层进行成本结构决策提供借鉴意义。

4.2　文献回顾与研究假设

4.2.1　当前成本粘性研究

Noreen 和 Soderstrom 以及 Cooper 和 Kaplan 指出，成本在业务量上升时增加的幅度要大于业务量下降时减小的幅度，Anderson 将此现象定义为成本粘性，他们利用美国 7629 家上市公司近 20 年的数据证实了成本粘性的存在，并认为调整成本、管理层乐观预期以及代理问题可能导致成本粘性现象。

调整成本是成本粘性的重要成因。Anderson 等提出，企业向下调整资源的成本高于向上调整资源的成本，这导致企业在收入下降时并不愿意同比下调资源，进而产生成本粘性。Banker 等指出，即使资源向下调整成本为零，只要向上调整成本存在，管理层也会为避免未来调整成本，而在本期收入降低时保留资源，导致成本粘性较高。部分研究证实，企业内部有较高调整成本的资源，诸如资本和劳动、核心资产、组织资本，导致企业成本粘性较高。另外，Banker 等发现，《劳动保护法》越严格，人工调整成本越高，成本粘性越大；刘媛媛等研究发现，《劳动合同法》的实施加剧了企业人工成本粘性并导致企业用机器设备替代人工的可能性增加。

管理者乐观预期也被用于解释成本粘性。管理者认为当前销售收入下降是短期的，相信未来销售收入一定会增加，故管理层倾向于在销售收入下降时保留资源。Anderson 等指出，连续两年销售收入降低可以降低管理者乐观预期，进而降低成本粘性，经济形势的增长增加了管理者收入增长信心，提高了成本粘性；Banker 提出，企业收入变化通过影响管理层预期，进而影响成本习性不对称，并指出只有前期收入提高、管理者对未来预期良好时，成本粘性才存在，而管理层悲观预期则有相反结果；梁上坤研究发现，过度自信的管理层对未来销售收入预期良好，成本粘性显著提高，但这一关系仅在债务约束较弱时存在。

代理问题也可能是成本粘性的诱因，国内外众多学者进行了讨论。这类文献指出，管理者有建立庞大“帝国”的自利动机，减少资源与该动机违背，因此，即使销售收入降低，管理者也不会减少资源以降低成本，而销售收入的提高却提供管理层扩大资源的动机，导致成本粘性。此外，近年文献开始探究成本粘性这种管理层决策行为与财务会计的关系：如盈余管理影响成本粘性，成本粘性影响会计稳健性以及分析师预测准确性等。另外，部分学者试图探索管制、产能利用率、价格以及行业对成本粘性的作用。

现有文献对成本粘性的研究相当丰富，但尚未关注企业间关系对成本粘性的可能影响。与传统的股东至上主义相比较，利益相关者理论认为，任何一个公司的发展都离不开各利益相关者的投入或参与，企业追求的是利益相关者整体利益。客户是与公司有经济往来的相关群体，被 Freeman 称为经济依赖型利益相关者。因此，企业内部决策离不开外部供应链关系，从企业间关系角度探究成本粘性具有必要性。

4.2.2 大客户“合作”效应与“敲竹杠”效应

根据 Pfeffer 等提出的资源依赖理论，组织为形成竞争优势，可能会选择与外部组织进行合作，形成组织间依赖关系，以更好地应对外部环境。大客户意味着单位客户采购比例较高，客户数量较少，企业与客户之间的沟通便利，这为组织间合作提供了便利。现代信息技术的发展也便于双方共同在产品设计、成本分析、存货补给、市场销售、信息共享等领域展开合作。与服务分散的客户相比，服务大客户可以提高资产运营效率、降低销售费用、管理费用以及广告支出等酌量性成本；Patatoukas 利用杜邦分析体系证实了客户集中度越高，资产运营效率越高，销售和管理费用越低，企业净资产周转率越高。另外，大客户便于供应链上的整合，进而惠及整个供应链。Gosman 等指出，供应链上双方共同的合作是一系列谈判的过程，客户推行的信息系统会惠及整体收益，供应商现金周转效率会提高，供应商也可以借此向上游谈判，获取较长期的应付账款和较少的存货；Schloetzer 指出，相互依赖的供应链关系便于双方进行整合和信息共享，进而提高公司业绩。大客户不仅影响财务业绩，也影响上市公司在资本市场上的表现。Bonacchi 等指出，客户价值与上市公司股价、未来盈余以及盈余偏误显著正相关，说明客户价值作为无形资产，能够给上市公司带来增量信息。绝大多数实证研究均用客户集中状况，也即客户销售占比描述客户特征，客户销售占比越大，客户对上市公司的影响越大。

融洽的合作伙伴关系，使上市公司和其客户形成较为柔性的应对机制。企业面临客户突发状况时，能够及早获悉并据此尽快调整自身行为，如供应商管理存货（VMI）合作模式帮助上市公司快速针对客户需求进行反应，既避免了过度生产导致的运营效率降低，又能减少过度仓储费用，及时调整成本。上下游企业共同针对产品进行设计，便于上市公司了解市场，及时避免产品无效生产或推广产生的费用。不仅如此，上下游企业间合作可以及时帮助对方解决问题，这种共同决策使双方能够相互理解，降低与客户相关的调整成本，诸如上市公司针对该客户的服务费、谈判涉及的差旅费等。这种供应链上的合作降低了上市公司调整成本，而调整成本的下降会导致成本粘性的下降。这些分析表明，大客户通过合作降低调整成本，进而降低成本粘性。

此外，供应链上的合作不仅降低了调整成本。上市公司与客户之间的合作，如供应商管理存货（VMI）以及持续补货系统等，不可避免地存在信息共享。客户利用信息交换系统影响上市公司运营的信息，如市场需求等信息，这种信息共享增加了上市公司对市场的了解，进而降低了需求不确定性，提高了未来业务量变动预测的准确度，使其面对暂时的收入提高时，会谨慎投入资源，而面对真正的市场风暴时，会及时降低相关成本。管理层乐观预期的降低，会导致上市公司成本粘性的下降。这些分析表明，大客户也可以通过合作降低管理层乐观预期，进而降低成本粘性。总之，大客户通过合作降低了成本粘性，即大客户的“合作效应”。

基于上述分析，提出本章的假设H1a：基于“合作效应”，大客户降低上市公司成本粘性。

另一方面，由于稀缺性和重要性，大客户具有较强的议价能力。前人研究发现，大客户利用较强的议价能力压榨供应商，导致供应商业绩不佳；Gosman等研究也指出，大客户具有更强谈判力时，有能力要求企业降低销售价格、延长商业信用以及分次运送产品，以降低自身存货成本，通过压迫企业，获得更大利润空间。不仅如此，大客户可能会随时中断交易或与企业竞争对手建立产业联盟，严重影响企业经营财务状况。因此，大客户可能利用自身占优势的谈判权，要求上市公司进行更多的关系专用性投资。此外，大客户有助于提升企业业绩，而失去该客户将使上市公司销售收入快速降低，因此，大客户意味着较高的客户转换成本。为吸引和留住这类客户，上市公司也有投入更多关系专用性资产的动机。

然而，根据 Williamson 提出的组织理论，由于契约不完备性，专用性投资可能导致投资企业被交易对手“敲竹杠”的风险。前人研究也关注到了供应链交易中的“敲竹杠”现象。Fee 等指出，为避免被交易对方“敲竹杠”，双方会通过互持股权减小风险。Irvine 等从关系生命循环出发，探讨客户集中度与企业业绩时也指出，由于关系专用性投资，客户集中度与上市公司业绩在关系形成早期呈现负相关关系，随着关系稳定度的增加，客户集中度增加会提高上市公司业绩。这类研究并未探究关系专用性投资对成本粘性的作用。笔者认为这种承诺性投资一旦发生便被关系锁定，很难及时撤销或收回，这提高了成本粘性。

基于上述分析，本章提出与假设 H1a 相竞争的假设 H1b：基于“敲竹杠效应”，大客户提高上市公司成本粘性。

4.2.3 需求不确定性与竞争的调节作用

一方面，需求不确定性对大客户与上市成本行为的关系具有影响。Arndt 在探究市场结构的变化时指出，企业间通过合作应对不确定性。供应商与客户的合作诸如供应商管理库存（VMI）或持续补货系统，使供应商快速针对客户需求做出反应，及时应对市场波动。需求不确定性导致企业有较低的产能利用率、过量的存货以及低质量的客户服务，进而使成本粘性特征更为明显。

基于此，提出本章假设 H2：若大客户“合作效应”成立，高需求不确定性组大客户对成本粘性的作用更加显著。

另一方面，竞争程度对大客户与上市成本行为的关系也有影响。激烈的竞争环境下，企业间可以通过合作获取竞争优势，避免被淘汰的命运。Chen 等探究高管薪酬计划时也提出，激烈的竞争促使上市公司在制订高管薪酬计划时更关注客户满意度，足以显示竞争环境下上市公司对于客户的重视程度。竞争程度较高时，客户很容易流失，上市公司对客户的专有化投资将成为沉没成本，而且竞争很容易导致存货积压或者生产过剩，进而可能提高上市公司的成本粘性。

基于此，提出本章假设 H3：若大客户“合作效应”成立，竞争程度较高组大客户对成本粘性的作用更加显著。

4.3 研究设计

4.3.1 模型设计与变量说明

借鉴 Anderson 等的研究建立本章检验模型：

$$Log(SG\&A_{i,t}/SG\&A_{i,t-1}) = \beta_1 + \beta_2 Log(Sales_{i,t}/Sales_{i,t-1}) + \beta_3 Log(Sales_{i,t}/Sales_{i,t-1}) \times Decrease_{i,t} + \beta_4 Decrease_{i,t} + \beta_5 Customer_{i,t} \times Log(Sales_{i,t}/Sales_{i,t-1}) \times Decrease_{i,t} + \beta_6 Customer_{i,t} \times Decrease_{i,t} + \beta_7 Customer_{i,t} \times Log(Sales_{i,t}/Sales_{i,t-1}) + \beta_8 Customer_{i,t} + \beta_9 Control\_Variable_{i,t} \times [1 + \beta_{10} Decrease_{i,t} + \beta_{11} Log(Sales_{i,t}/Sales_{i,t-1}) + \beta_{12} Log(Sales_{i,t}/Sales_{i,t-1}) \times Decrease_{i,t}] + \varepsilon_{i,t}$$

模型(4 - 1)

其中，$SG\&A_{i,t}$衡量 i 公司 t 年度的销售和管理费用之和；$Sales_{i,t}$衡量 i 公司 t 年度的销售收入；$Decrease_{i,t}$是虚拟变量，当 i 公司 t 年度销售收入小于 t - 1 年度销售收入时取 1，否则取 0；$Customer_{i,t}$衡量 i 公司 t 年度的大客户状况，借鉴 Patatouka 的研究，本章选取前五大客户采购金额之和占销售收入的比重（$CustomerFive_{i,t}$）、前五大客户中每个客户采购金额占销售收入比重的平方和（$CustomerCon_{i,t}$），以及第一大客户采购金额占销售收入的比重（$CustomerFirst_{i,t}$）衡量客户集中即大客户状况；$Control_Variable_{i,t}$为控制变量，具体包括如下变量：资产集中度（$AI_{i,t}$），用 i 公司 t 年度总资产除以总销售收入；雇员集中度（$EI_{i,t}$），用 i 公司 t 年度员工数量除以总销售收入（以万元为单位）；$SDecrease_{i,t}$为虚拟变量，i 公司 t 年度销售收入连续低于 t - 1 和 t - 2 年度取 1，否则为 0；$GGDP_t$ 衡量 t 年度 GDP 增长率。具体变量定义如表 4 - 1 所示。

为控制不随时间改变的公司固定因素对结果的影响，本章运用固定效应模型进行分析。未加入客户变量 Customer 之前，$Log(Sales_{i,t}/Sales_{i,t-1})_{i,t} \times Decrease_{i,t}$的系数 β_3小于零时，说明本期销售收入下降时，本期销售和管理费用之和下降的幅度大于本期销售收入增加时本期销售和管理费用之和增加的幅度，也即成本存在粘性现象。加入客户变量 Customer 之后，$Customer_{i,t} \times Log(Sales_{i,t}/Sales_{i,t-1}) \times Decrease_{i,t}$的系数 β_5大于零，说明大客户降低了成本粘性，即大客户对成本粘性具有“合作效应”，反之，说明大客户提高了成本粘性，也即大客户对成本粘性具有“敲竹杠效应”。

表 4－1　　　　　　　　　变量说明表

变量		变量定义
收入和费用	$Sales_{i,t}$	i 公司 t 年度销售收入（以亿元为单位）
	$SG\&A_{i,t}$	i 公司 t 年度销售费用和管理费用合计（以亿元为单位）
	$Decrease_{i,t}$	虚拟变量，i 公司 t 年度销售收入低于 t－1 年度时取 1，否则取 0
客户集中度（$Customer_{i,t}$）	$CustomerFive_{i,t}$	i 公司 t 年度前五大客户采购金额之和占上市公司销售收入的比重
	$CustomerCon_{i,t}$	i 公司 t 年度前五大客户采购比例的平方和
	$CustomerFirst_{i,t}$	i 公司 t 年度第一大客户采购金额占上市公司销售收入的比重
控制变量（$Control_{i,t}$）	$AI_{i,t}$	资产集中度，用 i 公司 t 年度总资产除以总销售收入
	$EI_{i,t}$	雇员集中度，用 i 公司 t 年度员工数量除以总销售收入（以万元为单位）
	$SDecrease_{i,t}$	虚拟变量，i 公司 t 年度销售收入连续低于 t－1 和 t－2 年度取 1，否则为 0
	$GGDP_t$	t 年度 GDP 增长率

4.3.2　样本选取

本章选取 2007—2013 年度沪深 A 股制造业上市公司为初始样本。之所以选取制造业公司，原因有二：一是为避免行业异质性对成本粘性研究带来影响；二是与非制造业公司相比，制造业公司上下游关系更为典型。此外，由于我国自 2007 年度上市公司采用新会计准则，为避免法规不一致对成本粘性的影响，本章样本区间选取自 2007 年始。

本章按照如下标准对初始样本进行剔除：①未披露前五大客户采购比例的公司；②＊ST、ST 和 PT 公司；③销售收入低于销售和管理费用之和的公司；④销售和管理费用之和小于零的公司；⑤资产负债率大于 1 的公司；⑥数据缺失的公司。我们最终得到 5111 个样本。为避免极端值影响，本章对所有变量进行上下 1% 的 Winsorize 处理。

4.3.3 描述性统计

表 4－2 给出了主要变量的描述性统计。从表中可知，上市公司年销售收入均值达 53.032 亿元，标准差为 185.026 亿元，说明近年来上市公司销售收入波动较大，这可能与近年来宏观经济波动有关；销售和管理费用均值达 5.087 亿元，中值和上四分位数分别为 1.744 亿元和 3.968 亿元，说明我国上市公司销售和管理费用分布不均匀；销售和管理费用占销售收入的比重均值为 16.1%；有 27.4% 的样本销售收入低于上年度。上述结论基本与江伟等的统计结果一致。

表 4－2　　变量描述性统计

变量		均值	标准差	中值	下四分位数	上四分位数
收入和费用	Sales	53.032	185.026	13.738	6.305	33.775
	SG&A	5.087	16.341	1.744	0.909	3.968
	SG&A/Sales	0.161	0.117	0.130	0.086	0.200
	Decrease	0.274	0.446	0.000	0.000	1.000
大客户	CustomerFive	0.294	0.198	0.239	0.146	0.395
	CustomerCon	0.043	0.082	0.014	0.005	0.042
	CustomerFirst	0.116	0.120	0.075	0.042	0.144
控制变量	AI	1.977	2.077	1.615	1.149	2.315
	EI	0.018	0.017	0.015	0.009	0.023
	SDecrease	0.083	0.276	0.000	0.000	0.000
	GGDP	0.130	0.041	0.111	0.094	0.178

大客户方面，前五大客户采购总金额占到销售收入的 29.4%，前五大客户采购比例平方和约为 0.043，基本与王雄元等结论一致，但该结果低于 Patatouka 以美国上市公司为样本计算的客户采购比例平方和（0.1）。因为 FASB 和 SEC 要求美国上市公司披露采购占比达到 10% 以上的公司，而我国要求披

露的是前五大客户的采购比例。在我国第一大客户采购比例均值为0.116的情况下，前五大客户采购比例平方和自然较小。控制变量方面，资产集中度（AI）、雇员集中度（EI）均值分别为1.977人/万元和0.018人/万元，这两个变量的中值、上下四分位数说明变量分布较为均匀；8.3%的企业连续两年销售收入下降。

表4-3将样本按照中国证监会2001年4月发布的《上市公司行业分类指引》进行了分类，结果发现我国制造业上市公司中机械、设备、仪表类企业占据最大比重（32.34%），木材家具类公司样本最少（0.84%），由于样本分布不均，后文用剔除样本最小的两个细分行业以及两个样本较多的细分行业做了稳健性检验。另外，表4-3对客户集中状况按照行业进行了描述，发现电子行业客户集中度最高，CustomerFive为0.367，食品饮料业客户集中度最低，CustomerFive为0.227，行业客户集中度排序无论以CustomerFive、CustomerCon还是CustomerFirst为标准，结果均一致，说明三个衡量大客户状况的变量具有一致性。

表4-3　样本描述

行业名称与代码	样本量（样本占比%）	CustomerFive（%）	CustomerCon（%）	CustomerFirst（%）
食品、饮料C0	322（6.3）	0.227	0.032	0.086
纺织、服装、皮毛C1	275（5.38）	0.266	0.042	0.117
木材、家具C2	43（0.84）	0.287	0.034	0.104
造纸、印刷C3	139（2.72）	0.277	0.036	0.092
石油、化学、塑胶、塑料C4	928（18.16）	0.283	0.037	0.113
电子C5	432（8.45）	0.367	0.066	0.148
金属与非金属C6	755（14.77）	0.267	0.037	0.110
机械、设备、仪表C7	1653（32.34）	0.327	0.049	0.127
医药、生物制品C8	515（10.08）	0.246	0.033	0.095
其他C9	49（0.96）	0.282	0.032	0.107
合计	5111（100）	0.294	0.043	0.116

4.4　实证结果及分析

4.4.1　对假设 H1 的检验：大客户对成本粘性影响的实证分析

表4－4报告了实证分析结果。表4－4第（1）列未控制客户集中状况，以证明我国上市公司存在成本粘性现象。结果显示，Log（$Sales_{i,t}/Sales_{i,t-1}$）的系数0.790在1%水平上显著为正，说明销售收入每提高1个百分点，销售和管理费用提高0.79个百分点，Log（$Sales_{i,t}/Sales_{i,t-1}$）×$Decrease_{i,t}$的回归系数为－0.571且在1%水平上显著，两个系数相加为0.219，销售收入每降低1个百分点，销售和管理费用降低0.219个百分点，表明成本粘性现象确实存在，这与Anderson的结论基本一致。表4－4第（2）至（4）列分别控制了CustomerFive、CustomerCon和CustomerFirst以考察客户集中度对上市公司成本粘性的影响，结果显示$Customer_{i,t}$×Log（$Sales_{i,t}/Sales_{i,t-1}$）×$Decrease_{i,t}$的回归系数分别为0.342、1.375以及0.701，且分别具有10%、1%以及5%水平上的显著性，从而说明我国客户集中度总体上削弱了上市公司的成本粘性，也即大客户通过"合作效应"降低成本粘性，本章假设H1a得以验证。

表4－4　客户集中度对成本粘性的影响分析

变量	(1)	(2)	(3)	(4)
	不控制客户	CustomerFive	CustomerCon	CustomerFirst
截距项	0.122*** (5.42)	0.158*** (6.06)	0.140*** (6.07)	0.152*** (6.36)
Log（$Sales_{i,t}/Sales_{i,t-1}$）	0.790*** (16.04)	0.787*** (15.90)	0.725*** (14.24)	0.767*** (15.48)
Log（$Sales_{i,t}/Sales_{i,t-1}$）×$Decrease_{i,t}$	−0.571*** (−4.04)	−0.616*** (−4.13)	−0.483*** (−3.30)	−0.638*** (−4.40)
$Customer_{i,t}$×Log（$Sales_{i,t}/Sales_{i,t-1}$）×$Decrease_{i,t}$		0.342* (1.90)	1.375*** (3.34)	0.701** (2.36)

续表

变量	(1)	(2)	(3)	(4)
	不控制客户	CustomerFive	CustomerCon	CustomerFirst
$Customer_{i,t}$		-0.090** (-2.13)	-0.237*** (-2.83)	-0.209*** (-3.39)
$Customer_{i,t}\times Decrease_{i,t}$		0.059 (1.13)	0.523*** (3.98)	0.253*** (2.89)
$Customer_{i,t}\times Log(Sales_{i,t}/Sales_{i,t-1})$		-0.173*** (-3.05)	0.048 (0.52)	-0.028 (-0.37)
$Decrease_{i,t}$	0.017 (0.46)	-0.005 (-0.14)	0.001 (0.03)	-0.011 (-0.29)
$AI_{i,t}$	0.014** (2.14)	0.011* (1.70)	0.015** (2.24)	0.014** (2.07)
$AI_{i,t}\times Decrease_{i,t}$	-0.003 (-0.39)	0 (-0.07)	-0.003 (-0.40)	-0.002 (-0.37)
$AI_{i,t}\times Log(Sales_{i,t}/Sales_{i,t-1})$	0.008 (0.60)	0.02 (1.46)	0.018 (1.35)	0.01 (0.75)
$AI_{i,t}\times Log(Sales_{i,t}/Sales_{i,t-1})\times Decrease_{i,t}$	0.001 (0.10)	-0.011 (-0.75)	-0.007 (-0.47)	0 (-0.01)
$EI_{i,t}$	0.621 (1.30)	0.422 (0.88)	0.433 (0.90)	0.434 (0.90)
$EI_{i,t}\times Decrease_{i,t}$	0.608 (1.09)	0.638 (1.14)	0.431 (0.77)	0.498 (0.89)
$EI_{i,t}\times Log(Sales_{i,t}/Sales_{i,t-1})$	2.877*** (3.16)	3.019*** (3.32)	2.551*** (2.77)	2.924*** (3.21)
$EI_{i,t}\times Log(Sales_{i,t}/Sales_{i,t-1})\times Decrease_{i,t}$	-5.541*** (-3.21)	-5.875*** (-3.37)	-6.323*** (-3.61)	-6.613*** (-3.72)
$SDecrease_{i,t}$	0.009 (0.48)	0.008 (0.40)	0.006 (0.31)	0.008 (0.40)
$SDecrease_{i,t}\times Log(Sales_{i,t}/Sales_{i,t-1})$	0.082 (1.07)	0.07 (0.89)	0.042 (0.54)	0.07 (0.90)
$GGDP_t\times Decrease_{i,t}$	0.021 (0.08)	0.024 (0.09)	-0.016 (-0.06)	0.022 (0.08)

续表

变量	(1)	(2)	(3)	(4)
	不控制客户	CustomerFive	CustomerCon	CustomerFirst
$GGDP_t \times Log(Sales_{i,t}/Sales_{i,t-1})$	-1.875^{***} (−6.89)	-1.644^{***} (−5.94)	-1.550^{***} (−5.49)	-1.732^{***} (−6.21)
$GGDP_t \times Log(Sales_{i,t}/Sales_{i,t-1}) \times Decrease_{i,t}$	2.318^{**} (2.26)	2.152^{**} (2.10)	1.417 (1.30)	2.447^{**} (2.38)
行业	控制	控制	控制	控制
年度	控制	控制	控制	控制
样本量	5111	5111	5084	5107
Adjusted R^2	0.418	0.422	0.419	0.421
F 值	120	103.2	101.4	102.7

注：括号内为 t 值，***、**、*，分别表示1%、5%、10%水平下显著（双尾），下同。

由于我国上市公司年报中关于前五大客户采购比例的披露属于自愿信息披露，可能导致客户集中度分布不随机，因此，表4－4回归结果可能受到样本自选择问题的影响，本章利用 Heckman 两阶段分析控制样本自选择问题。首先根据 Ellis 等和王雄元等的研究，建立上市公司是否披露客户采购信息 Probit 方程，Ellis 等探究上市公司专有化信息成本与客户信息披露的关系时指出，专有化信息的存在使客户信息披露受到行业客户信息披露状况（Disratio）、研发投入占销售收入比重（Rdratio）以及无形资产占总资产比重（Intangible）等影响，该研究还指出，审计师是否四大会计师事务所（Big4）、下年度是否有再融资需求（SEO）等外部力量影响客户信息披露状况；王雄元等探究国内客户信息披露时指出经行业调整的企业业绩（Abroa）、规模（Size）、行业集中度（HHI）、负债比率（Leverage）以及大股东持股比例（First）等影响客户信息披露。因此，本章第一阶段回归选取上述变量为解释变量，被解释变量系是否披露前五大客户（Dis5）或是否披露第一大客户（Dis1），并根据客户信息披露 Probit 方程计算出逆米尔斯系数（IMR），再代入研究模型（1）进行回归分析，以控制样本自选择问题。表4－5的结果显示：①逆米尔斯系数 IMR 的系数分别为－0.108、－0.105与－0.409，且在1%水平上显著，说明本章采用 Heckman 两阶段回归能较好解决客户信息披露的样本自选择问题。②控制样本自选择以后，$Customer_{i,t} \times Log(Sales_{i,t}/Sales_{i,t-1}) \times Decrease_{i,t}$ 的回归系数分别为0.663、1.625与

0.976，且分别在 10%、5%与 5%的水平上显著从而证明了本章假设 H1a 的稳健性。

表 4－5　Heckman 两阶段回归控制样本自选择分析

第一阶段			第二阶段			
变量	Dis5	Di1	变量	Customer Five (1)	Customer Con (2)	Customer First (3)
截距项	−0.41 (−0.54)	−0.29 (−0.38)	截距项	−0.011 (−0.29)	0.001 (0.04)	0.120*** (2.62)
$Disratio_{i,t}$	4.179*** (11.01)	4.185*** (11.00)	$IMR5_{i,t}$	−0.108*** (−3.89)	−0.105*** (−3.78)	
$Rdratio_{i,t}$	−2.373*** (−3.01)	−2.370*** (−3.01)	$IMR1_{i,t}$			−0.409*** (−3.94)
$Big4_{i,t}$	0.169 (1.40)	0.18 (1.50)	$Log(Sales_{i,t}/Sales_{i,t-1})$	0.857*** (4.90)	0.787*** (4.47)	0.806*** (4.46)
$SEO_{i,t}$	−0.166 (−0.47)	−0.161 (−0.45)	$Log(Sales_{i,t}/Sales_{i,t-1}) \times Decrease_{i,t}$	−0.737*** (−2.81)	−0.653** (−2.51)	−0.728*** (−2.83)
$SOE_{i,t}$	−0.449*** (−8.27)	−0.452*** (−8.34)	$Customer_{i,t} \times Log(Sales_{i,t}/Sales_{i,t-1}) \times Decrease_{i,t}$	0.663* (1.94)	1.625** (2.47)	0.976** (2.09)
$First_{i,t}$	0.541*** (3.34)	0.523*** (3.24)	$Customer_{i,t}$	0.071** (2.20)	0.08 (1.02)	−0.019 (−0.31)
$Intangible_{i,t}$	0.334 (0.51)	0.37 (0.56)	$Customer_{i,t} \times Decrease_{i,t}$	−0.013 (−0.20)	0.22 (1.50)	0.142 (1.20)
$Abroa_{i,t}$	−0.356 (−0.77)	−0.34 (−0.73)	$Customer_{i,t} \times Log(Sales_{i,t}/Sales_{i,t-1})$	−0.451*** (−3.26)	−0.721** (−2.44)	−0.381 (−1.47)
$Leverage_{i,t}$	0.198 (1.28)	0.199 (1.28)	$Decrease_{i,t}$	0.017 (0.31)	0.013 (0.23)	0.001 (0.03)
$Size_{i,t}$	−0.055 (−1.51)	−0.062* (−1.70)	$AI_{i,t}$	0.008 (0.90)	0.01 (1.09)	0.01 (1.13)
$HHI_{i,t}$	−0.443 (−0.61)	−0.359 (−0.49)	$AI_{i,t} \times Decrease_{i,t}$	0.002 (0.19)	0 (−0.01)	0 (−0.00)
$AI_{i,t}$	−0.007 (−0.33)	−0.006 (−0.28)	$AI_{i,t} \times Log(Sales_{i,t}/Sales_{i,t-1})$	0.05 (0.99)	0.041 (0.80)	0.04 (0.80)

续表

第一阶段			第二阶段			
变量	Dis5	Di1	变量	Customer Five(1)	Customer Con(2)	Customer First(3)
$EI_{i,t}$	-0.963 (-0.77)	-1.067 (-0.84)	$AI_{i,t}\times Log(Sales_{i,t}/Sales_{i,t-1})\times Decrease_{i,t}$	-0.064 (-1.21)	-0.054 (-0.99)	-0.057 (-1.06)
$SDecrease_{i,t}$	0.222** (2.08)	0.228** (2.13)	$EI_{i,t}$	0.131 (0.22)	0.237 (0.43)	0.292 (0.52)
$GGDP_t$	-1.347** (-2.35)	-1.330** (-2.32)	$EI_{i,t}\times Decrease_{i,t}$	0.073 (0.07)	-0.01 (-0.01)	-0.069 (-0.07)
			$EI_{i,t}\times Log(Sales_{i,t}/Sales_{i,t-1})$	0.875 (0.24)	0.224 (0.06)	-0.042 (-0.01)
			$EI_{i,t}\times Log(Sales_{i,t}/Sales_{i,t-1})\times Decrease_{i,t}$	-0.247 (-0.04)	0.377 (0.06)	0.736 (0.12)
			$SDecrease_{i,t}$	-0.043** (-2.07)	-0.044** (-2.05)	-0.041** (-1.97)
			$SDecrease_{i,t}\times Log(Sales_{i,t}/Sales_{i,t-1})$	0.04 (0.30)	0.032 (0.23)	0.049 (0.36)
			$GGDP_t$	0.363* (1.72)	0.367* (1.69)	0.364* (1.69)
			$GGDP_t\times Decrease_{i,t}$	0.098 (0.24)	0.091 (0.22)	0.124 (0.30)
			$GGDP_t\times Log(Sales_{i,t}/Sales_{i,t-1})$	-1.248 (-1.31)	-1.248 (-1.28)	-1.244 (-1.29)
			$GGDP_t\times Log(Sales_{i,t}/Sales_{i,t-1})\times Decrease_{i,t}$	2.711 (1.31)	2.867 (1.32)	3.014 (1.48)
行业	控制	控制	行业	控制	控制	控制
年度	控制	控制	年度	控制	控制	控制
样本量	5461	5461	样本量	4272	4260	4269
Pseudo Adjusted R^2	0.073	0.073	Adjusted R^2	0.471	0.468	0.468
chi^2	278.9	281.1	F 值	45.56	43.46	44.63

此外，本章还进行了如下稳健性检验：①控制独立董事占董事会总人数比例、第一大股东持股比例、股权性质以及 CEO 是否两职兼任变量，以排除代理问题对结果的影响；②控制净利润是否为 0 的变量，以避免业绩不佳时“洗大澡”可能

导致的成本粘性高估现象；③控制固定资产与销售收入比重，以避免固定资产对回归结果影响；④将样本数量非常少的行业（C2 和 C9）删去后回归，或将样本量非常多的行业（C4 以及 C7）单独回归，以避免样本行业分布不均对研究结果的可能影响。⑤为避免大客户导致风险影响成本粘性，本章首先用大客户集中状况对三年净资产收益率标准差进行了回归，未发现客户集中度对风险的作用。另外，本章在模型中加入三年内净资产收益率标准差，控制风险对结果的影响。所有稳健性检验结果与表4－3结果一致，限于篇幅，此处不列示相关结果。

4.4.2 对假设 H2 的检验：需求不确定性对客户合作效应的影响分析

本章用上市公司三年内（本年加上前两年）本企业销售收入标准差衡量需求不确定性，将样本按照行业中值区分为高需求不确定性即高合作程度与低需求不确定性即低合作程度两组，探究大客户的“合作效应”。若大客户“合作效应”成立，高需求不确定性组大客户对成本粘性的作用应更加显著。表4－6列示了分组回归结果，数据显示：在高需求不确定性组，$Customer_{i,t} \times Log(Sales_{i,t}/Sales_{i,t-1}) \times Decrease_{i,t}$的回归系数分别为0.658、1.628与1.089，且都有5%水平上的显著性；在低需求不确定性组，$Customer_{i,t} \times Log(Sales_{i,t}/Sales_{i,t-1}) \times Decrease_{i,t}$的回归系数分别为0.565、1.038与0.473，且都不具有显著性，表明大客户对成本粘性的降低作用仅在高需求不确定性组存在，从而基本证实了本章假设 H2。

表4－6　　需求不确定性对合作效应的影响分析

变量	CustomerFive		CustomerCon		CustomerFirst	
	(1)	(2)	(3)	(4)	(5)	(6)
	不确定性高	不确定性低	不确定性高	不确定性低	不确定性高	不确定性低
截距项	0.043 (0.64)	0.059 (0.75)	0.064 (1.01)	0.072 (0.99)	0.057 (0.91)	0.068 (0.92)
$Log(Sales_{i,t}/Sales_{i,t-1})$	0.309** (2.18)	0.676** (2.50)	0.201 (1.48)	0.510** (1.99)	0.194 (1.43)	0.541** (2.09)

续表

变量	CustomerFive		CustomerCon		CustomerFirst	
	(1)	(2)	(3)	(4)	(5)	(6)
	不确定性高	不确定性低	不确定性高	不确定性低	不确定性高	不确定性低
$Log(Sales_{i,t}/Sales_{i,t-1}) \times Decrease_{i,t}$	-0.668** (-2.10)	-1.080** (-2.29)	-0.531 (-1.57)	-0.880** (-1.98)	-0.677** (-2.19)	-0.907** (-2.02)
$Customer_{i,t} \times Log(Sales_{i,t}/Sales_{i,t-1}) \times Decrease_{i,t}$	0.658** (2.00)	0.565 (1.19)	1.628** (2.02)	1.038 (0.82)	1.089** (1.98)	0.473 (0.66)
$Customer_{i,t}$	0.007 (0.07)	0.068 (0.71)	-0.185 (-0.78)	0.04 (0.21)	-0.206 (-1.43)	0.093 (0.69)
$Customer_{i,t} \times Decrease_{i,t}$	0.114 (1.03)	-0.035 (-0.36)	0.318 (1.16)	0.436* (1.70)	0.287* (1.73)	0.145 (0.93)
$Customer_{i,t} \times Log(Sales_{i,t}/Sales_{i,t-1})$	-0.301** (-2.25)	-0.460* (-1.85)	-0.279 (-0.95)	-0.188 (-0.37)	0.029 (0.15)	-0.325 (-0.93)
$Log(Sales_{i,t}/Sales_{i,t-1})$	0.309** (2.18)	0.676** (2.50)	0.201 (1.48)	0.510** (1.99)	0.194 (1.43)	0.541** (2.09)
$Decrease_{i,t}$	-0.205** (-2.23)	-0.077 (-0.90)	-0.186** (-2.00)	-0.104 (-1.27)	-0.216** (-2.42)	-0.104 (-1.26)
$AI_{i,t}$	-0.01 (-0.49)	-0.001 (-0.11)	-0.003 (-0.14)	0.001 (0.11)	0 (-0.01)	0 (0.02)
$AI_{i,t} \times Decrease_{i,t}$	0.006 (0.34)	0.007 (0.69)	0 (0.01)	0.004 (0.36)	0.001 (0.04)	0.005 (0.45)
$AI_{i,t} \times Log(Sales_{i,t}/Sales_{i,t-1})$	0.061* (1.74)	0.016 (0.57)	0.038 (1.14)	0.005 (0.18)	0.03 (0.89)	0.008 (0.28)
$AI_{i,t} \times Log(Sales_{i,t}/Sales_{i,t-1}) \times Decrease_{i,t}$	-0.093** (-2.27)	-0.007 (-0.23)	-0.049 (-1.17)	0.004 (0.12)	-0.053 (-1.31)	0 (0.01)
$EI_{i,t}$	1.215 (0.55)	1.861 (1.62)	0.743 (0.34)	2.033* (1.68)	0.992 (0.45)	1.869 (1.54)
$EI_{i,t} \times Decrease_{i,t}$	4.784** (2.37)	1.779 (1.55)	4.143** (2.04)	2.140* (1.87)	3.994** (1.97)	2.080* (1.82)
$EI_{i,t} \times Log(Sales_{i,t}/Sales_{i,t-1})$	4.275 (1.33)	4.951* (1.65)	3.966 (1.23)	5.606* (1.89)	3.557 (1.10)	5.623* (1.90)

续表

变量	CustomerFive		CustomerCon		CustomerFirst	
	(1)	(2)	(3)	(4)	(5)	(6)
	不确定性高	不确定性低	不确定性高	不确定性低	不确定性高	不确定性低
$EI_{i,t} \times Log(Sales_{i,t}/Sales_{i,t-1}) \times Decrease_{i,t}$	0.539 (0.11)	-0.078 (-0.02)	-2.56 (-0.50)	0.312 (0.08)	-2.445 (-0.49)	0.127 (0.03)
$SDecrease_{i,t}$	0.057 (1.45)	-0.003 (-0.11)	0.052 (1.32)	-0.005 (-0.14)	0.056 (1.44)	-0.007 (-0.21)
$SDecrease_{i,t} \times Log(Sales_{i,t}/Sales_{i,t-1})$	0.223 (1.47)	0.165 (1.07)	0.165 (1.05)	0.146 (0.95)	0.208 (1.44)	0.151 (0.99)
$GGDP_t \times Decrease_{i,t}$	1.016 (1.49)	0.27 (0.50)	1.089 (1.48)	0.197 (0.37)	1.187* (1.75)	0.221 (0.41)
$GGDP_t \times Log(Sales_{i,t}/Sales_{i,t-1})$	1.547** (2.08)	-1.948 (-1.37)	1.990*** (2.74)	-1.831 (-1.27)	2.048*** (2.84)	-1.82 (-1.27)
$GGDP_t \times Log(Sales_{i,t}/Sales_{i,t-1}) \times Decrease_{i,t}$	2.466 (1.18)	4.359 (1.61)	2.032 (0.79)	3.662 (1.35)	2.887 (1.39)	3.846 (1.43)
行业	控制	控制	控制	控制	控制	控制
年度	控制	控制	控制	控制	控制	控制
样本量	1855	1824	1845	1820	1854	1824
Adjusted R^2	0.469	0.12	0.466	0.121	0.468	0.12
F 值	38.34	5.166	37.46	5.238	38.2	5.194

4.4.3 对假设 H3 的检验：竞争环境对客户合作效应的影响分析

本章用上市公司本年所处行业 HHI 衡量竞争情况，若所属行业 HHI 较低，则竞争较激烈。我们按照样本年度 HHI 中值，将样本区分为低 HHI（即高合作程度）与高 HHI（即低合作程度）两组，分析大客户通过合作对成本粘性的降低。若大客户“合作效应”成立，竞争程度较高组大客户对成本粘性的作用应更加显著。表 4－7 显示了分组回归结果：$Customer_{i,t} \times Log(Sales_{i,t}/Sales_{i,t-1}) \times Decrease_{i,t}$的回归系数在竞争程度激烈组中分别为 1.208、3.159 和 1.835，均在

1%水平上显著，而该系数在竞争程度较低组中分别为 -0.39、-0.451 和 0.408，均不显著。该结果证实了大客户在合作程度较高组对成本粘性的降低作用，表明大客户通过“合作效应”降低了成本粘性，从而基本证实了本章假设 H3。

表4-7　行业竞争对合作效应的影响分析

变量	CustomerFive		CustomerCon		CustomerFirst	
	(1)	(2)	(3)	(4)	(5)	(6)
	HHI 高	HHI 低	HHI 高	HHI 低	HHI 高	HHI 低
截距项	0.126** (2.33)	0.119** (1.99)	0.122** (2.19)	0.125** (2.19)	0.149*** (2.84)	0.126** (2.18)
$Log(Sales_{i,t}/Sales_{i,t-1})$	0.368*** (4.45)	1.026*** (14.89)	0.375*** (4.43)	0.937*** (12.83)	0.378*** (4.50)	0.992*** (14.38)
$Log(Sales_{i,t}/Sales_{i,t-1}) \times Decrease_{i,t}$	-0.2 (-0.75)	-0.959*** (-4.62)	-0.328 (-1.20)	-0.651*** (-3.23)	-0.428 (-1.64)	-0.815*** (-4.08)
$Customer_{i,t} \times Log(Sales_{i,t}/Sales_{i,t-1}) \times Decrease_{i,t}$	-0.39 (-1.15)	1.208*** (4.97)	-0.451 (-0.44)	3.159*** (5.32)	0.408 (0.64)	1.835*** (4.51)
$Customer_{i,t}$	0.011 (0.15)	0.023 (0.40)	-0.009 (-0.05)	0.209 (1.60)	-0.099 (-0.94)	0.06 (0.67)
$Customer_{i,t} \times Decrease_{i,t}$	-0.065 (-0.84)	0.089 (1.18)	0.13 (0.61)	0.396** (2.02)	0.047 (0.34)	0.255** (2.05)
$Customer_{i,t} \times Log(Sales_{i,t}/Sales_{i,t-1})$	-0.107 (-1.44)	-0.582*** (-5.46)	0.027 (0.26)	-1.418*** (-4.58)	0.011 (0.13)	-0.852*** (-5.03)
$Decrease_{i,t}$	-0.056 (-0.90)	-0.006 (-0.10)	-0.069 (-1.13)	0.019 (0.35)	-0.079 (-1.29)	0.004 (0.08)
$AI_{i,t}$	0.007 (0.45)	0.002 (0.25)	0.011 (0.74)	0.003 (0.40)	0.009 (0.62)	0.004 (0.47)
$AI_{i,t} \times Decrease_{i,t}$	-0.001 (-0.10)	0.007 (0.85)	-0.004 (-0.28)	0.005 (0.61)	-0.005 (-0.35)	0.004 (0.54)
$AI_{i,t} \times Log(Sales_{i,t}/Sales_{i,t-1})$	0.058** (1.98)	0.047*** (2.73)	0.048* (1.65)	0.037** (2.20)	0.041 (1.40)	0.034** (2.04)
$AI_{i,t} \times Log(Sales_{i,t}/Sales_{i,t-1}) \times Decrease_{i,t}$	-0.063* (-1.65)	-0.039** (-2.10)	-0.058 (-1.54)	-0.029 (-1.62)	-0.06 (-1.60)	-0.027 (-1.50)
$EI_{i,t}$	3.369*** (2.83)	0.096 (0.17)	3.364*** (2.82)	-0.241 (-0.42)	3.588*** (3.01)	-0.159 (-0.28)

续表

变量	CustomerFive		CustomerCon		CustomerFirst	
	(1)	(2)	(3)	(4)	(5)	(6)
	HHI 高	HHI 低	HHI 高	HHI 低	HHI 高	HHI 低
$EI_{i,t} \times Decrease_{i,t}$	2.519** (2.22)	-0.031 (-0.04)	2.514** (2.20)	0.11 (0.16)	2.671** (2.37)	0.037 (0.05)
$EI_{i,t} \times Log(Sales_{i,t}/Sales_{i,t-1})$	5.308*** (4.04)	1.428 (1.01)	4.797*** (3.62)	2.594* (1.85)	4.743*** (3.60)	2.125 (1.52)
$EI_{i,t} \times Log(Sales_{i,t}/Sales_{i,t-1}) \times Decrease_{i,t}$	-7.306 (-1.34)	-5.841*** (-2.65)	-5.76 (-1.02)	-7.578*** (-3.43)	-5.048 (-0.94)	-7.121*** (-3.20)
$SDecrease_{i,t}$	0.003 (0.10)	0.023 (0.87)	0 (0.02)	0.019 (0.72)	-0.002 (-0.06)	0.026 (0.98)
$SDecrease_{i,t} \times Log(Sales_{i,t}/Sales_{i,t-1})$	0.081 (0.59)	0.109 (1.09)	0.044 (0.33)	0.077 (0.75)	0.027 (0.20)	0.131 (1.31)
$GGDP_t \times Decrease_{i,t}$	0.318 (0.74)	-0.147 (-0.39)	0.27 (0.60)	-0.199 (-0.52)	0.364 (0.85)	-0.208 (-0.55)
$GGDP_t \times Log(Sales_{i,t}/Sales_{i,t-1})$	0.281 (0.67)	-3.171*** (-6.46)	0.142 (0.33)	-3.398*** (-6.85)	0.155 (0.37)	-3.382*** (-6.99)
$GGDP_t \times Log(Sales_{i,t}/Sales_{i,t-1}) \times Decrease_{i,t}$	2.001 (1.16)	3.391** (2.38)	2.053 (0.99)	3.164** (2.18)	2.575 (1.49)	3.521** (2.47)
行业	控制	控制	控制	控制	控制	控制
年度	控制	控制	控制	控制	控制	控制
样本量	2557	2554	2539	2545	2553	2554
Adjusted R^2	0.435	0.42	0.433	0.409	0.433	0.419
F 值	52.72	46.88	51.87	44.45	52.38	46.57

4.5 对“敲竹杠效应”的检验

上述结果证实，总体上我国大客户通过合作降低上市公司成本粘性，但并不说明大客户未通过关系专用性投资增加成本粘性。大客户对于成本粘性的

“敲竹杠效应”源自合作中的关系专用性投资与机会主义行为，强势的大客户提高了上市公司关系专用性投资动机，较多的关系型投资容易导致“敲竹杠”现象，这将导致上市公司成本粘性增加。既有文献常用研发投入衡量关系专用性投资，并认为研发投入越高，关系专用性投资越多。为验证“敲竹杠效应”，本章按照本年度研发投入占销售收入的比重，将样本区分为关系专用性投资较高组（上市公司研发投入占比高于或等于行业中值）和关系专用性投资较低组（上市公司研发投入占比低于行业中值）进行分析。若“敲竹杠效应”成立，在关系专用性投资较高组，大客户可能提高成本粘性。

表 4 – 8 分组回归结果显示：①在低研发投入组，$Customer_{i,t} \times Log(Sales_{i,t}/Sales_{i,t-1}) \times Decrease_{I,t}$ 的回归系数分别为 0.967、2.265 与 1.139，且分别具有 1%、5% 与 5% 水平上的显著性，说明在低研发投入组，大客户对企业成本粘性仍存在“合作效应”；②在高研发投入组，$Customer_{i,t} \times Log(Sales_{i,t}/Sales_{i,t-1}) \times Decrease_{i,t}$ 的回归系数分别为 –0.738、–2.740 与 –1.728，且后两者具有 5% 水平上的显著性，回归系数为负且大部分具有显著性，说明客户集中度提高了关系专用性投资较高组的成本粘性，一定程度上验证了上市公司“敲竹杠效应”，即大客户在关系专用性投资较高组可能存在“敲竹杠效应”。

表 4 – 8　　　　　　　　敲竹杠效应检验

变量	CustomerFive		CustomerCon		CustomerFirst	
	(1)	(2)	(3)	(4)	(5)	(6)
	高 R&D	低 R&D	高 R&D	低 R&D	高 R&D	低 R&D
截距项	0.131*** (2.67)	0.027 (0.69)	0.113** (2.56)	–0.005 (–0.14)	0.132*** (2.94)	0.021 (0.59)
$Log(Sales_{i,t}/Sales_{i,t-1})$	0.252* (1.65)	0.734*** (6.55)	0.325** (2.26)	0.577*** (5.27)	0.175 (1.21)	0.646*** (5.89)
$Log(Sales_{i,t}/Sales_{i,t-1}) \times Decrease_{i,t}$	0.102 (0.27)	–1.060*** (–3.67)	0.119 (0.30)	–0.912*** (–3.00)	0.159 (0.41)	–0.953*** (–3.38)
$Customer_{i,t} \times Log(Sales_{i,t}/Sales_{i,t-1}) \times Decrease_{i,t}$	–0.738 (–1.64)	0.967*** (3.00)	–2.740** (–2.07)	2.265*** (3.60)	–1.728** (–2.15)	1.139** (2.39)
$Customer_{i,t}$	–0.096 (–1.32)	–0.138* (–1.88)	–0.268* (–1.78)	–0.465*** (–2.91)	–0.313*** (–2.80)	–0.342*** (–3.14)
$Customer_{i,t} \times Decrease_{i,t}$	0.107 (1.17)	0.109 (1.20)	0.377 (1.25)	0.740*** (3.26)	0.449** (2.44)	0.155 (1.07)

续表

变量	CustomerFive		CustomerCon		CustomerFirst	
	(1)	(2)	(3)	(4)	(5)	(6)
	高 R&D	低 R&D	高 R&D	低 R&D	高 R&D	低 R&D
$Customer_{i,t} \times Log(Sales_{i,t}/Sales_{i,t-1})$	0.666*** (3.77)	-0.442*** (-3.81)	2.446*** (4.53)	-0.466 (-1.63)	1.964*** (7.07)	-0.489*** (-2.70)
$Log(Sales_{i,t}/Sales_{i,t-1})$	0.252* (1.65)	0.734*** (6.55)	0.325** (2.26)	0.577*** (5.27)	0.175 (1.21)	0.646*** (5.89)
$Decrease_{i,t}$	-0.11 (-1.42)	-0.096 (-1.38)	-0.093 (-1.21)	-0.108 (-1.58)	-0.117 (-1.56)	-0.09 (-1.32)
$AI_{i,t}$	0.011 (0.78)	0.021 (1.31)	0.012 (0.85)	0.028* (1.77)	0.016 (1.09)	0.026 (1.63)
$AI_{i,t} \times Decrease_{i,t}$	-0.002 (-0.15)	-0.012 (-0.75)	-0.001 (-0.08)	-0.019 (-1.21)	-0.008 (-0.56)	-0.016 (-1.04)
$AI_{i,t} \times Log(Sales_{i,t}/Sales_{i,t-1})$	0.048 (1.33)	0.059 (1.48)	0.05 (1.40)	0.042 (1.05)	0.023 (0.64)	0.038 (0.96)
$AI_{i,t} \times Log(Sales_{i,t}/Sales_{i,t-1}) \times Decrease_{i,t}$	-0.051 (-0.89)	-0.107** (-2.40)	-0.057 (-1.00)	-0.093** (-2.10)	-0.031 (-0.56)	-0.081* (-1.85)
$EI_{i,t}$	-0.334 (-0.24)	1.840** (2.40)	-0.521 (-0.37)	2.144*** (2.82)	-0.324 (-0.23)	2.006*** (2.64)
$EI_{i,t} \times Decrease_{i,t}$	1.62 (1.15)	2.239* (1.89)	1.764 (1.25)	2.522** (2.09)	1.582 (1.14)	1.903 (1.61)
$EI_{i,t} \times Log(Sales_{i,t}/Sales_{i,t-1})$	8.960*** (3.38)	2.745 (0.98)	10.272*** (3.91)	2.028 (0.72)	10.272*** (3.96)	1.559 (0.56)
$EI_{i,t} \times Log(Sales_{i,t}/Sales_{i,t-1}) \times Decrease_{i,t}$	-13.475* (-1.90)	-0.299 (-0.06)	-14.795** (-2.08)	2.216 (0.43)	-14.476** (-2.11)	0.238 (0.05)
$SDecrease_{i,t}$	-0.029 (-0.91)	0.023 (0.75)	-0.027 (-0.86)	0.019 (0.61)	-0.028 (-0.90)	0.023 (0.74)
$SDecrease_{i,t} \times Log(Sales_{i,t}/Sales_{i,t-1})$	-0.159 (-0.96)	0.260* (1.79)	-0.15 (-0.90)	0.232 (1.54)	-0.143 (-0.88)	0.279* (1.92)
$GGDP_t \times Decrease_{i,t}$	0.582 (1.03)	0.906* (1.76)	0.558 (0.97)	1.049** (2.03)	0.592 (1.06)	1.043** (2.04)
$GGDP_t \times Log(Sales_{i,t}/Sales_{i,t-1})$	-0.676 (-0.88)	-1.134* (-1.87)	-0.576 (-0.76)	-0.561 (-0.92)	-0.128 (-0.17)	-0.739 (-1.22)

续表

变量	CustomerFive		CustomerCon		CustomerFirst	
	(1)	(2)	(3)	(4)	(5)	(6)
	高 R&D	低 R&D	高 R&D	低 R&D	高 R&D	低 R&D
$GGDP_t \times Log(Sales_{i,t}/Sales_{i,t-1}) \times Decrease_{i,t}$	0.828 (0.29)	7.234 *** (2.83)	−0.018 (−0.01)	7.232 *** (2.73)	0.096 (0.03)	7.265 *** (2.86)
行业	控制	控制	控制	控制	控制	控制
年度	控制	控制	控制	控制	控制	控制
样本量	2080	2209	2072	2205	2079	2207
Adjusted R^2	0.365	0.368	0.369	0.37	0.384	0.368
F 值	28.38	33.71	28.71	33.85	30.76	33.64

4.6　研究结论及局限

本章从企业间关系角度探究了大客户对上市公司成本粘性的作用。研究结果表明，大客户通过合作降低调整成本或降低管理层预期，进而降低上市公司成本粘性，然而，在关系专用性投资较高的企业中，大客户的“敲竹杠效应”可能提高成本粘性。这些结论从客户关系这一外部视角探究了企业成本习性，有助于丰富成本粘性研究文献，同时也有利于企业准确把握成本规律，进而更好地控制成本。另外，本章对客户关系对上市公司成本行为的探究补充了客户关系研究，可以帮助企业更好地进行客户关系治理。同时，本章从需求不确定性和行业竞争角度对合作效应的探究，丰富了外部环境影响企业间关系的文献。当然，本章研究也存在一定的局限性，其一，由于数据可得性，文中并未具体分析大客户对明细费用粘性的影响；其二，本章从大样本数据下验证了大客户通过“合作”或“敲竹杠”对成本粘性的作用，事实上，如果能够从单个代表性企业入手，可能得出更为直接的结论；其三，本章研究仅仅得出大客户降低成本粘性的“合作效应”强于提高成本粘性的“敲竹杠效应”，但并未进一步分析原因，未来可以就这点展开研究。

第5章　如虎添翼抑或燕巢危幕：承销商、大客户与公司债发行定价①

5.1　引言

我国证监会要求监管机构关注发债企业包括客户风险在内的风险因素，同时要求承销商对客户进行访谈并列入发债文件。《公司债券发行与交易管理办法》第三十三条规定，发行公司债券应当由具有证券承销业务资格的证券公司承销，第三十七条规定，公司债发行价格由发行人和主承销商通过市场协商确定。这说明，不仅客户与承销商对公司债券发行定价有重要影响，而且承销商对客户调研获得的信息也会影响其与发债企业的价格协商过程。现有文献并未探讨客户对公司债发行定价的影响以及承销商如何看待客户信息，因此，本章关注大客户对公司债发行定价的影响以及承销商的调节效应较有新意。

理论上，大客户对公司债发行定价可能具有风险与收益两种效应。大客户既可能监督企业（Fee et al.，2006），也可能压榨企业（Balakrishnan et al.，1996）；既可能促进企业业绩增长，又可能抑制企业发展，同时还存在供应链上的知识溢出效应（Chen，2014；Guan et al.，2015）。如果大客户与企业协同发展，形成收益效应，企业拥有大客户则如虎添翼，有利于降低风险，进而降低公司债发行价差；如果大客户不断挤压企业利润空间，形成风险效应，则企业拥有大客户如同危幕下的燕巢，将会提高风险，进而增加公司债发行价差。此外，主要客户盈余对企业盈余和现金流有潜在影响，债权人通过对主要客户盈余的分析，可以合理评估企业盈利水平与债务质量。客户无法按期支付企业应收款项或要求企业提供更多应收或预付款项，将恶化企业支付能力，进而引发

---

① 王雄元，高开娟．如虎添翼抑或燕巢危幕：承销商、大客户与公司债发行定价［J］．管理世界，2017（09）：42－59＋187－188.

违约风险。客户信息对债券风险评估具有重要价值（Pandit et al.，2011；Kim et al.，2015），通过对客户盈余以及客户关系的评价，可以对债务质量以及债务风险有基本了解。债券质量越高，债务风险越小，公司债发行价差越低。可见，大客户若具有风险效应，将提高公司债发行定价；若具有收益效应，将降低公司债发行定价。

在我国公司债发行实践中，承销商访谈客户获取的信息必然影响其与发债企业的价格协商过程。承销商具有鉴证与信息功能（Booth and Smith，1986），是信息发掘者和制造者，有助于降低资本市场信息不对称。高声誉承销商能释放企业高质量的信号（Fang，2005），投资者可通过承销商声誉间接评判发债企业质量。具体到债券市场，高声誉承销商的风险管控能力更强，因而能识别大客户风险；保荐或承销经验更足，因而能挖掘企业与客户信息；对声誉资本价值更看重，因而会严格选择高质量发债企业以及债券项目。因此，高声誉承销商承销的发债企业及其客户质量更高，债券风险以及企业风险更小，公司债发行价差更低。因此，高声誉承销商对大客户在债券市场上的定价作用具有调节效应。

与王雄元和高开娟（2017）研究客户集中度对债券流通市场信用利差不同，本章探讨大客户对公司债发行价差的影响以及承销商的调节效应。在公司债发行市场上，信息识别能力较强的承销商可以通过对持续存在、客户销售占比较高的少数重要客户的访谈，获取能影响发行定价的相关信息。在公司债流动市场上，债券投资者获取隐蔽性较强的客户信息的动机与能力较弱，客户集中度这类公开信息以及承销商声誉，可能会在债券流通价格形成过程中发挥信号效应。基于我国沪深非金融类上市公司 2007—2014 年发行市场 279 只公司债为样本的研究发现：①第一大客户销售占比与公司债发行价差显著正相关，这一结论即使在控制内生性后依然成立，说明大客户对公司债发行定价具有风险效应；②大客户对公司债发行价差的风险效应，主要体现在承销商市场排名较低、承销费较高、非承销团承销、承销商分类评级较低以及不同时承销 IPO 组，说明高声誉承销商具有鉴证与信息功能，能抑制大客户对公司债发行价差的风险效应；③进一步分析表明，第一大客户非政府背景、与企业不在同一省份以及关系不稳定时，债券无担保、信用评级较低以及筹资用于偿还债务时，货币政策紧缩以及经济增长较慢时，大客户才对公司债发行价差具有风险效应，从而说明客户特征、公司债特征以及宏观环境能调节大客户对公司债发行价差的风险效应。这些结论表明，承销商与大客户在我国债券发行市场具有定价功能。

本章研究可能的贡献如下：首先，本章区分了债券一级发行市场与二级流通市场的定价差异，以及客户特征影响债券定价的不同逻辑，并首次从客户角度解释了公司债发行定价，因而有助于丰富客户与债券定价类文献；其次，承销商对公司债发行价格以及发行成功与否发挥着关键作用，虽然现有制度要求承销商对客户进行访谈并列入发债文件，但鲜有文献探讨承销商如何在公司债发行定价中考虑客户因素，本章研究有助于丰富承销商文献；最后，本章验证了证监会关注债券发行中的客户风险以及强调做好与客户有关的调研与披露工作的合理性，同时也说明，发债企业在募集说明书中披露详细客户信息并突出对客户风险的描述，可能更利于债券定价效率的提高。

5.2 制度背景与文献综述

5.2.1 我国公司债发行定价

公司债券是指公司依照法定程序发行的、约定在一定期限还本付息的有价证券。我国《公司债券发行试点办法》第九条规定，公司债券发行价格由发行人与保荐人通过市场询价确定。《公司债券发行与交易管理办法》第三十七条规定，公司债发行价格由发行人和主承销商通过市场协商确定。实践中，我国公司债发行采取网下询价与簿记配售相结合的方式。首先，发行人和承销商根据市场利率、期限以及信用评级等商定利率区间；其次，披露发行公告并在网上面向公众投资者公开发行和在网下面向机构投资者询价配售，同时设置网上向网下单向回拨机制，平衡网上网下供需关系①；最后，由发行人和承销商根据网下向机构投资者的询价结果协商确定票面利率。从制度规定看，我国公司债发行价格至少受到货币政策以及经济形势等宏观因素、债券特征、发债企业特征、券商特征与机构投资者等微观因素的影响。

① 若网上初始发行量于 T 日未得到全额认购，余量纳入网下发行。

证监会要求发行监管部门重点关注 IPO 企业对大客户的依赖问题[①]，同时要求我国 IPO 企业在招股说明书中披露前五大客户的销售占比。虽然证监会并未要求发债企业在募集说明书中披露客户信息，但仍然强调要关注发债企业的客户信息。《公开发行公司债券募集说明书》要求在第二节“风险因素”中说明与本期债券相关的投资风险以及与发行人相关的风险。《公开发行公司债券申请文件》要求主承销商对发行人存在的主要风险发表核查意见，而客户风险是发债企业与承销商关注的主要风险之一。此外，证监会还要求提供的发行文件中包括保荐机构对发行人的客户、供应商、开户银行等进行访谈的工作底稿。这说明承销商对客户具有鉴证作用，而客户可能影响公司债发行定价。

5.2.2　公司债发行定价文献综述

公司债发行价格包括无风险收益率和风险收益率两部分，无风险收益率通常指国债收益率，而风险收益率也即债券价差是投资者要求的风险补偿率，其与企业异质性以及债券异质性关联，也是公司债定价问题的关键。①无风险利率、投资者情绪以及政治不确定性等宏观因素影响债券定价。无风险利率降低（Longstaff and Schwartz，1995），国债收益率上升（Duffee，1998），股票市场投资者情绪越高，（徐浩萍和杨国超，2013），货币政策波动性越小，产品市场环境越好（王雄元等，2015），债券价差较低。地方书记或市长更替提高了城投债风险，进而增加了发债成本（罗党论和佘国满，2015）。②信用评级、信息环境、股权结构等微观因素影响债券定价。信用评级高（Ziebart and Reiter，1992），信用评级机构提供的关于发行企业信用风险的专有信息较正面（沈红波和廖冠民，2014），信息透明度较高（Sengupta，1998；Yu，2005）或会计信息质量较高（Bharath et al.，2008；Baber et al.，2013），债券发行价格较低。被卖空机构盯上的公司，由于隐藏坏消息而被发现的机会增加，这种风险增加了债券价差（Kecskés et al.，2013）。分析师预测对债券价差具有影响（Mansi et al.，2011）。创始人家庭持股比例越高，债券价差越低，但持股高于某阈值后，可能引发股东和债权人间的代理冲突，进而提高债券信用利差（Anderson et al.，2003）。政府持股公司政治风险大，债券信用利差高，然而政治风险效应因政府

① 2010 年被驳回的 60 家企业中，绝大多数存在大客户依赖问题。

在金融危机期间补贴公司而减弱（Borisova et al.，2015）。

现有债券文献未探讨客户如何影响债券价格，未区分客户在债券发行市场与流通市场定价上的差异，也未讨论承销商如何看待客户在公司债发行定价中的作用。首先，债券投资者对风险的关注以及私有信息获取渠道的匮乏，促使其更关注客户等公共信息及其蕴含的风险，进而可能将这类风险内化为更高的风险溢价。客户偿债风险影响企业债券价格（Jarrow and Yu，2001）。客户宣告破产后，企业与客户的交易关系难以再续，从而增加了企业信用违约风险（Jorion and Zhang，2009）。然而，客户违约或破产只是极端情形，正常情况下客户如何影响债券价格，仍有待探讨。其次，债券发行市场由发债企业与承销商协商确定，承销商调研持续存在大客户所获取的信息会影响发行定价结果，而债券流通市场价格受发行价格与供求关系的影响，债券投资者对客户不具有鉴别能力，比较而言，大客户销售占比对其投资决策更有意义。最后，除 Fang（2005）探讨了承销商声誉对债券定价的影响外，鲜有文献深入讨论承销商如何看待客户在公司债发行定价中的作用，然而承销商是债券发行价格以及发行成功与否的关键影响因素。因此，本章研究大客户对公司债发行价格的作用以及承销商的调节效应较有新意。

5.2.3　客户文献综述

大量研究表明，扮演重要外部监督角色的客户能对企业产生诸多影响。采购集中的客户谈判力较强，风险较大，导致企业成本弹性较低，并且产品独特性和行业竞争会影响两者关系（Chang et al.，2015）。强势方可能将存货管理压力转移给弱势方，买卖双方的协同也能降低双方存货水平（Kulp，2002）。拥有重要客户的企业持有更多现金，以预防客户风险（Itzkowitz，2013），而将风险较小的美国政府作为大客户的企业持有更少的现金（Cohen and Li，2016）。企业提供商业信用可减少与客户的销售摩擦（Hill et al.，2012）。当企业依赖少数客户时，关系投资导致的财务压力以及主要客户信息保障效应会减少企业股利支付（Wang，2012）。大客户可通过合作降低税收筹划成本（Cen et al.，2017）。客户集中度较高的企业面临较大的异质性风险，CEO 股权激励动机较小（Albuquerque et al.，2014）。客户集中度越高，企业股票回报率波动性越大（Mihov and Naranjo，2017）。重要客户会降低企业投资现金流敏感度（Itzkowitz，2015）。

高客户集中度的企业倾向于披露更多社会责任，降低客户风险（Habib et al.，2015）。高客户集中度的企业审计费用更低，并且这种关系在共同审计时更强（Krishnan et al.，2015）。企业可通过盈余管理，使客户相信其有良好前景，进而从中受益（Raman and Shahrur，2008）。与客户有战略联盟或共同经营关系的企业债务水平较低，客户集中度较高的企业，负债比率较低（Kale and Shahrur，2007），那些需要客户进行更多专用性投资的企业，债务水平较低（Banerjee et al.，2008）。客户集中度与权益资本成本正相关，当企业失去客户可能性或损失较大时，这种关系更强，而当企业主要客户为政府时，这种关系更弱（Dhaliwal et al.，2016）。企业与客户需要更稳健的会计报告，以防范管理层机会主义（Hui et al.，2012）。大客户可降低 IPO 企业内在不确定性，进而增加 IPO 企业价值和长期业绩（Johnson et al.，2010）。可见，客户对企业的影响是全方位的。

大量研究表明，市场上的投资者、债权人、分析师以及审计师均能识别客户并做出反应。买入重要客户回报率较好的企业股票并卖出重要客户回报率较低的企业股票，可获取超额收益（Cohen and Frazzini，2008）。客户发布盈余公告时，企业市场反应与客户市场反应显著正相关（Pandit et al.，2011）。银行从获得过该银行贷款的客户处获得供应链信息，有助于增强对企业的了解，从而减少了对企业会计稳健性的需求（Fang et al.，2014）。与客户关系密切的企业能获得较优厚的银行贷款（Li and Yang，2011）。客户发布破产公告后，企业贷款成本增加（Houston et al.，2016）。客户集中度越高，贷款利率越大（Campello and Gao，2017）。跟踪企业主要客户能获得增量信息，进而有利于提高分析师预测准确性，同时，跟踪企业及其客户的分析师，能在客户盈余公告后更好地调整其对企业的预测（Guan et al.，2015）。相对于非供应链分析师而言，供应链分析师对企业的预测更准确，且乐观偏差更小（Luo and Nagarajan，2015）。客户集中度越高，非国有企业聘请大事务所的概率越低（张敏等，2012）。当企业审计师同时审计其主要客户时，审计费用更低（Chen，2014），审计质量更高（Johnstone et al.，2014）。因此，客户关系这种组织资本能被资本市场识别并体现在市场价值中。

大量研究表明客户具有治理效应、掠夺效应以及信息溢出效应。首先，客户可能对企业进行关系投资（Raman and Shahrur，2008），关系破裂将使客户遭受损失，因此，客户有动机选择财务健康且质量可靠的企业，并在建立关系后监督企业，特别是当客户有较强议价能力时（Hui et al.，2012），重要客户有动机也有能力对企业进行监督（Fee et al.，2006）。如果客户能为企业质量提供保证或监督服务，那么大客户对企业的议价能力可给企业带来益处，本书称其为客户对企业的治理或监督效应。其次，关系建立、维护以及转换的成本较高（Dhaliwal et al.，2016）。关系建立以信息分享为前提（Anderson and Dekker，2005），而信息分享会引发机会主义与道德风险（Baiman and Rajan，2002），并产生关系风险和业绩风险（Balakrishnan et al.，1996）。如果客户关系中的一方严重依赖于另一方，一旦交易中断，依赖方将面临较大经营风险。此外，被依赖方可凭借强势议价能力挤压依赖方的利益空间（Gosman et al.，2004），本书称其为客户对企业的掠夺效应。最后，通过与企业建立密切的产品市场关系，大客户能获得有关企业经营和行业发展前景等方面的专有知识（Chen，2014），市场参与者对供应链上企业与客户的同时关注，会引发供应链知识溢出效应（Guan et al.，2015），本书称其为客户对企业的供应链知识溢出效应。现有客户文献并未探讨客户对债券定价的影响机制，然而证监会要求关注发债企业的客户风险，并要求承销商对客户进行访谈。因此，本章研究大客户特征对公司债发行定价的影响，既有制度依据又有较大新意。

目前，客户文献关注客户销售占比、客户集中度、是否存在大客户、客户依赖度、客户关系持续性、信息分享程度等客户特征。销售占比越大，客户越强势，合约安排总会偏向强势方，进而对双方盈利产生影响（Balakrishnan et al.，1996）。高集中度客户能迫使企业利润边际下降，也可能与企业协同，进而提高企业盈利水平（Gosman and Kohlbeck，2009）。客户销售占比超过某一阈值，被认为对企业具有重要影响（Cen et al.，2017）。客户销售占比大于客户从企业采购占其总采购的比例，说明企业更依赖客户，否则客户更依赖企业（Schloetzer，2012）。信息交换与分享有助于解决买方交易方式选择中的低效率问题（Baiman and Rajan，2002）。专用性投资能促进上下游企业的整合，但也会产生“敲竹杠”问题（Kale and Shahrur，2007）。关系持续性能促进双方合作（Irvine et al.，2016），而不确定性则抑制双方合作（Heide and Miner，1992）。美国政府为主要客户的企业现金持有更少，上游供应商考虑到企业与下游政府客户的关系并给予更少商业信用（Cohen and Li，2016）。客户盈余对企业盈余具有预测作用（Guan et al.，2015）。客户破产导致企业贷款成本增加（Houston et al.，2016）。这些客户指标主要还是企业特征，真正反映客户特征的指标如客户盈余、破产或股权性质等由于客户名称无从知晓或客户非公众公司而无法获取，而且持续存在且有相当高销售占比的客户才会对企业产生影响，一次性以及小额持续交易客户对企业并不会产生实质影响，因此，从大客户视角研究公司债发行定价具有合理性。

5.3　理论分析与假设提出

5.3.1　大客户对公司债发行价差的影响

客户关系是包含了企业未来业绩和经营风险信息的重要资产（Li and Yang，2011），能影响企业债务契约。企业违约风险不仅受普通风险因素的影响，而且还受客户等特定利益相关者风险的影响（Jarrow and Yu，2001），与客户存在借贷关系的银行在给企业贷款时，会降低对其会计稳健性以及限定性条款的要求（Fang et al.，2014），主要客户所处行业的财务重述会影响企业借款合约中财务约束条款的数量（Files and Gurun，2014），主要客户盈利与企业合约条款优厚程度正相关，且这一关系在企业与银行前五年不存在借贷关系、供应商对客户依赖程度较高时更显著（Kim et al.，2015）。以上文献表明客户影响债务契约。

客户之所以能影响债务契约，是因为其对风险评估具有重要价值。Pandit et al.（2011）认为，主要客户盈余对企业未来盈余和现金流有潜在影响，具有较高信息处理能力的银行通过对主要客户盈余与财务状况的分析，可以正确评估企业信贷质量。Kim et al.（2015）认为，业绩较差的客户可能无力偿还应收账款，降低对企业产品或服务的未来需求，甚至可能导致客户与企业关系破裂，进而影响企业现金流并增加企业违约风险，最终势必影响债务契约条款。此外，借款银行难以从公开信息渠道判断客户需求信息是否可靠，银行可通过向客户提供贷款，获得企业产品计划和未来需要等私有信息，从而更好地理解企业商业计划和经营活动，较好地评估客户和企业间的激励联盟，更准确地评估企业未来现金流的持续性以及商业信用回收风险。可见，供应链知识有助于银行评估企业财务状况以及流动性风险，进而更好地评估企业信贷风险和更合理地设定债务契约条款。

客户影响公司债的机制有其特殊性。首先，银行相对于债券投资者可获得更多私有信息（Ramakrishnan and Thakor，1984），公司更愿意透露私有信息给银行（Bhattacharya and Chiesa，1995）。银行可利用其专业知识及资源并通过审慎调查获取贷款企业内部信息，并且可通过与企业签订限制性条款、规定贷款用途以及对企业获得贷款后的行为进行监督，避免企业投资高风险项目给银行带来损失（付雷鸣等，2010）。银行能获得更多私有信息，因而可能忽视客户信息。债券投资者在获得企业内部信息方面处于劣势，由于没有私有信息渠道，他们可能更重视客户等公开信息甚至放大其风险效应。其次，我国利率未完全放开管制，利率对企业信用风险的定价能力相对有限（孙会霞等，2013），银行通过限制性条款而不是利率限制借款企业（Smith and Warner，1979），价差这种风险补偿机制不是银行最主要的风险应对手段。然而，交易成本的存在使债券市场契约条款制定成本较高，债券投资者只能通过索取较高发行价差以补偿风险（Bharath et al.，2008），发行价差这种风险补偿机制可能是债券投资者最重要的风险应对手段。最后，证监会要求关注发债企业的客户风险，并要求保荐机构对客户进行访谈，因此，客户对公司债市场发行价差的影响有明确制度安排。由于很多企业未披露前五大客户名称，因此，二级市场投资者没有足够能力与动机获取客户详细信息，即使获得了前五大客户明细信息，也可能没有能力挖掘信息。承销商需要对发债企业的客户进行访谈，可以获取客户详细信息，但承销商访谈对象主要是那些持续存在、客户销售占比较高的少数重要客户。因此，持续存在的大客户销售占比相对于前五大客户集中度，在公司债发行定价中的作用更大。这些分析表明，客户对公司债契约也有影响，但公司债发行价差更关注持续存在的少数重要客户。

然而，大客户既能如虎添翼般给企业带来正向影响，也可能将企业置于危幕之下，给企业带来负面影响。一方面，大客户有助于稳定供应链，拥有大客户的企业具有更高收益和收益稳定性。企业能从大客户身上获得有价值的信息，促进与客户间的战略合作，提高存货管理效率和应收账款收回率，降低销售费用、管理费用、广告支出等酌量性成本，从而提高企业盈利（Patatoukas，2012）。良好合作关系使交易双方在面临运营变化时能及时沟通（Masschelein et al.，2012），降低需求不确定性（Clark and Hammond，1997），提高了供应链整体收益（Gosman and Kohlbeck，2009）。另一方面，大客户也可能暗藏风险。大客户具有更强谈判力，更可能要求企业降低销售价格、延长商业信用期限以及分次运送产品以降低自身存货成本，企业利润空间会被强势大客户无形侵占（Gosman，2004）。企业需要投入更多关系专用性资产以稳定大客户（Joskow，1987），而专用性投资可能导致企业存在被大客户"敲竹杠"的风险（Williamson，1985）。企业对大客户过度依赖可能引发机会主义行为（Pfeffer and Salancik，2003），一旦客户转换供应商或准备内部化生产线，企业将面临未来收入风险。因此，大客户既可能减少交易成本进而提高公司业绩，又可能增加风险进而降低公司业绩。

大客户对公司债发行价差的影响也具有两面性。一方面，如果大客户对企业主要发挥监督、鉴证或治理作用，大客户对公司债发行价差可能起到收益效应为主的降低作用。大客户能带来业绩提升以及资产波动率降低等收益效应，业绩越好，企业违约的可能性越小（Beaver，1966），债券定价中要求的风险溢价水平越低，即公司债价差越低。另外，资产波动率降低直接降低了企业风险，根据 Merton（1974）的理论，风险溢价与资产波动率显著正相关，即较高资产波动率要求较高发行价差。因此，大客户导致的业绩提高以及资产波动率的降低，导致债券风险降低，进而使公司债价差降低。另一方面，如果大客户对企业主要发挥掠夺作用，大客户对公司债发行价差可能起到风险效应为主的提高作用。大客户会增加收入和现金流风险，较高的收入和现金流风险形成较高的资产波动率，导致债权人要求较高的风险补偿即较高价差（Merton，1974）。较低的业绩提高了企业违约风险，也导致债权人要求较高的发行价差（Beaver，1966）。债券风险集中体现为无法按期还本付息，具体而言，大客户可能无法按期支付企业应收款项，或者在企业流动性较差时，不但不伸出援助之手，反而要求企业提供更多应收款项或预付款项，使企业支付能力雪上加霜。承担公司下行风险的债券投资者却只获得固定收益（Fischer and Verrecchia，1997），因而更关注大客户引发的债券风险。

综上所述，提出本章假设 H1：

收益效应假设 H1a，其他条件不变的情况下，大客户降低公司债发行价差。

风险效应假设 H1b，其他条件不变的情况下，大客户提高公司债发行价差。

5.3.2　承销商的调节作用

承销商在资本市场上发挥着信息功能与鉴证功能（Booth and Smith，

1986）。承销商是信息发掘者和制造者，高声誉承销商会要求发债企业满足更严格的披露标准，有助于降低资本市场的信息不对称。高声誉承销商会更谨慎严格地选择客户，发债企业也会利用高声誉承销商释放自身高质量的信号（Fang，2005），因而高声誉承销商能够识别市场上高质量的公司。投资者虽然不能直接评估发债企业质量，但可以通过承销商声誉，间接评判发债企业质量。承销商的这两种功能已在 IPO 抑价上得到验证。承销商在辅导企业 IPO 过程中，通过尽职调查掌握了 IPO 企业以及证券定价方面的详细信息，因而承销商与 IPO 企业的信息不对称程度下降，而承销商与投资者的信息不对称程度加剧。一旦投资者怀疑 IPO 企业或承销商存在机会主义行为，进而拒绝认购新股，则股票发行失败风险增加。除及时向投资者传递信息外，IPO 抑价是确保股票成功发行的保障策略。高声誉承销商具有信息功能与鉴证功能，有助于降低 IPO 抑价程度，但高声誉承销商相对于 IPO 企业更有谈判力，为使 IPO 顺利，同时又不至于承担太高承销代价，也可能尽量压低发行价格，进而增加 IPO 抑价程度。

承销商在债券市场发挥类似作用。我国公司债发行采用簿记建档方式，发行价格由发行人和承销商根据市场利率、期限、信用评级以及网下机构投资者询价结果协商确定，因此，承销商对公司债发行定价具有重要影响。高声誉承销商对客户及企业具有更好的信息与鉴证作用，因而能调节大客户与公司债发行价差之间的关系。高声誉承销商具有更强的风险管控能力，能识别大客户可能蕴含的风险，并且其对客户风险的忍耐度可能更低，因而有助于降低客户风险；高声誉承销商具有更丰富的保荐或承销经验，能深度挖掘企业信息与客户信息，因而有助于降低信息不对称程度；高声誉承销商对声誉资本价值更看重，会严格选择高质量发债企业以及债券项目，因而能保障债券质量。因此，高声誉承销商承销的发债企业及其客户质量更高，公司债风险以及企业风险更小，投资者相对于承销商及发债企业的信息不对称程度更低，公司债发行价差更低，也即相对于低声誉承销商，高声誉承销商可能强化大客户对公司债发行价差的收益效应，或弱化大客户对公司债发行价差的风险效应。

综上所述，提出本章假设 H2：高声誉承销商可强化大客户对公司债发行价差的收益效应，弱化大客户对公司债发行价差的风险效应。

5.4　研究设计

5.4.1　样本选择与数据来源

本章以 2007—2014 年沪深非金融类上市公司公开发行的 355 只公司债为原始样本，并做如下筛选：因无法计算发行价差，剔除 1 只浮动利率债券；由于部分企业只披露前五大客户销售占比总和，无法获取第一大客户销售占比数据，进而删除未披露第一大客户信息的 60 只公司债；删除其他变量缺失的 15 只公司债，最终得到披露了第一大客户信息的 279 只公司债。债券发行数据以及财务数据来源于 CSMAR 和 Wind 数据库，客户数据通过查阅年度报告手工搜集。

5.4.2　模型与变量定义

本章借鉴 Jiang（2008）以及陈超和李镕伊（2014）的研究，设立模型（5 - 1）以检验大客户对公司债发行定价的作用，若 β1 显著小于零，说明大客户具有收益效应，则假设 H1a 得以验证。若 β1 显著大于零，说明大客户具有风险效应，则假设 H1b 得以验证。本章假设 H2 通过按照承销商特征分组方式加以验证。

$$IssueSpread_{i,t} = \alpha + \beta_1 FirstGustomer_{i,t} + \beta_2 BondControl_i + \beta_3 FirmControl_{i,t} + \beta_4 IssueControl_{i,t} + \beta_5 Industry + \beta_6 Year + \varepsilon_{i,t} \quad \text{模型(5 - 1)}$$

借鉴 Jiang（2008）的研究，用债券到期收益率与同期可比国债收益率之间的百分点差额衡量公司债发行价差（IssueSpread）①。借鉴 Banerjee et al.（2008）的研究，用第一大客户销售占比衡量大客户（LargeCustomer）。

债券特征变量（BondControl）包括：债券发行规模（以亿元为单位）的自

① 国债收益率从中债登网站获取，本样本中，债券发行期限为 3、5、6、7、8、10、15 年，虽然我国国债发行期限为 1、2、3、5、7、10、30 年，但中债登公布了每个工作日不同期限的国债收益率，期限包括 1 个月、2 个月、3 个月、6 个月、9 个月、1—10 年、15 年、20 年、30 年。因此，并无债券期限范围不在国债范围内的情况。

然对数（BondSize）；债券发行周期的自然对数（BondTerm）；债券评级（BondRate），AA－为1，AA为2，AA＋为3，AAA为4；是否回售（Put），有约定回售条款取1，否则为0；是否可赎回（Call），有约定赎回条款取1，否则为0；是否有担保（Secu），有担保取1，无担保取0。

发债企业特征变量（FirmControl）包括：总资产的自然对数（Size）；总资产收益率（ROA）；销售收入增长率（Growth）；资产负债率（Leverage）；利息保障倍数（Cover），即（净利润＋所得税费用＋财务费用）/财务费用；破产指数（Z－Score）①，参照Altman（1968）衡量方法计算，Z－score＝1.2×（营运资本/总资产）＋1.4×（留存收益/总资产）＋3.3×（息税前利润/总资产）＋0.6×（流通在外的流通股价值/总负债）＋1×资产周转率；是否国有上市公司（SOE）；是否四大会计师事务所审计（Big4）；第一大股东持股比例（First）。

承销商特征（IssueControl）包括：承销商排名（Rank），即承销商承销公司债数量的市场排名，存在承销团的按照承销商排名均值处理。比如，承销商A承销公司债数量最多，为X只，则该承销商排名为0，承销商B承销公司债数量为19，则该承销商排名为X－19。承销费率（Fee），即支付给债券发行中介机构和服务机构的费用占发行金额的比例。

为避免异常值影响，对连续变量进行了上下1%的Winsorize处理。为避免行业和年度异质性的影响，本章还控制了行业Industry和年度Year固定效应。

5.4.3 描述性统计

表5－1报告了样本及主要变量的年度与行业分布情况。Panal A的行业分布情况显示：①制造业发行的公司债占到总样本的61.29%，采掘业、电力煤气及水的生产和供应业、建筑业以及交通运输仓储业发行公司债均在20只左右，其他行业发行债券较少。说明公司债分布具有行业特征，需要对制造业进行细分，对发行公司债极少的行业也可做删除处理。②对比不同行业的公司债发行价差IssueSpread以及第一大客户销售占比LargeCustomer均值可以看出，电力煤气及水的生产和供应业的第一大客户销售占比高达35.3%，但其公司债发行价差只有1.934%；批发和零售贸易业的第一大客户销售占比只有5.5%，但其公司债发行

① 为避免Z－Score的衡量方式不同可能对结果造成的影响，本章借鉴张玲和曾维火（2004）对我国破产指数的衡量方法进行了稳健性分析，结果不变，限于篇幅，不进行报告。

价差只有3.361%；制造业的第一大客户销售占比为8.7%，其公司债发行价差只有2.608%。公司债发行价差与第一大客户销售占比均值之间的关系具有明显行业特征，但总体上并无明显正向或负向规律，因此，在回归时应控制行业固定效应。

表5－1　　　　样本及主要变量行业及年度描述

行业名称与代码	样本量	样本占比（%）	所有公司债样本分布	所有公司债样本分布占比（%）	Issue Spread	Large Customer
Panal A 行业分布						
农林牧渔业 A		1.434	5	1.412	3.858	0.083
采掘业 B	23	8.244	30	8.475	2.085	0.193
制造业 C	171	61.290	197	55.650	2.608	0.087
电力、煤气及水的生产和供应业 D	23	8.244	36	10.169	1.934	0.353
建筑业 E	16	5.735	19	5.367	1.606	0.133
交通运输、仓储业 F	14	5.018	27	7.627	1.848	0.122
信息技术业 G	6	2.151	6	1.695	2.805	0.076
批发和零售贸易业 H	8	2.867	11	3.107	3.361	0.055
房地产业 J	10	3.584	17	4.802	3.436	0.071
社会服务业 K	2	0.717	3	0.847	2.515	0.054
传播与文化产业 L	1	0.358	1	0.282	3.485	0.103
综合类 M	1	0.358	2	0.565	3.277	0.028
合计	279	100	354	100	2.492	0.120
Panal B 年度分布						
2007	0	0.000	3	0.847	0	0
2008	0	0.000	3	0.847	0	0
2009	6	2.151	6	1.695	2.301	0.178
2010	8	2.867	11	3.107	1.857	0.265
2011	38	13.620	46	12.994	3.025	0.126
2012	121	43.369	142	40.113	2.831	0.085
2013	61	21.864	74	20.904	1.151	0.155
2014	45	16.129	69	19.492	3.087	0.126
合计	279	100	354	100	2.492	0.120

表 5 - 1Panal B 年度分布情况显示：①2007 年公司债发行破冰，样本中仅有 3 只公司债。受股市深幅调整影响，2008 年 9 月至 2009 年 7 月暂停公司债发行，因此，2010 年前公司债发行数量较少。2010 年公司债审批速度放缓，2011 年证监会大力推动公司债发展，因此，2010 年后公司债发行数量与规模大幅增加。②各年公司债发行价差 IssueSpread 以及第一大客户销售占比 LargeCustomer 均值并未呈现明显的正向或负向关系，这可能与各年经济与政策环境差异较大有关，因此，在回归时应控制年度固定效应。

表 5 - 2 为主要变量的描述性统计结果。Panel A 数据显示：①第一大客户销售占比 LargeCustomer 均值为 12%，波动范围从 0.3% 到 88.3%，说明我国第一大客户总体集中度不高，然而部分企业基本不存在大客户，部分企业又严重依赖大客户。②公司债发行价差 IssueSpread 均值为 2.492，波动范围从 0.142 到 5.295，标准差为 1.192，说明公司债发行价差分布较为合理。③公司债特征方面，债券评级 Rate 约为 2.731，说明整体上公司债评级水平接近 AA +；此外，约 75.6% 的公司债有约定回售条款，1.8% 的公司债可赎回，53% 的公司债有担保。④公司特征发面，55.2% 的发债公司为国有企业，发行公司第一大股东平均持股比例为 41.06%。⑤承销商方面，承销商排名 Rank 最大值为 35，均值为 19.744，说明承销商最多承销 36 只债券，平均意义上承销商排名在 19 或 20 的位置，也即券商承销了 16（36 减去 20）或 17（36 减去 19）只公司债；发行费用率 Fee 均值为 1.487，说明公司债发行费约占发行金额的 1.487%。

表 5 - 2　　描述性统计

Panal A 对全样本变量的描述性统计

变量	Mean	SD	Min	P50	Max
IssueSpread	2.492	1.192	0.142	2.434	5.295
LargeCustomer	0.120	0.151	0.003	0.067	0.883
BondSize	2.181	0.818	0.693	2.079	4.248
BondTerm	1.767	0.250	1.099	1.609	2.303
Rate	2.731	0.854	1.000	2.000	4.000
Put	0.756	0.430	0.000	1.000	1.000
Call	0.018	0.133	0.000	0.000	1.000
Secu	0.530	0.500	0.000	1.000	1.000

续表

Panal A 对全样本变量的描述性统计

变量	Mean	SD	Min	P50	Max
Leverage	0. 571	0. 138	0. 255	0. 580	0. 821
Cover	5. 355	6. 743	-3. 625	3. 039	25. 881
Growth	0. 125	0. 252	-0. 347	0. 090	1. 140
ROA	0. 033	0. 033	-0. 051	0. 028	0. 141
SOE	0. 552	0. 498	0. 000	1. 000	1. 000
First	41. 060	16. 896	9. 998	40. 711	86. 347
Z - Score	1. 998	1. 408	0. 303	1. 661	8. 598
Size	23. 305	1. 431	21. 001	23. 047	28. 405
Big4	0. 154	0. 362	0. 000	0. 000	1. 000
Rank	19. 744	9. 615	0. 000	18. 333	35. 000
Fee	1. 487	0. 488	0. 500	1. 500	3. 000

Panal B 变量按照大客户销售占比是否大于均值进行分组分析

变量	对全样本分组		仅对制造业样本		仅对 2012 年后样本	
	较低组	较高组	较低组	较高组	较低组	较高组
IssueSpread	2. 534	2. 383	2. 59	2. 692	2. 784	3. 022
BondSize	0. 05	0. 302***	0. 051	0. 254***	0. 049	0. 232***
BondTerm	2. 198	2. 137	2. 066	1. 983	2. 243	1. 755***
Rate	1. 761	1. 784	1. 745	1. 688	1. 768	1. 744
Put	2. 688	2. 844	2. 56	2. 6	2. 711	2. 333**
Call	0. 757	0. 753	0. 837	0. 867	0. 701	0. 917**
Secu	0. 015	0. 026	0. 021	0	0	0
Leverage	0. 505	0. 597	0. 468	0. 467	0. 515	0. 5
Cover	0. 571	0. 57	0. 555	0. 552	0. 58	0. 541
Growth	5. 329	5. 424	5. 584	4. 856	4. 311	5. 391
ROA	0. 109	0. 168*	0. 077	0. 126	0. 063	0. 26***
SOE	0. 03	0. 04**	0. 031	0. 039	0. 025	0. 039*
First	0. 525	0. 623	0. 504	0. 433	0. 515	0. 542
Z - Score	40. 526	42. 461	40. 066	39. 835	40. 943	42. 63

续表

Panal B 变量按照大客户销售占比是否大于均值进行分组分析						
变量	对全样本分组		仅对制造业样本		仅对 2012 年后样本	
	较低组	较高组	较低组	较高组	较低组	较高组
Size	1.975	2.056	2.06	2.364	1.719	2.553***
Big4	23.324	23.258	23.067	22.853	23.435	22.447***
Rank	0.158	0.143	0.121	0.133	0.175	0.042
Fee	19.287	20.942	19.504	24.283**	18.033	22.875**

表 5－2Panel B 数据显示：第一大客户销售占比低于 12% 组的公司债发行价差 2.534，大于第一大客户销售占比高于 12% 组的公司债发行价差 2.383，但两者无明显差异。仅对制造业或仅对 2012 年后样本的分组检验表明：第一大客户销售占比低于 12% 组的公司债发行价差小于第一大客户销售占比高于 12% 组的公司债发行价差。

5.4.4 相关系数分析

表 5－3 报告了主要变量相关系数。结果显示：①第一大客户销售占比 LargeCustomer 与公司债发行价差 IssueSpread 显著负相关，但这并不能直接证明假设 H1a，主要原因可能是：首先，未结合债券其他特征以及公司特征的情况下，很难识别第一大客户的信息内涵到底是风险效应还是收益效应；其次，制造业公司债样本占比约 65%，而且大部分公司债在 2012 年后发行，因此，未控制好行业与年度特征也不能正确解读第一大客户的信息内涵。我们对 2012 年后样本或制造业样本的分析的确表明，第一大客户销售占比 LargeCustomer 与公司债发行价差 IssueSpread 正相关但不显著（限于篇幅不进行报告）。②公司债特征方面，公司债发行价差 IssueSpread 与债券评级 Rate 以及是否有担保 Secu 显著负相关，说明债券信用评级与担保可以降低公司债发行价差。③公司特征方面，公司债发行价差 IssueSpread 与股权性质 SOE 显著负相关，说明国有企业公司债发行价差更低。④承销商方面，公司债发行价差 IssueSpread 与承销商排名 Rank 以及发行费用率 Fee 显著正相关，说明承销商市场份额越小、收费越高，公司债发行价差越大。除此之外，变量间相关系数并不大，说明模型共线性问题并不严重。

表 5 - 3　　变量相关系数表

变量	IssueSpread	LargeCustomer	BondSize	BondTerm	Rate	Secu	SOE	Rank
Large Customer	-0.129**	1.000						
BondSize	-0.343***	0.0310	1.000					
BondTerm	-0.179***	0.0440	0.328***	1.000				
Rate	-0.517***	0.203***	0.610***	0.259***	1.000			
Secu	-0.131**	0.064	0.113*	0.279***	0.386***	1.000		
SOE	-0.367***	0.150**	0.287***	0.345***	0.502***	0.365***	1.000	
Rank	0.370***	-0.013	-0.323***	-0.251***	-0.339***	-0.075	-0.280***	1.000
Fee	0.205***	0.020	-0.297***	-0.0450	-0.340***	-0.075	-0.149**	0.112*

注：***、** 和 * 分别表示在 1%、5% 和 10% 水平上显著。

5.5　实证分析

5.5.1　对假设 H1 的检验：大客户对公司债发行价差的影响

表 5 - 4 第（1）至（3）列示了未经年度行业中位数调整的第一大客户销售占比对公司债发行价差的回归结果，其中第（1）列仅控制行业和年度固定效应，第（2）列在控制行业和年度固定效应的基础上进一步控制公司债特征变量，第（3）列在控制行业和年度固定效应的基础上同时控制公司债、发债企业以及承销商特征变量。所有结果均显示：第一大客户销售占比 LargeCustomer 与公司债发行价差 IssueSpread 正相关且具有较高显著性，说明总体上我国资本市场大客户对公司债发行价差具有风险效应，这与张敏等（2012）以及王雄元和高开娟（2017）研究发现我国客户对企业主要具有风险效应一致。本章假设 H1b 得以验证。

控制变量方面，公司债发行规模 Bondsize 越大，公司债发行价差 IssueSpread 越低，该结果与陈超和李镕伊（2014）的研究结论一致。债券信用评级 Rate 越高，公司债发行价差 IssueSpread 越低，该结论与何平和金梦（2010）的研究结论一致。国有企业SOE的隐性担保，导致公司债发行价差IssueSpread较低，这与方红星等（2013）的研究结论一致。承销商市场排名Rank越靠后，公司债发行价差IssueSpread越高，这与Titman and Trueman（1986）的研究结论一致。

表5-4　大客户对公司债发行价差的影响

变量	(1)	(2)	(3)	(4)	(5)	(6)
	大客户未经行业年度中值调整			大客户经行业年度中值调整		
LargeCustomer	0.802* (1.92)	1.035*** (3.04)	0.801** (2.45)	0.862** (2.05)	1.048*** (3.05)	0.806** (2.44)
BondSize		-0.165** (-2.27)	-0.163* (-1.75)		-0.162** (-2.23)	-0.161* (-1.73)
BondTerm		-0.297 (-1.44)	-0.129 (-0.64)		-0.299 (-1.45)	-0.131 (-0.65)
Rate		-0.586*** (-7.45)	-0.363*** (-4.41)		-0.585*** (-7.45)	-0.362*** (-4.41)
Put		-0.156 (-1.21)	-0.194 (-1.48)		-0.155 (-1.21)	-0.193 (-1.47)
Call		-0.311 (-0.97)	-0.166 (-0.54)		-0.317 (-0.99)	-0.170 (-0.55)
Secu		-0.034 (-0.35)	-0.051 (-0.53)		-0.033 (-0.34)	-0.050 (-0.52)
Leverage			0.119 (0.25)			0.116 (0.25)
Cover			-0.009 (-1.17)			-0.009 (-1.16)
Growth			0.074 (0.42)			0.079 (0.45)
ROA			-1.859 (-0.97)			-1.855 (-0.97)
SOE			-0.457*** (-4.48)			-0.458*** (-4.49)
First			-0.002 (-0.59)			-0.002 (-0.59)

续表

变量	(1)	(2)	(3)	(4)	(5)	(6)
	大客户未经行业年度中值调整			大客户经行业年度中值调整		
Z - Score			-0.059 (-1.28)			-0.059 (-1.29)
Size			-0.033 (-0.42)			-0.033 (-0.42)
Big4			-0.052 (-0.37)			-0.053 (-0.38)
Rank			0.016*** (3.20)			0.016*** (3.18)
Fee			0.093 (1.01)			0.093 (1.02)
Constant	2.263** (2.39)	4.461*** (5.12)	4.453** (2.51)	2.401** (2.56)	4.644*** (5.36)	4.595** (2.59)
Year & Industry	YES	YES	YES	YES	YES	YES
Observations	279	279	279	279	279	279
Adjusted $R^2$①	0.467	0.670	0.720	0.468	0.670	0.720
F	15.35	25.55	21.98	15.41	25.56	21.98

注：(1) 括号内为t值；(2) ***、**和*分别表示在1%、5%和10%水平上显著。

此外，本章还做了如下稳健性检验：

第一，对第一大客户销售占比按照行业年度中位数进行调整，以避免大客户异质性对结果的可能影响。表5-4第(4)至(6)列的回归结果显示：经行业年度中位数调整后的第一大客户销售占比LargeCustomer与公司债发行价差IssueSpread仍然显著正相关，而且显著性以及回归系数均较表5-4第(1)至(3)列有所提高，从而说明第一大客户的确对公司债发行价差具有风险效应。

第二，改变被解释变量计量方式。表5-5第(1)列借鉴陈超和李镕伊(2014)的研究，采用债券到期收益率减去五年期定存利率衡量公司债发行价差

① 在公司债类研究文献中，总体上样本较少且R^2较大，如罗党论等(2015)的R^2达到50%；钟辉勇等(2016)的R^2达到53%；王雄元和张春强(2013)的R^2达到69%；徐浩萍和杨国超(2013)的R^2高达90%，样本量160；Jiang(2008)的R^2高达72%；Sengupta(1998)的R^2高达75%。

IssueSpread，表5-5第（2）列借鉴徐浩萍和杨国超（2013）的研究，采用债券到期收益率减去一年期定存利率衡量公司债发行价差IssueSpread。结果均显示：第一大客户销售占比LargeCustomer与公司债发行价差IssueSpread仍在5%水平上显著正相关。

表5-5　稳健性检验

变量	(1)	(2)	(3)	(4)
	债券到期收益率减五年期定存利率	债券到期收益率减一年期定存利率	是否存在大客户	客户集中度
LargeCustomer	0.818** (2.51)	0.818** (2.51)	0.177* (1.71)	1.102** (2.51)
BondSize	-0.175* (-1.88)	-0.175* (-1.88)	-0.173* (-1.85)	-0.137 (-1.43)
BondTerm	0.307 (1.53)	0.307 (1.53)	-0.178 (-0.88)	-0.131 (-0.63)
Rate	-0.365*** (-4.45)	-0.365*** (-4.45)	-0.329*** (-4.07)	-0.355*** (-4.12)
Put	-0.157 (-1.20)	-0.157 (-1.20)	-0.180 (-1.37)	-0.220* (-1.65)
Call	-0.165 (-0.54)	-0.165 (-0.54)	-0.077 (-0.25)	-0.179 (-0.57)
Secu	-0.054 (-0.57)	-0.054 (-0.57)	-0.065 (-0.68)	-0.047 (-0.49)
Leverage	0.076 (0.16)	0.076 (0.16)	0.214 (0.45)	0.255 (0.50)
Cover	-0.010 (-1.29)	-0.010 (-1.29)	-0.010 (-1.36)	-0.008 (-1.10)
Growth	0.099 (0.57)	0.099 (0.57)	0.042 (0.24)	0.086 (0.49)
ROA	-2.051 (-1.07)	-2.051 (-1.07)	-1.875 (-0.97)	-1.932 (-1.00)
SOE	-0.445*** (-4.38)	-0.445*** (-4.38)	-0.458*** (-4.46)	-0.460*** (-4.48)

续表

变量	(1) 债券到期收益率减五年期定存利率	(2) 债券到期收益率减一年期定存利率	(3) 是否存在大客户	(4) 客户集中度
First	-0.001 (-0.54)	-0.001 (-0.54)	-0.002 (-0.58)	-0.002 (-0.79)
Z-Score	-0.059 (-1.28)	-0.059 (-1.28)	-0.054 (-1.17)	-0.057 (-1.23)
Size	-0.028 (-0.36)	-0.028 (-0.36)	-0.040 (-0.50)	-0.066 (-0.75)
Big4	-0.039 (-0.28)	-0.039 (-0.28)	-0.034 (-0.24)	-0.051 (-0.36)
Rank	0.016*** (3.17)	0.016*** (3.17)	0.016*** (3.24)	0.016*** (3.27)
Fee	0.077 (0.85)	0.077 (0.85)	0.089 (0.97)	0.094 (1.02)
Constant	2.714 (1.53)	4.514** (2.55)	4.688*** (2.63)	6.068*** (3.08)
Year & Industry	YES	YES	YES	YES
Observations	279	279	279	275①
Adjusted R^2	0.591	0.597	0.716	0.711
F	12.83	13.10	21.63	20.85

第三，改变解释变量计量方式。表5-5第（3）列借鉴Hui et al.（2012）的研究，采用是否存在大客户衡量LargeCustomer，第一大客户销售占比大于均值12%，则视为存在大客户，LargeCustomer取1，第一大客户销售占比小于均值12%，则视为不存在大客户，LargeCustomer取0。表5-5第（4）列借鉴Dhaliwal et al.（2016）的研究，用前五大客户各自销售占比的平方和即客户集中度衡量LargeCustomer。所有结果均显示：大客户LargeCustomer与公司债发行价差IssueSpread仍然显著正相关。

① 由于部分上市公司仅披露第一大客户销售占比，未披露前五大客户每位客户销售占比，故此处样本值小于279，仅为275。

第四，通过 Heckman 两阶段回归解决样本自选择问题，以控制发行债券与未发行债券样本的公司特征差异对结果的可能影响。选择银行贷款还是公司债，与公司规模、负债率以及成长性有关（Johnson，1997），会计质量影响债务融资方式的选择（Bharath et al.，2008），财务杠杆以及经营风险可能影响公司是否发行短期融资券（吴育辉等，2009）。此外，我国《公司债发行试点办法》对发债公司的净资产、三年内可供分配利润均值以及未偿还债券金额，都做了明确规定。因此，本章选取公司净资产对数（Equity）、发行前应付债券对数（ExBond）、三年内未分配利润占总资产比例的均值（DistributionProfit）、短期借款占总资产比例（Short-Term）、长期借款占总资产比例（Long-Term）、公司总资产的自然对数（Size）、总资产收益率（ROA）、销售收入增长率（Growth）、资产负债率（Leverage）、每股自由现金流（CFO）、破产风险指数（Z-Score）、三年内总资产收益率波动性（Risk）、国有股权（Soe）、是否国际四大会计事务所审计（Big4）、第一大股东持股比例（First）以及独立董事比例（Independent）等变量，建立是否发行公司债的 Probit 回归模型。然后根据该模型估计逆米尔斯系数（Inverse Mill's Ratio，简记 IMR），并代入主回归模型参与回归。表 5-6 第（2）至（4）列报告了 2SLS 的第二阶段回归结果，数据显示：在控制 IMR 后，大客户 LargeCustomer 与公司债发行价差 IssueSpread 的回归系数为 0.823 且在 5% 水平上显著，说明即使控制了样本自选择问题后，大客户对于公司债发行价差总体上仍表现为风险效应。

表 5-6　Heckman 两阶段回归

变量	（1）	变量	（2）	（3）	（4）
	第一阶段		第二阶段		
	是否发行公司债		不控制债券与企业特征	控制债券特征	同时控制债券与企业特征
Equity	1.483*** （4.29）	LargeCustomer	0.918** （2.17）	1.119*** （3.26）	0.823** （2.52）
ExBond	-0.007* （-1.87）	IMR	0.035 （0.36）	-0.093 （-1.22）	-0.103 （-1.45）
DistributionProfit	0.576 （1.57）	BondSize		-0.105 （-1.28）	-0.129 （-1.18）
Short-Term	1.075*** （3.01）	BondTerm		-0.246 （-1.16）	-0.117 （-0.57）

续表

变量	(1)	变量	(2)	(3)	(4)
	第一阶段		第二阶段		
	是否发行公司债		不控制债券与企业特征	控制债券特征	同时控制债券与企业特征
Long - Term	1.234*** (3.43)	Rate		-0.624*** (-7.07)	-0.385*** (-4.14)
Size	-1.104*** (-3.21)	Put		-0.062 (-0.45)	-0.147 (-1.01)
ROA	1.500 (1.64)	Call		0.026 (0.08)	0.132 (0.41)
Growth	-0.017 (-0.56)	Secu		0.108 (1.03)	-0.021 (-0.21)
Leverage	2.601*** (3.34)	Leverage			0.404 (0.82)
CFO	-0.050* (-1.71)	Cover			-0.007 (-0.82)
Z - Score	-0.012 (-0.98)	Growth			-0.103 (-0.50)
Risk	-6.384*** (-3.52)	ROA			-1.765 (-0.90)
SOE	-0.213*** (-3.09)	SOE			-0.329*** (-3.02)
Big4	-0.329*** (-2.85)	First			-0.002 (-0.77)
First	-0.001 (-0.45)	Z - Score			-0.041 (-0.84)
Independent	-0.226 (-0.43)	Size			-0.040 (-0.46)
		Big4			-0.109 (-0.78)
		Rank			0.021*** (4.19)

续表

变量	(1)	变量	(2)	(3)	(4)
	第一阶段		第二阶段		
	是否发行公司债		不控制债券与企业特征	控制债券特征	同时控制债券与企业特征
		Fee			0.053 (0.52)
Constant	-9.963*** (-11.42)	Constant	2.715*** (3.01)	5.315*** (6.21)	4.399** (2.33)
Year & Industry	YES	Year & Industry	YES	YES	YES
Observations	11986	Observations	220①	220	220
Pseudo R^2	0.200	Adjusted R^2	0.493	0.703	0.752
chi^2	546.4	F	13.55	23.55	20.53

第五，通过 PSM 解决是否存在大客户的内生性问题。本章借鉴 Dhaliwal et al.（2016）的做法，采用倾向得分匹配法控制大客户与公司债发行定价关系回归中的遗漏变量问题。产品经营分部（Seg）、无形资产比重（IntangibleRatio）、成长性（Growth）、负债率（Leverage）、是否国企（SOE）、规模（Size）、公司年龄（FirmAge）可能影响企业是否存在大客户②。因此，在控制年度和行业的基础上对是否存在大客户变量进行回归，计算倾向得分（PSCORE），并根据倾向得分对样本进行1∶1无放回匹配，最终得到38个实验组和38个对照组。然后对实验组和对照组样本进行回归分析，探究大客户对公司债发行定价的影响。表5-7平衡面板检验结果显示：匹配后实验组与对照组变量均不存在显著差异，说明变量均对发债企业是否存在大客户不再具有解释力，匹配满足了平衡面板假设。

表5-7　　PSM配对后平衡面板检验

变量	控制组	对照组	S.B（%）	T-Test	P>|T|
Seg	1.700	1.797	-21.4	-0.86	0.395
IntangibleRatio	0.050	0.047	2.6	0.24	0.809

① 由于 Heckman 第一阶段部分变量缺失导致部分样本逆米尔斯系数（IMR）缺失，因此，279个样本中仅剩余220个样本。

② 第一大客户采购比例大于10%，存在大客户，否则认为不存在大客户关系。之所以不选用12%，是因为按照12%判断是否存在大客户时，仅有24对即48个样本配对成功，样本量偏少。

续表

变量	控制组	对照组	S. B（%）	T－Test	P＞|T|
Growth	0. 084	0. 059	12. 1	0. 69	0. 495
Leverage	0. 531	0. 536	－3. 4	－0. 15	0. 884
SOE	0. 368	0. 316	10. 5	0. 48	0. 634
Size	22. 752	22. 612	10. 4	0. 6	0. 553
FirmAge	2. 493	2. 455	8. 8	0. 4	0. 689

图 5－1 报告了共同支撑检验结果，左图为匹配前 PSCORE 分布，右图为匹配后 PSCORE 分布。结果显示：匹配前试验组的 PSCORE 明显大于对照组，但匹配后控制组 PSCORE 分布向右移动，试验组与对照组 PSCORE 分布基本一致，两者形态接近，表明倾向得分匹配修正了两组样本值的分布偏差，匹配满足了共同支撑假设。

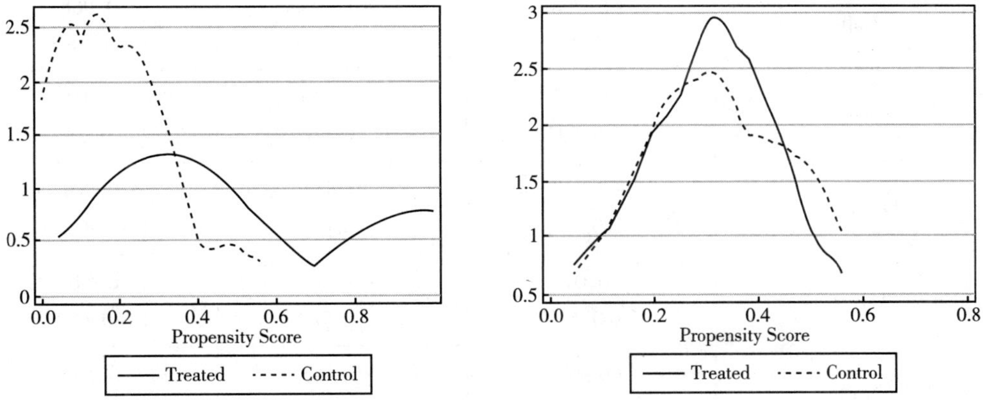

图 5－1　匹配前后 PS 值密度分布图

表 5－8 第（1）列列示了对第一大客户销售占比进行 PSM 配对后的回归结果，第（2）列列示了对客户集中度进行 PSM 配对后的回归结果，第（3）列列示了对是否存在大客户进行 PSM 配对后的回归结果。数据均显示：大客户 LargeCustomer 与公司债发行价差 IssueSpread 仍然显著正相关，说明即使控制了内生性问题后，大客户对于公司债发行价差总体上仍表现为风险效应。

5. 5. 2　对假设 H2 的检验：承销商的调节作用

我国公司债发行价格由发行人和承销商协商确定，因此，承销商对公司债发

表 5-8　　　　PSM 回归结果

变量	(1)	(2)	(3)
	第一大客户销售占比	客户集中度	是否存在大客户
LargeCustomer	1.270* (1.75)	2.379* (1.69)	0.545** (2.02)
BondSize	-0.414* (-1.76)	-0.408* (-1.73)	-0.404* (-1.74)
BondTerm	-0.124 (-0.25)	-0.105 (-0.21)	-0.138 (-0.28)
Rate	-0.070 (-0.40)	-0.083 (-0.47)	-0.226 (-1.16)
Put	-0.117 (-0.32)	-0.141 (-0.39)	-0.364 (-0.97)
Call	-0.908 (-1.17)	-0.903 (-1.17)	-0.968 (-1.26)
Secu	-0.117 (-0.59)	-0.100 (-0.50)	-0.055 (-0.28)
Leverage	-0.317 (-0.33)	-0.413 (-0.43)	-0.601 (-0.63)
Cover	-0.010 (-0.67)	-0.012 (-0.78)	-0.010 (-0.69)
Growth	-0.421 (-0.64)	-0.413 (-0.63)	-0.500 (-0.76)
ROA	-1.362 (-0.33)	-1.012 (-0.25)	-0.894 (-0.22)
SOE	-0.422 (-1.62)	-0.396 (-1.53)	-0.338 (-1.31)
First	-0.002 (-0.36)	-0.002 (-0.42)	-0.004 (-0.75)
Z-Score	-0.102 (-1.26)	-0.107 (-1.31)	-0.097 (-1.21)
Size	-0.002 (-0.01)	-0.002 (-0.01)	0.071 (0.34)

续表

变量	(1)	(2)	(3)
	第一大客户销售占比	客户集中度	是否存在大客户
Big4	-0.364 (-1.02)	-0.341 (-0.96)	-0.356 (-1.01)
Rank	0.014 (1.41)	0.014 (1.40)	0.010 (1.00)
Fee	-0.015 (-0.07)	-0.028 (-0.14)	0.046 (0.23)
Constant	4.772 (1.09)	4.935 (1.12)	4.042 (0.93)
Year & Industry	YES	YES	YES
Observations	76	76	76
Adjusted R^2	0.704	0.703	0.709
F	9.487	9.440	9.699

行定价具有重要影响。高声誉承销商对客户与发债企业具有更好的信息与鉴证作用，因而能调节大客户与公司债发行价差的关系。

第一，承销商市场排名。承销商具有鉴证作用，声誉高的承销商倾向于选择质量高的企业并为之提供服务，承销商声誉越高，IPO 发行折价越小，发行成功率越高（Booth and Smith，1986）。公司为显示较高价值，也会选择声誉较高的承销商为自己服务（Titman and Trueman，1986）。因此，高声誉承销商能识别大客户可能蕴含的风险，并且其对客户风险的忍耐度更低。本章借鉴 Megginson and Weiss（1991）的做法用承销商市场排名衡量承销商声誉，并按照承销商市场排名均值，将样本区分为高声誉即承销商市场排名靠前组和低声誉即承销商市场排名靠后组。表 5-9 第（1）列和第（2）列的分组回归结果显示：大客户 LargeCustomer 与公司债发行价差 IssueSpread 的显著正相关关系仅存在于低声誉承销商组，说明高声誉承销商弱化了大客户对公司债发行价差的风险效应。

第二，承销费率。债券承销费用以支付承销商在承销过程中的准备、推荐以及风险补偿费用，承销费用高意味着承销商做了更多承销工作，也意味着承销商承担了更高风险，因此，更高客户风险需要更高收费进行风险补偿。由于目前债券募集说明书只披露发行费用，发行费用包括支付给承销商的承销费用，

表 5 -9　　　　承销商声誉的调节作用

变量	(1)	(2)	(3)	(4)
	承销商市场排名		承销费	
	前	后	低	高
LargeCustomer	0.492 (1.25)	1.241** (2.18)	0.602 (1.26)	1.133** (2.22)
BondSize	-0.091 (-0.74)	-0.208 (-1.20)	-0.177 (-1.65)	-0.179 (-1.13)
BondTerm	-0.058 (-0.27)	0.081 (0.20)	-0.048 (-0.22)	-0.297 (-0.81)
Rate	-0.367*** (-3.34)	-0.462*** (-3.33)	-0.313*** (-2.68)	-0.310** (-2.52)
Put	-0.274 (-1.60)	-0.244 (-1.11)	-0.045 (-0.32)	-0.334 (-1.37)
Call	-0.753** (-2.40)	1.513* (1.83)	1.243** (2.13)	-0.474 (-1.20)
Secu	-0.223* (-1.69)	0.078 (0.51)	-0.352** (-2.10)	-0.200 (-1.50)
Leverage	-0.201 (-0.35)	0.542 (0.67)	0.115 (0.19)	0.079 (0.11)
Cover	-0.011 (-1.05)	-0.008 (-0.68)	-0.016 (-1.42)	-0.005 (-0.50)
Growth	-0.039 (-0.15)	0.171 (0.66)	0.377 (1.60)	-0.187 (-0.71)
ROA	-0.058 (-0.02)	-2.834 (-1.03)	-2.537 (-0.99)	-3.162 (-1.13)
SOE	-0.165 (-1.07)	-0.492*** (-3.19)	-0.349** (-2.34)	-0.451*** (-3.04)
First	-0.002 (-0.46)	0.001 (0.20)	0.010*** (2.70)	-0.009** (-2.31)
Z-Score	-0.109** (-2.00)	0.040 (0.46)	-0.095 (-1.51)	-0.040 (-0.61)
Size	-0.098 (-1.09)	0.107 (0.60)	-0.144 (-1.53)	-0.009 (-0.06)
Big4	0.038 (0.20)	-0.248 (-0.93)	0.242 (1.24)	-0.189 (-0.91)

续表

变量	(1)	(2)	(3)	(4)
	承销商市场排名		承销费	
	前	后	低	高
Rank	0.021* (1.93)	0.006 (0.34)	0.014* (1.75)	0.015** (2.30)
Fee	0.046 (0.39)	0.191 (1.24)	-0.259 (-0.92)	0.385** (2.53)
Constant	6.561*** (3.32)	1.328 (0.33)	6.882*** (2.87)	4.291 (1.38)
Year & Industry	YES	YES	YES	YES
Observations	145	134	116	163
Adjusted R^2	0.759	0.656	0.800	0.706
F	14.71	8.691	15.83	12.79

注：（1）括号内为t值；（2）***、**和*分别表示在1%、5%和10%水平上显著。

以及支付给其他中介机构诸如评级机构、律师及会计师事务所的费用，因此，本章用发行费用率衡量承销风险，并按照发行费用率均值，将样本区分为承销风险较高即承销费较高组和承销风险较低即承销费较低组。表5-9第（3）列和第（4）列的分组回归结果显示：大客户LargeCustomer与公司债发行价差IssueSpread的显著正相关关系仅存在于承销费率较高组，说明承销风险强化了大客户对公司债发行价差的风险效应。

第三，承销商分类评级。《证券公司分类监管规定》要求以证券公司风险管理能力为基础，结合公司市场竞争力和持续合规状况，将证券公司分为A（AAA、AA、A）、B（BBB、BB、B）、C（CCC、CC、C）、D、E等5大类11个级别，并对证券公司进行分类管理。因此，证券公司评级直接反映其风险管理能力，较低评级证券公司的风险管理能力较弱，无法有效管控包括大客户风险在内的重要风险。表5-10第（1）列和第（2）列分别列示了按照承销商评级是否AA级[①]分组的回归结果，数据显示：大客户LargeCustomer与公司债发行价差IssueSpread的显著正相关关系仅存在于承销商评级为非AA组，说明风险管控能力强的承销商可以识别大客户风险，进而降低公司债发行价差。

① 由于样本承销商评级均值为A级，不存在AAA以及C、D、E级，因此按照AA与非AA分组。

表 5-10　　承销商调节效应稳健性检验

变量	(1)	(2)	(3)	(4)	(5)	(6)
	承销商分类评级		是否承销团		是否同时承销股票 IPO	
	非 AA 级	AA 级	否	是	否	是
LargeCustomer	1.208** (2.13)	0.175 (0.38)	0.867** (2.37)	-0.228 (-0.18)	0.966** (2.57)	-1.726 (-0.94)
BondSize	-0.168 (-1.17)	-0.112 (-0.87)	-0.205* (-1.80)	-0.173 (-0.83)	-0.196* (-1.83)	-0.275 (-1.04)
BondTerm	-0.085 (-0.28)	-0.157 (-0.58)	-0.040 (-0.16)	0.295 (0.69)	0.011 (0.05)	-0.339 (-0.67)
Rate	-0.483*** (-3.49)	-0.173 (-1.58)	-0.261*** (-2.73)	-0.207 (-0.71)	-0.340*** (-3.70)	-0.780** (-2.34)
Put	-0.192 (-0.90)	-0.118 (-0.64)	-0.265* (-1.78)	0.059 (0.15)	-0.201 (-1.39)	0.291 (0.55)
Call	-0.026 (-0.06)	-0.242 (-0.58)	0.187 (0.48)	-1.756** (-2.59)	0.080 (0.20)	-0.991 (-1.40)
Secu	-0.082 (-0.55)	-0.071 (-0.55)	-0.064 (-0.61)	-0.676** (-2.11)	-0.061 (-0.57)	0.689* (1.72)
Leverage	-0.092 (-0.11)	0.247 (0.44)	0.175 (0.34)	0.727 (0.40)	-0.164 (-0.30)	1.183 (0.95)
Cover	-0.010 (-0.75)	-0.005 (-0.49)	-0.002 (-0.27)	0.001 (0.03)	-0.010 (-1.06)	0.000 (0.02)
Growth	-0.086 (-0.32)	-0.131 (-0.47)	-0.108 (-0.55)	0.609 (1.02)	0.156 (0.79)	-0.971 (-1.54)
ROA	-3.866 (-1.39)	1.807 (0.64)	-3.125 (-1.47)	-1.918 (-0.31)	-2.523 (-1.19)	8.246 (1.04)
SOE	-0.614*** (-3.63)	-0.409*** (-3.00)	-0.492*** (-4.48)	-0.449 (-1.20)	-0.435*** (-3.89)	-0.723 (-1.68)
First	-0.008* (-1.67)	0.007* (1.74)	-0.002 (-0.53)	0.012 (1.34)	-0.005 (-1.39)	0.007 (0.82)
Z-Score	0.038 (0.49)	-0.146** (-2.38)	-0.064 (-1.29)	-0.209 (-1.45)	-0.036 (-0.70)	-0.269* (-1.78)
Size	0.045 (0.32)	-0.114 (-1.11)	-0.133 (-1.29)	-0.111 (-0.63)	0.038 (0.42)	0.019 (0.08)
Big4	-0.057 (-0.23)	-0.261 (-1.34)	-0.206 (-1.22)	0.105 (0.34)	-0.147 (-0.88)	0.554 (1.44)

续表

变量	(1)	(2)	(3)	(4)	(5)	(6)
	承销商分类评级		是否承销团		是否同时承销股票 IPO	
	非 AA 级	AA 级	否	是	否	是
Rank	0.006 (0.63)	0.014** (2.16)	0.015*** (2.89)	0.008 (0.40)	0.018*** (3.08)	-0.022 (-1.38)
Fee	0.145 (1.00)	0.100 (0.75)	0.048 (0.46)	-0.091 (-0.36)	0.092 (0.84)	0.331 (1.20)
Constant	4.725 (1.56)	6.604*** (3.05)	6.877*** (3.14)	7.028* (1.85)	3.399* (1.76)	5.611 (1.07)
Year & Industry	YES	YES	YES	YES	YES	YES
Observations	149	124	221	58	222	57
Adjusted R^2	0.688	0.764	0.707	0.816	0.704	0.782
F	11.22	14.25	16.58	10.06	16.97	7.690

注：(1) 括号内为 t 值；(2) ***、** 和 * 分别表示在 1%、5% 和 10% 水平上显著。

第四，是否承销团。不同承销商具有不同行业专长及地区优势，因此，承销团能够提供单一承销商所不具有的信息来源，有助于降低证券发行中的信息不对称。因此，相对于承销团，单一承销商承销的债券信息不对称程度更高，发行成本更高（Corwin and Schultz，2005）。表 5-10 第（3）列和第（4）列列示了按照承销商是单一还是承销团分组的回归结果，数据显示：大客户 LargeCustomer 与公司债发行价差 IssueSpread 的显著正相关关系仅存在于单一承销商组，说明承销团弱化了大客户对公司债发行价差的风险效应。

第五，是否同时承销股票 IPO。IPO 承销商负责对公司经营状况进行尽职调查，保证信息披露完整准确，因此，相比其他承销商更具信息优势。鉴于信息不对称程度更低以及关系的熟悉程度，上市公司更容易与 IPO 承销商可能达成债券承销合约，这种既对 IPO 进行承销又对债券进行承销的承销商降低了承销中的信息不对称程度，有利于避免大客户风险。表 5-10 第（5）列和第（6）列列示了按照承销商是否也是 IPO 承销商分组的回归结果，数据显示：大客户 LargeCustomer 与公司债发行价差 IssueSpread 的显著正相关关系仅存在于非 IPO 承销商组，说明同时承销 IPO 的公司债承销团弱化了大客户对公司债发行价差的风险效应。

上述结果验证了本章假设 H2，即承销商可以调节大客户对公司债发行价差的风险效应。

5.6 进一步分析

5.6.1 基于客户特征的进一步分析

第一，第一大客户是否具有政府背景。政府客户是一种竞争优势，可以提高企业营运资本效率，拥有政府大客户的企业持有更少的现金（Cohen and Li, 2016）。政府机构破产风险较低，不会给企业带来较大风险，因此，主要客户为政府机构时企业权益资本成本较低（Dhaliwal et al.，2016）。在我国，国有股权的隐性担保机制（汪莉和陈诗一，2015），使政府背景客户商业信用违约风险较低。客户属于国有公司或政府、事业单位均视为客户具有政府背景，表5-11第（1）列和第（2）列报告了按照第一大客户是否具有政府背景的分组回归结果，数据显示：大客户LargeCustomer与公司债发行价差IssueSpread的显著正相关关系只体现在第一大客户为非政府背景组，而未体现在第一大客户具有政府背景组，这说明客户政府背景的隐性担保弱化了大客户对公司债发行价差的风险效应。

表5-11　　基于客户特征的进一步分析

变量	(1)	(2)	(3)	(4)	(5)	(6)
	第一大客户是否有政府背景		第一大客户是否与企业在同一省份		第一大客户是否稳定	
	否	是	否	是	否	是
LargeCustomer	4.188** (2.41)	0.669 (0.67)	1.728** (2.11)	0.039 (0.04)	0.878** (2.06)	0.770 (1.06)
BondSize	-0.343 (-0.85)	0.324 (1.21)	-0.107 (-0.58)	-0.429 (-1.50)	-0.219* (-1.86)	-0.070 (-0.28)
BondTerm	0.168 (0.26)	0.004 (0.01)	0.186 (0.44)	-0.369 (-0.72)	-0.127 (-0.52)	0.093 (0.16)
Rate	-0.523* (-1.97)	-0.741** (-2.48)	-0.430** (-2.38)	-0.185 (-0.73)	-0.359*** (-3.51)	-0.473** (-2.37)

续表

变量	(1)	(2)	(3)	(4)	(5)	(6)
	第一大客户是否有政府背景		第一大客户是否与企业在同一省份		第一大客户是否稳定	
	否	是	否	是	否	是
Put	-0.041 (-0.08)	-0.220 (-0.65)	0.456 (1.45)	-0.414 (-1.34)	-0.195 (-1.26)	-0.156 (-0.43)
Call	-1.452 (-0.93)	-0.483 (-0.39)	0.855 (0.96)	0.483 (0.51)	-0.202 (-0.58)	-0.458 (-0.43)
Secu	0.178 (0.54)	0.277 (0.83)	0.231 (1.05)	-0.051 (-0.17)	-0.115 (-0.98)	0.296 (1.30)
Leverage	-1.337 (-0.74)	0.683 (0.45)	-1.150 (-1.01)	-0.819 (-0.52)	-0.046 (-0.08)	-0.511 (-0.42)
Cover	0.004 (0.10)	0.019 (0.51)	-0.003 (-0.10)	-0.027 (-0.71)	-0.007 (-0.86)	-0.006 (-0.22)
Growth	0.420 (0.69)	0.508 (0.77)	0.531 (0.89)	-0.274 (-0.53)	0.258 (1.23)	-0.093 (-0.17)
ROA	6.024 (0.69)	-4.340 (-0.66)	-4.367 (-0.75)	1.303 (0.28)	-4.520* (-1.92)	2.709 (0.59)
SOE	-0.641* (-1.74)	-0.032 (-0.09)	-0.551** (-2.64)	-0.549 (-1.36)	-0.420*** (-3.36)	-0.684*** (-2.82)
First	-0.004 (-0.37)	0.004 (0.47)	-0.008 (-1.14)	0.003 (0.40)	0.000 (0.00)	-0.008 (-1.00)
Z-Score	-0.397* (-1.73)	-0.088 (-0.51)	-0.177 (-1.50)	-0.178 (-0.70)	-0.013 (-0.24)	-0.393** (-2.51)
Size	0.310 (0.71)	-0.356* (-1.84)	0.143 (0.58)	-0.143 (-0.89)	0.013 (0.13)	-0.059 (-0.24)
Big4	-1.862** (-2.06)	-0.578 (-1.29)	0.049 (0.10)	0.029 (0.08)	-0.037 (-0.23)	0.290 (0.41)
Rank	0.014 (0.65)	-0.006 (-0.44)	0.002 (0.13)	0.011 (0.74)	0.016*** (2.68)	0.008 (0.60)
Fee	0.154 (0.42)	0.044 (0.16)	0.445 (1.63)	0.085 (0.36)	0.078 (0.73)	0.253 (0.95)

续表

变量	(1)	(2)	(3)	(4)	(5)	(6)
	第一大客户是否有政府背景		第一大客户是否与企业在同一省份		第一大客户是否稳定	
	否	是	否	是	否	是
Constant	-2.985 (-0.31)	12.683*** (2.87)	0.952 (0.17)	8.396** (2.09)	4.502** (2.14)	6.511 (1.12)
Year & Industry	YES	YES	YES	YES	YES	YES
Observations	68	79	91	56	206	70
Adjusted R^2	0.316	0.403	0.643	0.737	0.701	0.716
F	2.289	3.026	6.232	6.141	15.60	6.798

注：(1) 括号内为 t 值；(2) ***、** 和 * 分别表示在 1%、5% 和 10% 水平上显著。

第二，第一大客户与企业是否位于同一省份。地理邻近有利于企业间原材料、中间产品等物资的近距离低成本运输，降低企业生产成本，提高生产效率，促进企业间合作（Joskow，1987）。地理邻近还有利于隐性信息传播，降低企业间信息不对称（Tian，2011）。地理临近的客户可能通过供应链合作降低大客户风险，承销商对企业及其客户之间的信息不对称较低，也有助于降低公司债发行价差。本章按照第一大客户是否与上市公司在同一省份将样本区分成两组，表 5-11 第（3）列和第（4）列的回归结果显示：大客户 LargeCustomer 与公司债发行价差 IssueSpread 的显著正相关关系只体现在第一大客户与企业不位于同一省份组，而未体现在第一大客户与企业在同一省份组，这说明第一大客户与企业的地理临近，弱化了第一大客户对公司债发行价差的风险效应。

第三，第一大客户是否稳定。稳定客户有利于稳定供应链，使企业具有更高收益和收益稳定性（Gosman et al.，2004）。稳定客户可能向外界传递企业经营以及盈利较为稳定的信号，相反，客户经常变动显示企业面临较大经营风险。客户关系较稳定意味着企业可能与客户之间形成长期的采销关系，相反，客户关系不稳定则意味着客户与企业之间的交易持续期较短，企业容易失去该客户，因此，客户关系是否稳定彰显合作与风险。Li and Yang（2011）采用企业前五年客户重复购买次数衡量企业与客户关系，研究发现：企业与客户关系越好，企业贷款利率、贷款抵押品降低，贷款期限增加，并且这一关系在客户重要时加强；客户集中度增加了企业贷款利率、贷款抵押品，减少了贷款期限，但客户关系会削弱甚至扭转上述关系；企业与客户关系越好，企业债券利率越低。王雄元和彭旋（2016）研究发现，客户集中度对分析师预测准确度的提高效应只有在客户关系较稳定时存在。Irvine et al.（2015）指出，关系越成熟，客户集中度收益效应越强，反之，客户集中则体现为风险效应。承销商与机构投资者可以从客户关系是否稳定上判断公司债潜在风险，同时，咨询与调研稳定客户更可能对公司债发行价产生积极影响。如果公司债发行当年以及前两年第一大客户在前五大客户中出现的次数在两次及以上，本章视为大客户较稳定。表 5 - 11 第（5）（6）列的回归结果显示：大客户 LargeCustomer 与公司债发行价差 IssueSpread 的显著正相关关系只体现在第一大客户关系不稳定组，而未体现在第一大客户关系稳定组，说明第一大客户稳定性弱化了第一大客户对公司债发行价差的风险效应。

5.6.2　基于公司债特征的进一步分析

第一，公司债有无担保。担保一定程度上降低了债券风险，因此，有担保债券相对于无担保债券风险较低，票面利率也较低（陈超和李镕伊，2014）。由于有担保公司债风险较小，或者因为有了担保，投资者可能不会关注相对次要的风险，比如大客户风险。表 5 - 12 第（1）（2）列按照公司债是否有担保分组的回归结果显示：大客户 LargeCustomer 与公司债发行价差 IssueSpread 的显著正相关关系只体现在无担保组，说明担保弱化了第一大客户对公司债发行价差的风险效应。由于 Secu 在第（1）列全部为 0，在第（2）列全部为 1，故该变量系数缺失。

表 5 - 12　　基于债券特征的进一步分析

变量	(1)	(2)	(3)	(4)	(5)	(6)
	债券有无担保		债项信用评级		债券筹资用途	
	无	有	低	高	偿还债务	其他
LargeCustomer	1.395** (2.42)	0.674 (1.55)	1.229*** (3.12)	-0.265 (-0.33)	0.683* (1.78)	0.456 (0.47)
BondSize	-0.111 (-0.76)	-0.232* (-1.71)	-0.144 (-1.16)	-0.562* (-1.94)	-0.217** (-2.09)	-0.017 (-0.06)
BondTerm	-0.286 (-0.71)	0.203 (0.81)	0.048 (0.18)	-0.257 (-0.79)	-0.263 (-1.11)	0.236 (0.50)

续表

变量	(1)	(2)	(3)	(4)	(5)	(6)
	债券有无担保		债项信用评级		债券筹资用途	
	无	有	低	高	偿还债务	其他
Rate	-0.508*** (-3.08)	-0.304*** (-2.83)	-0.447*** (-4.73)	-0.163 (-0.80)	-0.359*** (-3.58)	-0.571** (-2.55)
Put	-0.199 (-0.88)	-0.286 (-1.58)	-0.385** (-2.30)	0.338 (1.59)	-0.126 (-0.85)	-0.004 (-0.01)
Call	-0.648* (-1.75)	1.321* (1.81)	-0.048 (-0.15)	—	-0.166 (-0.52)	—
Secu	—	—	0.052 (0.48)	-0.063 (-0.22)	-0.031 (-0.28)	-0.041 (-0.15)
Leverage	-0.802 (-1.01)	0.242 (0.33)	-0.029 (-0.05)	1.083 (0.99)	0.542 (0.94)	-1.291 (-1.05)
Cover	0.001 (0.10)	-0.027* (-1.77)	-0.009 (-1.05)	0.005 (0.31)	-0.004 (-0.38)	-0.027** (-2.13)
Growth	0.163 (0.57)	0.040 (0.14)	0.103 (0.54)	0.375 (0.64)	0.141 (0.71)	0.485 (0.85)
ROA	-4.349 (-1.55)	1.139 (0.31)	-3.201 (-1.46)	4.977 (1.08)	-0.137 (-0.05)	-5.946 (-1.36)
SOE	-0.253 (-1.61)	-0.566*** (-3.56)	-0.444*** (-3.89)	-0.532* (-1.95)	-0.383*** (-3.37)	-0.716** (-2.30)
First	0.002 (0.51)	0.002 (0.41)	-0.002 (-0.48)	0.004 (0.56)	-0.003 (-0.90)	0.016* (1.77)
Z-Score	-0.056 (-0.92)	-0.025 (-0.28)	-0.023 (-0.44)	-0.347* (-2.02)	-0.095* (-1.67)	-0.015 (-0.13)
Size	0.120 (0.70)	-0.044 (-0.42)	-0.067 (-0.64)	-0.040 (-0.25)	-0.016 (-0.18)	0.130 (0.55)
Big4	-0.113 (-0.49)	0.007 (0.04)	-0.093 (-0.47)	-0.046 (-0.18)	-0.080 (-0.49)	0.351 (0.88)
Rank	0.007 (1.03)	0.020** (2.33)	0.016*** (2.86)	-0.003 (-0.21)	0.015*** (2.62)	0.015 (1.22)
Fee	-0.097 (-0.61)	0.301** (2.27)	0.092 (0.90)	0.071 (0.26)	0.097 (0.90)	0.268 (1.04)

续表

变量	(1)	(2)	(3)	(4)	(5)	(6)
	债券有无担保		债项信用评级		债券筹资用途	
	无	有	低	高	偿还债务	其他
Constant	2.838 (0.80)	3.819 (1.62)	5.471** (2.34)	6.607* (1.73)	4.370** (2.22)	-1.133 (-0.23)
Year & Industry	YES	YES	YES	YES	YES	YES
Observations	131	148	221	58	220	59
Adjusted R^2	0.706	0.728	0.716	0.744	0.700	0.789
F	11.09	13.71	17.27	6.709	16.04	8.457

注：(1) 括号内为t值；(2) ***、**和*分别表示在1%、5%和10%水平上显著。

第二，债项信用评级。专业评级机构通过考察发债企业获得非公开市场信息，揭示信用风险，以缓解投资者与发行方之间的信息不对称程度（沈红波和廖冠民，2014）。较低信用评级反映企业偿债能力有限，投资者可能感知此种风险，进而要求更高风险溢价（Ederington and Goh，1998）。因此，较高信用评级可能弱化债券投资者对大客户的风险评估，而较低信用评级可能放大债券投资者对大客户的风险评估。债券信用评级越低，风险越高，投资者对风险的关注放大了大客户的风险效应。表5-12第（3）（4）列按照债项信用评级本行业中值分组的结果显示：大客户LargeCustomer与公司债发行价差IssueSpread的显著正相关关系只体现在低信用评级组，而未体现在高信用评级组，说明信用评级弱化了第一大客户对公司债发行价差的风险效应。由于第（4）列中样本全部不可赎回，Call值全部为0，故该值系数缺失。

第三，债券筹资用途。筹资用途不同可能影响债券投资者的风险判断，市场对于因现金短缺而发行的公司债券具有负向反应（Akhigbe et al.，1997），因为现金流短缺公司的内部现金流创造能力不足，风险较大。表5-12第（5）（6）列按照是否用于偿还债务分组的结果显示：大客户LargeCustomer与公司债发行价差IssueSpread的显著正相关关系只体现在偿还债务组，而未体现在其他筹资用途组，说明偿还债务目的公司债强化了第一大客户对公司债发行价差的风险效应。由于第（6）列中样本全部不可赎回，Call值全部为0，故该值系数缺失。

5.6.3 基于宏观环境的进一步分析

第一，货币政策。宽松货币政策下，货币供给增加，利率下降，提高了未来收入现值，降低了风险（Bernanke and Blinder，1988）。相反，紧缩货币政策下，货币供给降低，风险增加。因此，紧缩货币政策下，债券投资者可能更关注风险，大客户对公司债发行价格的风险效应可能越强。本章参考靳庆鲁等（2012）的研究利用广义货币供给量 M2 的增长率衡量货币政策，该值越大说明货币政策越宽松。表 5 - 13 第（1）（2）列按照货币政策是宽松还是紧缩分组的回归结果显示：大客户 LargeCustomer 与公司债发行价差 IssueSpread 的显著正相关关系只体现在货币政策紧缩组，货币政策宽松时，大客户 LargeCustomer 与公司债发行价差 IssueSpread 在 10% 水平上显著负相关，说明货币政策紧缩强化了第一大客户对公司债发行价差的风险效应。

表 5 - 13　　基于宏观环境的进一步分析

变量	(1)	(2)	(3)	(4)
	货币政策		经济景气度	
	紧缩	宽松	低增长	高增长
LargeCustomer	1.037*** (2.72)	-1.555* (-1.90)	1.017*** (2.70)	-1.825* (-2.03)
BondSize	-0.109 (-0.94)	-0.360* (-1.89)	-0.099 (-0.87)	-0.334 (-1.72)
BondTerm	-0.029 (-0.13)	-1.640*** (-2.90)	-0.055 (-0.25)	-1.559** (-2.62)
Rate	-0.450*** (-4.69)	-0.048 (-0.27)	-0.460*** (-4.82)	-0.073 (-0.38)
Put	-0.271* (-1.80)	0.313 (1.04)	-0.267* (-1.79)	0.393 (1.23)
Call	0.075 (0.21)	-1.161* (-2.01)	0.070 (0.20)	-0.926 (-1.54)
Secu	0.010 (0.09)	-0.041 (-0.17)	-0.015 (-0.14)	-0.115 (-0.45)
Leverage	-0.064 (-0.13)	0.415 (0.25)	-0.075 (-0.15)	1.394 (0.79)

续表

变量	(1)	(2)	(3)	(4)
	货币政策		经济景气度	
	紧缩	宽松	低增长	高增长
Cover	-0.014 (-1.61)	-0.018 (-1.08)	-0.012 (-1.32)	-0.011 (-0.53)
Growth	0.131 (0.63)	0.098 (0.26)	0.108 (0.52)	0.246 (0.60)
ROA	-3.491 (-1.65)	3.872 (0.72)	-3.731* (-1.80)	4.865 (0.77)
SOE	-0.425*** (-3.59)	-0.358* (-1.84)	-0.398*** (-3.43)	-0.244 (-1.06)
First	-0.002 (-0.48)	0.002 (0.30)	-0.001 (-0.47)	0.001 (0.21)
Z-Score	-0.030 (-0.60)	-0.084 (-0.54)	-0.030 (-0.62)	-0.061 (-0.38)
Size	-0.026 (-0.29)	-0.199 (-0.90)	-0.033 (-0.37)	-0.143 (-0.62)
Big4	-0.007 (-0.04)	0.108 (0.36)	-0.003 (-0.02)	-0.078 (-0.22)
Rank	0.015*** (2.76)	0.020* (1.92)	0.014*** (2.60)	0.027** (2.15)
Fee	0.060 (0.60)	0.466 (1.62)	0.065 (0.65)	0.360 (1.21)
Constant	4.005** (2.08)	11.648** (2.45)	6.077*** (3.16)	10.149* (1.97)
Year & Industry	YES	YES	YES	YES
Observations	227	52	233	46
Adjusted R^2	0.729	0.787	0.726	0.789
F	21.27	8.269	20.85	7.738

注：(1) 括号内为 t 值；(2) ***、** 和 * 分别表示在 1%、5% 和 10% 水平上显著。

第二，经济景气度。经济增长越快，公司会计业绩越好（靳庆鲁等，2008），未来收入现值越高，发债公司风险以及客户应收账款风险越低。相反经济增加减速时，会计业绩越差，公司本身风险较高，客户应收账款违约风险以及发债公司风险提高。同时，客户更可能利用自己的议价能力压榨公司，导致公司风险较高，债券市场投资者会要求较高票面利率。因此，本章利用 GDP 增长率均值将样本区分为经济增长较快组以及经济增长较慢组，表 5 – 13 第（3）（4）列的回归结果显示：大客户 LargeCustomer 与公司债发行价差 IssueSpread 的显著正相关关系只体现在低经济增长组，而在高经济增长组，大客户 LargeCustomer 与公司债发行价差 IssueSpread 的关系在 10% 水平显著为负，说明低经济增长强化了第一大客户对公司债发行价差的风险效应。

5.7 研究结论

基于我国公司债发行特有的制度背景与数据，本章探讨了大客户对公司债发行定价的作用以及承销商的调节效应。研究发现：大客户对公司债发行价具有风险效应，即拥有大客户的公司债发行价差更大，高声誉承销商弱化了大客户对公司债发行定价的风险效应。本章研究区分了公司债发行定价与流通定价，首次探讨了大客户与承销商在债券发行定价中的作用，具有一定新意，有助于丰富客户、债券定价以及承销商文献。本章的不足在于：（1）线下面向机构投资者询价是债券发行定价的重要一环，但由于无法获取被询价的机构投资者名单，因而在研究设计中未考虑机构投资者的影响；（2）本章仅以披露了前五大客户详细名称的公司债为研究对象，但承销商对客户的访谈并不以发债企业公开披露前五大客户详细名称为前提，即使发债企业未披露五大客户信息，承销商也会依法从发债企业获取客户名单并对特定客户进行访谈，本章解决样本自选择问题以及改用客户集中度做稳健性检验，能在一定程度上弥补本研究设计的固有缺陷。因此，总体上本章研究具有较高可信度，结论对我国公司债定价实践也有借鉴意义。

第 6 章　稳定客户对于分析师对企业盈余预测准确性的影响[①]

6.1　引言

“客户 - 供应商”关系影响客户与企业的营运活动、成本结构与盈利水平（Kim and Wemmerlov，2010），而且大客户关系这种“组织资本”无形资产能被资本市场识别并体现在市场价值中（Gosman et al.，2004），客户价值这一隐蔽的资产可以为投资者理解公司价值提供增量信息（Bonacchi et al.，2015）。然而，现有客户类文献较多关注客户销售占比即客户集中度对企业经营活动、会计业绩和资本市场表现的作用（Patatoukas，2012），鲜有文献关注客户其他特征对企业或第三方的可能影响。本章基于企业和分析师个人两个层面的数据探讨客户稳定性（Li and Yang，2011）这一重要特征对第三方即分析师预测行为的影响，有利于理解稳定客户如何影响分析师预测准确性，因而具有一定创新性。

分析师可以从客户处获取有关企业的信息进而改善其预测行为。分析师盈余预测必须同时依赖公共信息与私人信息（Chen and Jiang，2006），但在中国分析师所能获得的公共信息的总体质量较差（岳衡、林小驰，2008），同时，信息不确定性加剧了分析师对信息的反应不足（Zhang，2006），而稳定客户有助于降低信息不确定性和提高信息质量。①稳定客户的信号传递效应。稳定客户，尤其是稳定大客户，可能向外界传递企业经营以及盈利较为稳定的信号，相反，客户经常变动，显示企业面临较大经营风险。因此，即使分析师没

① 王雄元，彭旋．稳定客户提高了分析师对企业盈余预测的准确性吗？［J］．金融研究，2016（05）：156－172.

有同时跟随客户，单纯从企业客户是否稳定这一特征上，也可以判断企业盈利是否稳定。分析师喜欢盈余平滑的公司（Previts et al.，1994），而稳定客户有利于稳定供应链，进而使企业具有更高收益和收益稳定性（Gosman et al.，2004），稳定客户可增强企业盈利的可预测性，进而有利于提高分析师预测准确性。②供应链知识的溢出效应。供应链上客户与企业的信息具有互补性（Clement and Tse，2005），审计师或分析师同时跟随客户，能获取更多有关企业的信息。当企业的审计师事务所同时审计企业及其主要客户时，从客户处获得有关企业的私有信息，有助于提高审计效率和降低信息收集成本，因此审计收费更低（Chen et al.，2014）、审计质量更高（Johnstone et al.，2014）。企业和客户经济密切度越高，分析师同时跟随两者的可能性越大，并且相对于只跟随企业不跟随客户的分析师而言，同时跟随两者的分析师预测准确度更高（Guan et al.，2015）。相对于非供应链分析师而言，同时跟随企业和客户的分析师为企业提供了更准确的预测（Luo and Nagarajan，2015）。但是，只有当客户稳定时，审计师或分析师才能同时关注企业与客户，也只有当客户稳定时，审计师或分析师对稳定客户与企业的同时关注，才会产生供应链知识。这说明供应链知识对审计师和分析师具有溢出效应，同时跟随或关注客户，既能促进公共信息及其质量的提高，又能获得某些私人信息，有助于改善分析师或审计师行为。

本章用当年前五大客户上一年重复出现的比例衡量客户稳定性，并以2007—2013年间我国A股制造业上市公司为样本，探讨稳定客户对分析师盈余预测行为的影响。基于企业层面的证据表明：（1）客户越稳定，分析师对企业的盈利预测更准确，预测分歧度与偏差度更小；（2）企业生产非耐用品、处于行业弱势地位、稳定客户销售占比较高以及与客户的关系较好时，稳定客户对分析师盈余预测准确性的影响更显著；（3）稳定客户对分析师盈利预测准确性的影响，可能源自稳定客户对企业盈余以及盈利稳定性的提高。基于分析师层面的证据表明：相对于未同时跟随客户与企业的分析师，同时跟随客户与企业的分析师的预测偏差更低，而且这种关系主要体现在客户稳定组。此外，在同时跟随客户与企业的样本中，稳定客户与分析师预测偏差负相关。这些结论说明，稳定客户是分析师的重要信息来源，即使分析师不同时跟随客户，稳定客户对于分析师预测也有信号传递效应，若同时跟随稳定客户，分析师可获得供应链知识的溢出效应，从而降低了分析师对企业盈利预测的偏误。

本章的可能贡献主要体现在：鲜有文献关注客户稳定性这一重要客户特征对企业及其第三方产生的可能影响，本章从客户稳定性角度，探讨客户关系对企业信息质量以及其对分析师预测准确性的影响，横向拓展了“客户 – 供应商”关系文献。Guan et al. （2015）的研究强调同时跟随客户与企业对分析师预测准确性的影响，而我们的研究表明，除了供应链知识对分析师预测的外溢效应外，即使不同时跟随企业与客户，只是关注客户稳定性特征，也可以获得有助于提高分析师预测准确性的信息，进一步厘清了客户对分析师预测行为的影响途径，即“信号传递效应”和“供应链知识溢出效应”同时存在，有利于丰富分析师预测行为的影响因素文献。

6.2　理论分析与研究假设

6.2.1　信息类别、信息质量与分析师预测行为

公共信息是分析师盈余预测的重要信息来源（Barron et al. , 1999）。信息披露内容越完整充分、及时准确，分析师预测分歧度与偏差度越小。财务报告、管理层讨论与分析（Barron et al. , 1999）、新闻发布会以及全面收益报告（Hirst and Hopkins，1998）等信息均有助于降低分析师预测分歧度与偏差度。公司信息披露质量越高，分析师盈余预测准确性越好，预测分歧越小（方军雄，2007；白晓宇，2009）。

分析师预测还需要依赖私有信息（Chen and Jiang，2006）。分析师可通过调研与分析非财务报告信息获取私有信息，信息获取成本越高，分析师获取私有信息的动机越弱。与企业的关联关系能够增加分析师的信息获取优势，本地分析师更了解本国制度环境，获取信息的渠道更多，对本国公司进行跟随调查的成本更低（Bae et al. , 2008），预测更准确。此外，公司信息透明度越低，私有信息越有价值，分析师获取私有信息的动机越强，分析师预测结果的差异性越大。私有信息经过分析师加工处理后变成公共信息，显著增加了市场信息的质量（Easley and O’Hara，2004）。

6.2.2 客户及客户信息的价值

客户对于企业是把“双刃剑”。一方面，企业能从大客户获得有价值的信息，以促进与客户的联合投资，提高存货管理效率和应收账款回收率，降低销售费用、管理费用以及广告支出，增加企业业绩（Patatoukas，2012）。另一方面，大客户可能会随时中断交易或与企业竞争对手建立产业联盟，严重影响企业经营财务状况。企业越依赖主要客户，负债水平越高，现金流量风险越高，越可能陷入财务困境，因而需要持有更多现金，以预防此种风险（Itzkowitz，2013）。客户对企业影响的好坏，取决于客户关系性质及其紧密程度。企业与客户关系越密切，成本及业绩的关联性越强。良好的客户关系有助于促进协同营销、信息共享、精简产量以及资本管理效率的提高。

此外，客户对企业以外的第三方也有影响。首先，大客户关系这种“组织资本”无形资产，能被资本市场识别并体现在市场价值中，给予更高定价（Gosman et al.，2004）。其次，客户价值这一隐蔽的资产，可以为投资者理解公司价值提供增量信息，影响审计师选择（张敏等，2012）。Bonacchi et al.（2015）通过计算订阅模式公司（Subscription - based Companies）的客户价值，定量分析了客户价值对公司估价的作用，结果发现，客户价值与公司的股价、未来盈利能力和分析师预测偏差均呈现正相关关系。最后，分析师会捕捉供应链上的互补性信息，进而改善其预测准确性。Guan et al.（2015）研究发现，相对未追踪企业的客户的分析师，同时追踪企业 - 客户的分析师，为企业提供了更准确的盈利预测，分析师对客户盈利消息更加敏感，可根据客户盈利消息修改其对企业的盈利预测并使其更加准确。

6.2.3 研究假设的提出

从企业层面来看，即使不同时跟随客户，稳定客户对分析师也可能具有信号传递效应。①稳定客户，尤其是稳定大客户，可能向外界传递企业经营以及盈利较为稳定的信号，相反，客户经常变动，透露出企业面临较大经营风险。因此，即使分析师没有同时跟随客户，单纯从企业客户是否稳定这一特征上，也可以判断企业盈利是否稳定。②分析师喜欢盈余平滑的公司（Previts et al.，

1994），而稳定客户有利于稳定供应链，进而使企业具有更高收益和收益稳定性（Gosman et al.，2004），因此，分析师可能喜欢跟随具有稳定客户的企业。③客户依据企业信息评估企业当前和未来经营业绩，确定企业短期内是否能够及时足量发货、长期内是否具有生存能力以及是否有足够财务资源为客户提供后续服务（Armstrong et al.，2010），一旦认为企业可能陷入财务困境并影响到隐性契约的履行，就可能选择中断交易（Banerjee et al.，2008）。因此，拥有大客户的企业更倾向向上盈余管理并报告较大的盈余增加，使企业相信其具有良好前景，而客户无法分享企业超额收益，却要分担其不良后果，有动机抑制企业机会主义行为（Hui et al.，2012）。当客户与企业建立了稳定关系时，两者之间信息共享程度提高，客户对企业的经营状况更为清楚，也能更好地发挥监督治理效应，此时，企业管理者进行机会主义行为的动机下降，盈余管理程度降低，企业的信息质量将随之提高。可见，稳定客户有助于提供增量信息以及提高信息质量，进而有助于提高分析师的预测准确度。

从分析师个人层面来看，同时跟随企业与客户的情况下，供应链知识对分析师预测具有溢出效应（Chen et al.，2014）。①分析师可以从客户处获得很多与企业经营活动或未来现金流相关的私有信息（Kim et al.，2015），这类信息有利于分析师对企业未来经营活动或现金流的判断，提高预测准确度。②同时跟踪企业与客户的分析师可以加深对企业信息的理解，提升信息的利用质量。例如，同时跟踪客户的分析师可以获得客户的采购成本和应付账款信息（Johnstone et al.，2014），通过比对客户的采购信息与企业的销售信息和客户应付账款信息与企业的应收账款信息，有利于判断企业现有销售信息和应收账款的真实性，进而提高对企业信息的理解，增加未来营利性预测的准确性。③同时跟随企业与客户的分析师的盈利预测相对未跟随客户的分析师更为准确，且随着客户销售占比的提高，同时跟踪客户的分析师预测准确度更高（Guan et al.，2015）。但客户销售占比大并不一定稳定，稳定客户让企业盈利具有可预测性，稳定客户信息对分析师预测更具价值，因此，稳定大客户的存在使企业的盈利更具有持续性与稳定性，分析师对企业的盈余预测也将更加准确。客户稳定，预示客户与企业间关系是稳定的、良性的，企业盈利更有更高的稳定性，更有利于降低分析师预测的分歧度与偏差度。

综上所述，提出本章假设：客户越稳定，分析师盈余预测偏差与分歧度越小。

6.3 研究设计、数据与描述性统计

6.3.1 研究设计

本章参照 Guan et al.（2015）的做法设立模型（6－1），以检验本章假设：

$$FDISPnt/FERRORnt = \alpha_0 + \alpha_1 Stable\_5 ++ \alpha_2 Cust\_stable5 + \alpha_3 Lnsize + \alpha_4 EV + \alpha_5 ROE + \alpha_6 CORR + \alpha_7 Top10 + \alpha_8 Update + \alpha_9 FERRORnt_{t-1} + \varepsilon \qquad \text{模型(6－1)}$$

其中，分析师预测偏差度 FERRORnt = Abs[Mean(Fnt) － Mnt]/Abs(Mnt)，分析师预测分歧度 FDISPnt = Sd(Fnt)/Abs(Mnt)，Fnt 为分析师利润预测值，Mean(Fnt) 为分析师利润预测平均值，Mnt 为当年实际利润值（王玉涛、王彦超，2012）。客户稳定度 Stable_5，主要客户在过去5年内出现的次数/5（Li and Yang，2011），数值越大，客户越稳定。稳定客户销售占比 Cust_stable5，即销售给稳定客户的收入占总销售的比重。预期 Stable_5 的回归系数显著为负。

我们还控制了如下因素：企业规模 Lnsize，即企业总资产的自然对数；盈余波动性 EV = Sd（Netprot，Netprot－1，Netprot－2）/Abs［Mean（Netprot，Netprot－1，Netprot－2）］，即公司最近3年净利润的离散度；资产收益率 ROE，即净利润/股东权益；股权性质 Soe，国有企业为1，否则为0；成长性 MB，即股东权益市场价值/股东权益账面价值；盈余与市场回报的相关性 CORR，即最近3年年度回报率与净利润的相关系数；股权集中度 Top10，即前十大股东所占股份比例总和；机构更新预测的频率 Update = Total（Forecast）/Total（Broker），即分析师发布预测的平均次数。

6.3.2 样本选择

本章以2007—2013年间我国A股制造业上市公司的8342个数据为初始样本，并做如下处理：①剔除在B股、H股交叉上市的554个公司样本；②剔除被ST、PT的470个公司样本；③剔除样本期间行业发生变化的694个公司样本；④剔除行业（木材、家具）内公司数目少于10家的101个公司样本；⑤剔除没有连续两年披露客户明细的 4683 个公司样本；⑥剔除主要财务数据缺失的 993 个公司样本；⑦因需要控制上一年度分析师盈余预测值，导致公司样本减少 115 个，最终得到 732 个有效样本。此外，分析师跟随数量大于 2 才可以计算分歧度，因此，分析师盈余预测分歧度样本进一步减少到 637 个。我们对所有变量按 1% 做 Winsorize 缩尾处理，以消除极端值的影响。除前五大客户信息手工整理外，其他数据均来自国泰安数据库。

6.3.3　描述性统计

表 6－1 列示了主要变量的描述性统计结果。①FERRORnt 最小值为 0.0054、最大值为 24.0961、均值为 1.3193，说明分析师的平均预测偏差为公司实际盈余的 1.3193 倍，最大偏差率为 24.0961。②FDISPnt 最小值为 0.0138、最大值为 16.9668、均值为 0.7854，说明分析师的平均预测分歧度为 0.7854，最大分歧度为 16.9668。③Stable_5 最小值为 0、最大值为 1、均值为 0.4779，说明样本中部分公司前后两年前五大客户完全不同，也有公司前后两年前五大客户完全不同，但总体上前后两年前五大客户相同的比例为 47.79%。④Cust_stable5 最小值为 0、最大值为 0.7508、均值为 0.1537，说明稳定客户销售占比平均为 15.37%，最大销售占比为 75.08%。

表 6－1　　　　主要变量描述性统计

变量	N	mean	min	p50	sd	max
FERRORnt	732	1.3193	0.0054	0.313	3.3493	24.0961
FDISPnt	637	0.7854	0.0138	0.2332	2.1197	16.9668
Stable_5	732	0.4779	0.0000	0.4000	0.2596	1.0000
Cust_stable5	732	0.1537	0.0000	0.1058	0.1556	0.7508
Lnsize	732	22.0792	19.8787	21.9555	1.0225	24.7368
EV	732	1.2689	0.0453	0.4066	4.2603	40.1102
ROE	732	0.0808	－0.4733	0.0806	0.1022	0.3294
Soe	732	0.5353	0.0000	1.0000	0.0000	1.0000

相关系数分析表明：Stable_5 与 FDISPnt 和 FERRORnt 显著负相关，说明客户越稳定，分析师预测偏差与分歧度越小，与本章假设基本吻合。FDISPnt 与

FERRORnt 的回归系数高达 0.9017，说明两者指标同质性很强，因此，后文分析中以分析师预测偏差度为主。此外，Cust_stable5 与 FDISPnt 和 FERRORnt 负相关但不显著，说明稳定客户销售占比越大，分析师预测偏差与分歧度可能越小。限于篇幅，此处未列示表格。

表 6－2 是按 Stable_5 中位数将样本分为客户稳定组与客户不稳定组后对主要变量所做的差异性分析。均值 T 检验以及中位数 Z 值检验的结果均显示：客户稳定组分析师预测分歧度 FDISPnt 与分析师预测偏差度 FERRORnt 显著小于客户不稳定组，这说明客户稳定有利于减少分析师预测偏差与分歧度，稳定客户提高了我国资本市场分析师盈余预测的准确性。此外，稳定客户销售占比 Cust_stable5 显著大于不稳定客户销售占比，一定程度上说明大额互利交易是客户稳定与否的重要因素。

表 6－2　　差异性检验

变量	客户稳定			客户不稳定			差异性检验	
	数量	均值	中位数	数量	均值	中位数	均值差异 T 值	中位数差异 Z 值
FERRORt	353	0.9890	0.2889	379	1.6269	0.3498	−2.5850***	−2.010**
FDISPnt	315	0.6457	0.2042	322	0.9220	0.2562	−1.6469	−1.733**
Cust_stable5	353	0.2215	0.1702	379	0.0907	0.0538	12.5101***	14.571***

注：***、** 和 * 分别表示在 1%、5%、10% 水平上显著，下同。

6.4　基于企业层面的经验证据

6.4.1　稳定客户对于分析师对企业的盈余预测准确性的影响

表 6－3 中第（1）（5）列为基础 OLS 回归，第（2）（6）列为控制样本自选择问题的 Heckman 两阶段回归[①]，第（3）（7）列为控制遗漏变量和反向

① 首先，设立客户信息是否明确披露 Probit 方程，并控制企业规模、审计师规模、专有化成本、行业竞争、销售增长率、股权性质、资产负债率、CEO 是否变更等变量。其次，根信息披露方程计算逆米尔比率（IMR），并将之带入第二阶段进行回归。

因果等内生性问题的普通两阶段回归[①]，第（4）（8）列为控制异方差问题的“加权最小二乘法 WLS”回归[②]。结果显示：①第（1）至（4）列中稳定客户 Stable_5 与分析师预测分歧度 FDISPnt 均在 1% 水平上显著负相关，说明客户越稳定，分析师预测分歧度越小；第（5）至（8）列中稳定客户 Stable_5 与分析师预测偏离度 FERRORnt 均在 1% 或 5% 水平上显著负相关，说明客户越稳定，分析师预测偏差度越小；②第（2）（6）列回归系数显著性相对于第（1）（5）列均有所提高，说明使用 Heckman 两阶段控制可能存在的样本自选择问题较为有效；③第（3）（7）列回归系数显著性相对于第（1）（5）列也都有所提高，说明使用 2SLS 两阶段控制可能存在的内生性问题较为有效；④第（4）（8）列控制异方差后，稳定客户 Stable_5 的回归系数有所下降但仍显著为负。这些结果稳健地说明即使分析师不同时跟随企业与客户，稳定客户对于分析师而言仍具有信号传递效应，即客户越稳定，分析师盈余预测偏差与分歧度越小。

表 6-3　　稳定客户对分析师盈余预测准确性的影响分析

变量	分析师预测偏差度 FERRORnt				分析师预测分歧度 FDISPnt			
	OLS 回归	heckman 两阶段	2SLS	加权最小二乘法 WLS	OLS 回归	heckman 两阶段	2SLS	加权最小二乘法 WLS
	(1)	(2)	(3)	(4)	(5)	(6)	(7)	(8)
Stable_5	-1.7260***	-1.9984***	-2.1996***	-1.5508***	-0.8693**	-0.9014**	-1.3223***	-0.6596**
	(-3.14)	(-3.33)	(-3.47)	(-3.07)	(-2.29)	(-2.21)	(-2.79)	(-2.10)
Cust_stable5	2.3045**	2.7375***	2.8685***	1.4789*	1.0518	1.2615*	1.7520**	-0.1602
	(2.44)	(2.64)	(2.63)	(1.81)	(1.59)	(1.78)	(2.13)	(-0.35)
Lnsize	0.1282	-0.0600	0.3365**	0.1179	0.1814*	0.1337	0.2839**	0.1279*
	(0.92)	(-0.34)	(2.17)	(0.92)	(1.87)	(1.10)	(2.47)	(1.68)
EV	-0.0450	-0.0546*	-0.0978***	-0.0367	-0.0352	-0.0373	-0.0687***	-0.0127
	(-1.53)	(-1.77)	(-3.14)	(-1.32)	(-1.60)	(-1.63)	(-2.67)	(-0.79)

① 首先设立稳定客户关系模型，并控制企业战略多元化、成长机会、两职合一、企业规模、股权性质、员工人数、专有化成本、CEO 是否变更等变量。而后用该模型残差 e 替代 Stable_5 进行第二阶段回归。

② 由于本章中分析师预测偏差度和预测分歧度的度量采用的是绝对数，标准差比较大，可能存在异方差问题，因此，本章使用“加权最小二乘法 WLS”加以控制。此外，采用“OLS + 稳健标准误”方法也得到一致结论。

续表

变量	分析师预测偏差度 FERRORnt				分析师预测分歧度 FDISPnt			
	OLS 回归	heckman 两阶段	2SLS	加权最小二乘法 WLS	OLS 回归	heckman 两阶段	2SLS	加权最小二乘法 WLS
	(1)	(2)	(3)	(4)	(5)	(6)	(7)	(8)
ROE	-6.2623*** (-4.51)	-6.9478*** (-4.26)	-8.2102*** (-4.35)	-5.9287*** (-4.52)	-3.4279*** (-3.49)	-3.8052*** (-3.34)	-5.2112*** (-3.78)	-2.4452*** (-2.98)
Soe	0.0172 (0.07)	-0.0996 (-0.30)	0.2372 (0.77)	-0.0749 (-0.31)	0.0105 (0.06)	-0.0107 (-0.05)	0.2861 (1.24)	-0.1342 (-0.96)
MB	0.0162 (0.13)	0.0419 (0.32)	0.0215 (0.16)	0.0468 (0.40)	-0.0122 (-0.15)	0.0212 (0.24)	-0.0057 (-0.06)	-0.0098 (-0.14)
Top10	-2.0873** (-2.26)	-1.3411 (-1.28)	-2.1746** (-2.03)	-1.7878** (-2.10)	-0.4787 (-0.73)	-0.4805 (-0.66)	-0.2298 (-0.28)	0.0809 (0.16)
CORR	-0.0837 (-0.47)	0.0343 (0.17)	0.0496 (0.24)	-0.0223 (-0.13)	-0.1510 (-1.20)	-0.0964 (-0.71)	0.0164 (0.11)	0.0024 (0.02)
FERRORnt_l1	0.1642*** (4.03)	0.1435*** (2.88)	0.2773*** (5.06)	0.1754*** (4.41)	0.1278*** (4.70)	0.0985*** (2.95)	0.1618*** (4.24)	0.1099*** (4.57)
Update	-0.2984 (-1.32)	-0.3672 (-1.51)	-0.2206 (-0.92)	-0.3295 (-1.60)	-0.1371 (-0.75)	-0.1860 (-0.96)	-0.0460 (-0.21)	-0.2202 (-1.47)
IMR		-2.7450** (-2.36)				-1.1488 (-1.48)		
行业、年度	控制	控制	控制	控制	控制	控制	控制	控制
Constant	0.6739 (0.20)	10.8789* (1.79)	-5.1883 (-1.28)	0.7868 (0.26)	-2.9155 (-1.26)	0.7524 (0.18)	-6.0098** (-2.03)	-1.8009 (-1.00)
Observations	732	629	474	732	637	551	413	637
Adjusted R^2	0.108	0.120	0.156	0.112	0.090	0.082	0.118	0.101

稳定客户销售占比 Cust_stable5 与分析师预测分歧度 FDISPnt 以及分析师预测偏离度 FERRORnt 正相关，而且大部分具有统计意义上的显著性，这与现有文献研究结论一致。客户集中度较高往往带来较高经营风险，因而当客户销售占比较高时，企业的股票回报波动率较高（Albuquerque et al.，2010）、破产风险较高（Becchetti and Sierra，2003）、企业的银行贷款利率增加、期限缩短（Li and Yang，2011）；而良好客户关系则能缓解来自于企业竞争者和外部环境冲击

的压力，降低经营风险，从而降低股票的系统性风险（Fornell et al.，2006）、缓解股票回报的波动（Tuli and Bharadwaj，2009）、降低企业的银行贷款利率、增加银行贷款期限（Li and Yang，2011）。我们的数据表明，客户集中度在我国资本市场更多是一种利益。

6.4.2　稳健性检验

（1）排除竞争性假说。

稳定客户对分析师预测行为的影响也可能存在两种替代性假说：①分析师关注了规模大、盈利好的公司，而这些公司正好又拥有优质稳定的客户。②稳定客户企业更容易吸引优秀分析师，而优秀分析师具有更高的预测分析能力。本章观测到的结果，可能是由于分析师本人的预测能力导致而与客户稳定与否无关，因此，必须排除这两种竞争性假说对本章假设的影响。表 6 - 4 中第（1）（2）列列示了按 ROE 高低分组回归的结果，数据显示：Stable_5 与 FERRORnt 的回归系数及显著性在不同盈利企业组有明显差异且通过了系数差异性检验，但稳定客户对分析师预测偏差度的降低效应只出现在低盈利组，可排除营利性的替代假说。表 6 - 4 第（3）（4）列列示了按规模大小分组回归的结果，数据显示：Stable_5 与 FERRORnt 的回归系数及显著性在不同规模企业组无明显差异，且未通过系数差异性检验，说明稳定客户对分析师预测偏差度的影响在不同规模企业组没有显著差异，可排除规模性的替代假说。此外，我们按是否有明星分析师跟随分组，以排除优质分析师替代假说。参考 Jackson（2005）的做法，用分析师在行业内的排名衡量分析师声誉，若行业排名前五，则定义为明星分析师。表 6 - 4 中第（5）（6）列的回归结果显示：Stable_5 与 FERRORnt 的显著负向关系在无或有明星分析师跟随组无明显差异，也可基本排除优质分析师替代假说。

（2）改变计量方式的稳健性检验。

为了排除计量偏误，本章还做了改变解释变量和被解释变量计量方式的稳健性检验。首先，针对解释变量，本章采用连续三年客户重复出现的比例（企业 3 年内重复出现的前五大客户个数除以 15）、哑变量 Stable_5dum（若 Stable_5 小于行业年度中位数，取值为 0，视为客户不稳定，否则取值为 1，视为客户稳定）、稳定客户销售占比与前五大客户销售占比的比例等三种方式，衡量客户是否

表 6-4 排除竞争性假说的稳健性检验（仅报告分析师预测偏差结果）

变量	按营利性分组		按规模大小分组		按有无明星分析师分组	
	FERRORnt	FERRORnt	FERRORnt	FERRORnt	FERRORnt	FERRORnt
	高 ROE	低 ROE	大企业	小企业	有明星分析师跟随	无明星分析师跟随
	(1)	(2)	(3)	(4)	(5)	(6)
Stable_5	-0.0628 (-0.93)	-3.2509 *** (-2.84)	-1.9145 ** (-2.12)	-1.6588 ** (-2.40)	-1.9123 *** (-2.87)	-1.5493 ** (-2.12)
Cust_stable5	-0.0660 (-0.57)	4.0515 ** (2.06)	2.2192 (1.30)	2.9685 *** (2.69)	5.0310 *** (4.52)	1.1137 (0.89)
其他控制变量	（略）	（略）	（略）	（略）	（略）	（略）
Constant	0.7492 * (1.90)	0.2869 (0.04)	-6.6105 (-0.94)	-0.4715 (-0.07)	0.1550 (0.04)	0.5511 (0.12)
Observations	386	346	358	374	205	527
Adjusted R^2	0.112	0.048	0.081	0.135	0.156	0.090
Chi^2	6.88 ***		0.03		0.06	

稳定。其次，针对被解释变量，用 EPS 计算分析师预测偏差度与分歧度。最后，同时改变解释变量与被解释变量的计量方式。另外，由于只有销售占比较高的稳定客户才会对企业产生实质影响，因此，我们剔除稳定客户销售占比低于 5% 的样本进行回归。这些稳健性检验均显示，稳定客户与 FERRORnt 和 FDISPnt 均显著为负，从而验证了本章主假设的可靠性。限于篇幅，此处未列示表格。

6.4.3 进一步分析

（1）稳定客户与企业关系的调节效应。

本章从稳定客户销售占比的影响、稳定关系性质的影响、客户依赖度的影响和客户谈判力的影响四个方面，进一步分析稳定客户与企业关系对分析师预测准确性的调节效应。具体而言：①按照稳定客户销售占比 Cust_stable5 中位数将样本分为高低两组，若 Cust_stable5 大于行业年度中位数，则将其归为销售占比较高组，否则属于销售占比较低组。表 6-5 第（1）（2）列的回归结果显示：稳定客户 Stable_5 与 FERRORnt 的显著负相关关系只体现在销售占比较高组，这说明销售占比强化了稳定客户对分析师预测行为的影响。②以应收账款高低衡量客户关系的性质，应收账款小于中位数视为客户关系较好，否则为客户关系较差。表6－5第（3）（4）列的回归结果显示：稳定客户Stable_5与FERRORnt的显著负相关关系只体现在应收账款较低组，这说明只有在客户与企业关系较好并能发挥价值链协调效应时，稳定客户才能显著提高分析师预测的准确性。③借鉴Banerjee et al.（2008）的做法，将电子C5、金属与非金属C6和机械、设备和仪表C7等行业界定为耐用品行业，若企业生产耐用品，则客户依赖度较高，否则客户依赖度较低。表6－5第（5）（6）列的回归结果显示：稳定客户Stable_5与FERRORnt的显著负相关关系只体现在生产非耐用品行业组，这说明客户依赖度较低时，稳定客户是市场选择的结果，此时，稳定客户对分析师才具有实质性影响。④用企业销售收入在整个行业中的排名作为客户谈判力的衡量指标，若企业在行业中排名在前50%，认为企业谈判力较强，客户谈判力较弱，相反当企业在行业中排名处于后50%，认为客户谈判力较强。表6－5第（7）（8）列的回归结果显示：稳定客户Stable_5与FERRORnt的显著负相关关系只体现在行业排名后50%的企业里，这说明行业排名靠后的企业不能凭借强势

表6－5　稳定客户与企业关系的调节效应（仅报告分析师预测偏差结果）

变量	销售占比的影响		稳定关系性质的影响		客户依赖度的影响		客户谈判力的影响	
	销售占比较高	销售占比较低	应收账款较高	应收账款较低	耐用品行业	非耐用品行业	行业排名前50%企业	行业排名后50%企业
	（1）	（2）	（3）	（4）	（5）	（6）	（7）	（8）
Stable_5	－3.4438*** （－3.95）	－1.3107 （－1.22）	－0.8701 （－1.17）	－2.5917*** （－3.07）	－0.3471 （－0.53）	－3.3039*** （－3.63）	－0.6771 （－0.98）	－2.4135*** （－2.69）
Cust_stable5	1.0228 （0.86）	9.8183 （1.41）	0.6306 （0.54）	5.4682*** （3.10）	0.9286 （0.88）	3.4491* （1.96）	1.0268 （0.93）	4.4863*** （2.63）
其他控制变量	（略）	（略）	（略）	（略）	（略）	（略）	（略）	（略）
Constant	2.3627 （0.46）	－1.1780 （－0.26）	4.2187 （0.88）	－3.9312 （－0.79）	0.1799 （0.05）	2.7304 （0.48）	0.6249 （0.13）	1.9311 （0.37）
Observations	368	364	366	366	370	362	356	376
Adjusted R^2	0.142	0.081	0.092	0.117	0.079	0.123	0.142	0.084
Chi^2	2.01		1.8		5.18**		1.87	

谈判力吸引客户，稳定客户降低企业业绩波动性风险的边际效应更强，稳定客户对分析师预测准确性的影响更显著。

（2）稳定客户是否增加了企业盈余及其稳定性。

表6－6进一步探讨具有稳定客户的企业是否具有更高的盈利与盈利持续性，以说明稳定客户对分析师预测行为的影响是源自其对企业盈余的影响。Gosman et al.（2004）研究发现，由于发挥了供应链管理的优势，拥有大客户的公司具有更高的盈利能力和盈利持续性，而且能被市场识别并给予更高定价。那么，稳定客户对分析师预测行为的影响是否源自其对企业盈余的影响呢？参照Patatoukas（2012）的做法，本章用当前以及后两期ROA的标准差衡量ROA波动性，同时控制企业成立年限Lnage、营业收入增长率SG，资本性支出Capex、独立董事比例Outdirect、资产负债率Leverage以及市账比MB等变量。表6－6的回归结果显示：无论是否控制稳定客户销售占比Cust_stable5以及Cust_stable5与Stable_5的交乘项，稳定客户Stable_5与当期盈余ROA显著正相关，与盈余ROA波动性负相关但显著性较弱，从而说明客户越稳定，企业盈利越好，盈利波动性越弱。这也说明，稳定客户对分析师预测行为的影响确有可能源自稳定客户对企业盈余及盈余稳定性的影响。

表6－6　稳定客户对企业盈余及稳定性的影响分析

变量	ROA（当期ROA）			ROA波动性（当期及后两期ROA的标准差）		
	(1)	(2)	(3)	(4)	(5)	(6)
Stable_5	0.0168*** (2.92)	0.0234*** (3.39)	0.0149* (1.84)	−0.0075 (−1.33)	−0.0120* (−1.76)	−0.0034 (−0.43)
Cust_stable5		−0.0200* (−1.73)	−0.0650** (−2.54)		0.0132 (1.18)	0.0611** (2.38)
Stable_5 × Cust_stable5			0.0755** (1.97)			−0.0767** (−2.07)
其他控制变量	（略）	（略）	（略）	（略）	（略）	（略）
Constant	−0.2571*** (−6.16)	−0.2463*** (−5.85)	−0.2447*** (−5.81)	0.0767* (1.87)	0.0688* (1.65)	0.0696* (1.68)
Observations	843	843	843	483	483	483
Adjusted R^2	0.400	0.402	0.404	0.032	0.033	0.040

6.5 基于分析师层面的经验证据

6.5.1 研究设计

（1）模型与变量解释。

参考 Guan et al.（2015）的做法，我们采用模型（6 - 2），从分析师层面研究分析师同时跟随客户对分析师预测准确度的影响。具体而言：第一，基于 Firm - Analyst - Year 层面的经验证据，即在区分客户是否稳定的情况下，根据是否同时跟随企业与客户对分析师预测偏差的影响，预期同时跟随企业与客户对分析师预测偏差的降低作用在客户稳定组显著；第二，基于 Firm - Analyst - Year - Customer 层面的经验证据，即在分析师同时跟随企业与客户的基础上，根据客户稳定性对分析师预测偏差的影响，预期客户稳定性对分析师预测偏差具有降低作用。

$$Accu\_Score_{ijt}/Error\_abs_{ijt} = \beta_0 + \beta_1 Stable_{ijt} + \beta_2 Dum\_Follow\_C_{ijt} + \beta_3 Dum\_Broker\_Follow\_C_{ijt} + \beta_4 Dum\_C\_in\_CoreInd_{ijt} + \beta_5 Dum\_CS\_in\_SameInd_{jt} + \beta_6 Follow\_Ind_{ijt} + \beta_7 Num\_Ind_{it} + \beta_8 Days\_Elaps_{ijt} + \beta_9 For\_Freq_{ijt} + \beta_{10} Gen\_Exp_{it} + \beta_{11} Firm\_Exp_{ijt} + \beta_{12} Broker\_size_{it} + \beta_{13} Num\_Firm_{it} + \beta_{14} Ln\_Firm\_MV_{jt-1} + \varepsilon_{ijt} \quad \text{模型}(6-2)$$

被解释变量为分析师的预测准确度 $Accu\_Score_{ijt}$ 与分析师预测偏差 $Error_abs_{ijt}$①。Accu_Score 表示分析师个人相对于整个分析师群体的预测偏差，数值越大表示分析师 i 的预测越准确。而 Error_abs 表示分析师个人的预测偏差，数值越大表示分析师 i 的预测越不准确。$Accu\_Score_{ijt}$ 的具体计量方式为 $100 - 100 \times (Rank_{ijt} - 1)/(NumberFollowing_{jt} - 1)$，$NumberFollowing_{jt}$ 表示企业 j 在 t 年分析师跟随的个数，$Rank_{ijt}$ 表示分析师 i 在 t 年对 j 公司预测误差 $Error\_abs_{ijt}$ 的名次，而分析师预测误差 $Error\_abs_{ijt}$ 是指分析师 i 在会计年度结束前 1 个月发布的最新每股盈余预测值 $FEPS_{ijt}$ 与企业 j 的真实每股盈余 MEPS 差额的绝对值。例如，企业 j 在 2010 年的真实每股收益（MEPS）为 0.1 元/股。该年共有 4 个分析师（i_1，

① 由于此部分考查的是分析师个人层面的相对准确度，因而不存在分析师群体的分歧度指标。

i_2，i_3，i_4）跟随，即分析师跟随个数 NumberFollowing 为 4，每个分析师在 12 月以前，最新每股盈余预测值 FEPS 分别为 0.08 元/股、0.07 元/股、0.095 元/股和 0.11 元/股，分析师预测偏差 Error_abs（=|FEPS－MEPS|）分别为 0.02、0.03、0.005 与 0.01，其预测偏差的排名 Rank 分别为 3、4、1、2，分析师预测的相对准确度 Accu_score 分别为 33.33、0、100 与 66.67。从"Firm－Analyst－Year"层面来看，Accu_Score 指标更合理。因为一个 firm 有若干分析师，同时跟随的分析师 i_1 应比不同时跟随的分析师 i_2 更准确。当样本中有若干 firm 时，用 Accu_Score 指标能控制 firm 因素对预测偏差的影响，而 Error_abs 无法控制 firm 因素的影响。但从"Firm－Analyst－Year－Customer"层面来看，以一个 firm 一个分析师为例，稳定的客户 1 应比不稳定的客户 2 分析更准确，因此，Error_abs 指标可能更合理，而 Accu_Score 其实忽视了 customer 间的差异。为对接 Guan et al.（2015）的研究并保持指标的一致性，本章以 Accu_Score 指标做主检验而以 $Error\_abs_{ijt}$ 做稳健性检验。

主要解释变量为分析师是否同时跟随客户 $Dum\_Follow\_C_{ijt}$ 与客户是否稳定指标 Stable。$Dum\_Follow\_C_{ijt}$ 为哑变量，如果分析师 i 在 t 年至少跟随了一个客户为 1，否则为 0。在进行"Firm－Analyst－Year"层面研究时，客户是否稳定指标 Stable 为整个企业的客户稳定度，即前五大客户在上年出现的个数/5；在进行"Firm－Analyst－Year－Customer"层面研究时，客户是否稳定指标 Stable 为某个具体客户的稳定度，如果该客户上年出现，Stable 为 1，否则为 0。同时跟随企业客户，可以使分析师获得更多有关分析师未来利润的有用信息，并导致更高的预测准确度，因此，预期 $Dum\_Follow\_C_{ijt}$ 与 Accu_score 显著为正，与 Error_abs 显著为负，而且这种显著性主要体现在客户稳定组。在同时跟随企业与客户的情况下，客户是否稳定指标 Stable 与 Accu_score 显著为正，与 Error_abs 显著为负。

我们还控制如下变量：分析师的同事是否跟随该客户 $Dum\_Broker\_Follow\_C_{ijt}$，客户是否属于分析师跟随的核心行业 $Dum\_C\_in\_CoreInd_{ijt}$，分析师和客户是否同一行业 $CS\_SameInd_{jt}$，分析师是否跟随企业同行业其他公司 $Follow\_Ind_{ijt}$，分析师跟随的行业个数 Num_Ind_{it}，分析师 i 发布的盈余预测与跟随该企业 j 的任一分析师之前发布盈余预测的时间间隔这一变量 Days_Elaps，分析师 1 年内发布盈余预测的次数 For_Freq_{ijt}，分析师的 general 预测经验 Gen_Exp_{it}，分析师对该公司的预测经验 $Firm\_Exp_{ijt}$，分析师所在券商的规模 $Broker\_Size_{it}$，分析师跟随的

公司个数 Num_Firm_{it}，企业 j 在 t－1 年年末的股票市值 $Firm\_MV_{jt-1}$。

（2）样本选择。

本章样本选择过程参考了 Guan et al.（2015）的做法。2007—2013 年间，企业和客户均为上市公司的“企业－客户－年度”样本共有 1586 对，其中企业无分析师跟随的“企业－客户－年度”样本有 309 对，企业至少有一个分析师跟随的“企业－客户－年度”样本有 1277 对。由于一个企业可能有多个客户，而且任何企业或客户都可能有多个分析师跟随，因此，我们统计的“分析师－企业－客户－年度”样本有 15398 个。在做 Firm－Analyst－Year 层面研究时，只要分析师同时跟随了其中任何一个客户 $Dum\_Broker\_Follow\_C_{ijt}$ 即取值为 1，照此处理后的“分析师－企业－年度”样本共有 11451 个，同时由于计算分析师的相对准确度至少需要两名分析师，需要删掉企业分析师跟随人数少于 2 个的 593 个样本以及其他控制变量缺失的 1617 个样本，最终用于 Firm－Analyst－Year 层面回归的样本共计 9241 个。在做 Firm－Analyst－Year－Customer 层面研究时，15398 个“分析师－企业－客户－年度”样本中，有 1602 个分析师同时跟随企和客户的样本，删掉企业分析师跟随人数少于 2 个的 85 个样本以及其他控制变量缺失的 505 个样本，最终用于回归的样本有 1012 个。

6.5.2　实证结果

表 6－7 第（1）至（6）列列示了基于 Firm－Analyst－Year 层面的经验证据，其中第（1）至（3）列是 $Dum\_Follow\_C_{ijt}$ 对 $Accu\_Score_{ijt}$ 的主检验，第（4）至（6）列是 $Dum\_Follow\_C_{ijt}$ 对 $Error\_abs_{ijt}$ 的稳健性检验。数据显示：①在控制客户稳定性 Stable 的情况下，$Dum\_Follow\_C_{ijt}$ 与 Accu_score 的回归系数为 2.6159 且在 5% 水平上显著，与 Error_abs 的回归系数为 －0.0249 且在 5% 水平上显著。这与 Guan et al.（2015）的研究一致，即同时跟随企业与客户有助提高分析师预测准确度。②按照客户是否稳定的分组回归显示，$Dum\_Follow\_C_{ijt}$ 与 Accu_score 的回归系数在客户稳定组为 2.7888 且在 5% 水平上显著，但在客户不稳定组为 1.9739 但不具有显著性，同样 $Dum\_Follow\_C_{ijt}$ 与 Error_abs 的回归系数在客户稳定组为 0.0215 且在 10% 水平上显著，但在客户不稳定组为 0.0227 但不具有显著性。这说明，同时跟随企业与客户对分析师预测准确度的提高效应只存在于客户稳定组，长期内分析师对客户了解的深入不仅有助于提高其对客户预测的准

确性，而且也能发挥供应链知识的外溢效应，进而提高其对企业预测的准确性，这拓展了 Guan et al. （2015） 的研究。

表 6－7 第（7）（8）列列示了基于 Firm－Analyst－Year－Customer 层面的经验证据，其中第（7）列是 Stable 对 $Accu\_Score_{ijt}$ 的主检验，第（8）列是 Stable 对 $Error\_abs_{ijt}$ 的稳健性检验。数据显示：Stable 与 Accu_score 的回归系数为 1.2066 但不具有显著性，与 Error_abs 的回归系数为－0.0716 且在 1% 水平上显著。前文分析过，在 Firm－Analyst－Year－Customer 层面研究中，Error_abs 相对于 Accu_score 更具有合理性，因此，这一结论说明在同时跟随企业与客户的情况下，客户越稳定，分析师预测准确度越高，预测偏差越小，进而证明稳定客户对于分析师预测不仅具有信号传递效应，而且具有供应链知识外溢效应。

表 6－7　基于分析师层面的经验证据

变量	Firm－Analyst－Year						Firm－Analyst－Year－Customer	
	Accu_Score			Error_abs			Accu_Score	Error_abs
	全样本	客户稳定组	客户不稳定组	全样本	客户稳定组	客户不稳定组	全样本	全样本
	（1）	（2）	（3）	（4）	（5）	（6）	（7）	（8）
Stable	－0.2547 （－0.21）			0.0362*** （3.15）			1.2066 （0.52）	－0.0716*** （－3.67）
Dum_Follow_C	2.6159** （2.29）	2.7888** （2.23）	1.9739 （0.68）	－0.0249** （－2.26）	－0.0215* （－1.75）	－0.0227 （－0.96）		
Dum_Broker_Follow_C	1.6063** （2.05）	2.2449*** （2.59）	－1.1651 （－0.62）	－0.0074 （－0.99）	－0.0107 （－1.25）	0.0098 （0.65）	1.0326 （0.29）	0.0141 （0.47）
Dum_C_in_CoreInd	0.6830 （0.76）	1.6787* （1.65）	－3.2538 （－1.63）	0.0049 （0.57）	0.0100 （1.01）	0.0014 （0.08）	1.4957 （0.47）	0.0068 （0.26）
CS_SameInd	－0.2359 （－0.30）	－0.4142 （－0.46）	0.7645 （0.42）	0.0618*** （8.17）	0.0699*** （7.87）	0.0337** （2.25）	－4.1443 （－1.23）	0.0633** （2.25）
Follow_Ind	2.8260** （2.21）	3.5704** （2.49）	0.4635 （0.16）	－0.0405*** （－3.29）	－0.0411*** （－2.92）	－0.0140 （－0.57）	－3.7912 （－0.64）	0.0065 （0.13）
Num_Ind	－0.3881** （－2.02）	－0.2700 （－1.23）	－0.8149** （－1.99）	0.0006 （0.32）	0.0005 （0.24）	0.0028 （0.85）	0.1107 （0.19）	0.0025 （0.51）
Days_Elaps	－0.0019 （－0.18）	－0.0013 （－0.11）	－0.0022 （－0.10）	－0.0004*** （－3.75）	－0.0003*** （－2.92）	－0.0005*** （－2.80）	0.0184 （0.54）	0.0001 （0.22）

续表

变量	Firm - Analyst - Year						Firm - Analyst - Year - Customer	
	Accu_Score			Error_abs			Accu_Score	Error_abs
	全样本	客户稳定组	客户不稳定组	全样本	客户稳定组	客户不稳定组	全样本	全样本
	(1)	(2)	(3)	(4)	(5)	(6)	(7)	(8)
For_Freq	1.3023*** (7.83)	1.2832*** (6.87)	1.4261*** (3.84)	-0.0073*** (-4.56)	-0.0063*** (-3.42)	-0.0119*** (-3.93)	1.0871** (2.06)	-0.0071 (-1.61)
Gen_Exp	-0.3026* (-1.75)	-0.3368* (-1.71)	-0.2082 (-0.56)	0.0073*** (4.36)	0.0081*** (4.20)	0.0033 (1.09)	-1.3495*** (-2.68)	0.0096** (2.28)
Firm_Exp	-2.0783*** (-5.57)	-2.2087*** (-5.13)	-1.6914** (-2.23)	0.0103*** (2.86)	0.0129*** (3.05)	0.0087 (1.41)	-2.2860* (-1.82)	0.0084 (0.80)
Broker_Size	-0.0221*** (-3.66)	-0.0266*** (-3.89)	-0.0080 (-0.61)	0.0001** (2.25)	0.0002*** (2.64)	-0.0000 (-0.07)	0.0055 (0.26)	0.0003* (1.68)
Num_Firm	0.0058 (0.46)	-0.0061 (-0.42)	0.0454* (1.75)	0.0000 (0.11)	-0.0000 (-0.18)	-0.0001 (-0.55)	0.0398 (1.27)	-0.0003 (-1.21)
Firm_MV	0.0306 (0.09)	0.0897 (0.23)	-0.0042 (-0.01)	0.0219*** (6.52)	0.0275*** (7.16)	-0.0170** (-2.50)	0.5652 (0.39)	0.1081*** (8.91)
行业、年度	控制	控制	控制	控制	控制	控制	控制	控制
Constant	47.9827*** (4.76)	45.0939*** (4.08)	56.1529** (2.34)	-0.3979*** (-4.11)	-0.5271*** (-4.86)	0.4374** (2.23)	31.3227 (0.80)	-1.7950*** (-5.46)
Observations	9241	7218	2023	9241	7218	2023	1012	1012
Adjusted R^2	0.008	0.010	-0.005	0.082	0.104	0.109	0.008	0.277

6.6　结论与局限性

本章主要研究稳定客户对分析师盈余预测行为的影响，结果显示：（1）即使在无法确定分析师是否同时跟随企业与客户的情况下，关注客户稳定特征也能为分析师提供更多关于企业的信息。客户越稳定，企业盈余稳定性与持续性越强，分析师预测准确度更高，预测分歧度与偏差度越小，从而说明稳定客户对于分析师预测具有信号传递效应，而这在 Guan et al.（2015）的研究中并未体现。(2) 在区分分析师是否同时跟随企业与客户的情况下，同时跟随企业与客户有助于提高分析师预测准确性，而且这种效应仅体现在客户稳定组，也即只有同时跟踪稳定客户与企业，才能提高分析师预测准确性。这说明，稳定客户对于分析师还有供应链知识上的外溢效应，而 Guan et al.（2015）的研究只是认为同时跟随企业与客户有助于提高分析师预测准确性，但实际上，跟随不稳定的客户并不能提高分析师对企业预测的准确性。这些结论为分析师通过信息收集提高预测准确度提供了直接证据，有助于丰富分析师预测文献。同时，本章研究表明客户除了对企业有影响外，还会对第三方行为产生影响，因而也有助于丰富客户类文献。但是，本章只是从表现来看客户是否稳定，客户连续两年或者三年都存在并不一定就稳定，稳定存在的客户也不一定与企业具有良好的关系，因此，从根源上看客户是否稳定并注意区分客户供应商关系性质，可能会有更好的结果。

第 7 章　供应商 - 客户关系的性质及其影响机制

7.1　客户集中度、企业盈利能力以及客户关系生命周期[①]

7.1.1　研究背景

对企业而言，赢得大客户会显著提高企业收益，并且在经营和货运上带来规模效应。但是，大客户比一般小客户具有更强的议价能力，导致其在事后谈判中剥削企业利润，降低企业业绩。也有学者认为，客户虽然会给企业经营利润带来负向影响，但并不能偏颇地认为客户集中度只会带来不利影响，企业拥有大客户依然能够显著提高企业的盈利能力，如 ROA。为解释为什么会存在这两种截然不同的观点，本节引入动态的生命周期关系假说，认为客户集中度对于企业盈利能力在不同时间段会产生不同影响。研究结论不仅证实了 Patatoukas（2012）提出的客户集中度可以提高盈利能力，也进一步拓展了研究结论：企业在与客户关系建立早期，客户集中度降低企业业绩，而当企业与客户关系随着时间的变化趋于稳定时，客户集中度提高盈利能力。

7.1.2　理论框架

对于客户集中度与企业盈利能力关系的观点，自 Galbraith（1952）提出的

① Irvine P. J. , Park S. S. , Yildizhan Ç. , 2015, "Customer - Base Concentration, Profitability, and the Relationship Life Cycle", *The Accounting Review*, Vol. 91. No. 3. 883 - 906.

威胁论到 Patatoukas（2012）提出的有效论，期间经历了许多学者的讨论。在 Patatoukas 之前，大多数学者认为企业大客户的存在会给企业带来显著的不利影响，这是基于大客户的议价能力以及事后谈判能力等方面考察的，而 Patatoukas（2012）则首次否定了客户集中度降低盈利能力的传统观点，构建了一个特定衡量客户集中度的指标，发现客户集中度和投资报酬率之间存在正向关系，并指出只关注客户集中度与毛利率可能会使检验结果发生偏差，也应考虑 ROA 等其他盈利指标。他利用杜邦分析体系，通过关注企业积极经营业绩，研究企业盈利能力，发现企业如果有更高的客户集中度，就有更高的 ROA，股票市场对客户集中度的反应是积极的，这也为客户集中度提高了企业基本面经营业绩的观点提供了支持。

但是，Patatoukas（2012）并没有明确将检验扩展到整个企业生命周期中，后续的研究如 Jap and Anderson（2007），利用时间调查检验了不同时期供应商和客户间的关系。管理学和市场相关文献中存在一些基本假设，如 Dwyer，Schurr，and Oh（1987）和 Wilson（1995）提到，客户和供应商之间存在动态交互作用，而企业的成本和收益可以在这种关系发展成熟后获得改变。因此，本节在此基础上探究随着企业与客户关系的发展，客户集中度和企业会计业绩之间的关系变化。

企业在与客户关系建立早期，通常表现出与关系成熟后不同的特点。客户关系建立时间较短的企业一般为新设立的企业，销售更依赖于大客户，并且需投入一定程度的客户关系专用性投资。这些投资引起企业生命周期早期一定程度的经营风险，如企业更有可能负收益，并且形成更大的需求不确定性。当企业与客户关系随着时间的变化趋于稳定时，这些不利影响会得到缓解，并进而产生反转，最终使企业获得显著收益。

产生这样的变化的原因之一就是客户关系专用性投资。Williamson（1979）以及 Anderson，Banker，and Janakiraman（2003）认为，对客户特定的销售及行政费用投资支出驱动了生命周期关系对企业盈利能力的效果。关系早期，为维系关系投入更多关系专用性投资，但这类投资很难及时收回，导致更高的经营杠杆和更大的负盈利可能。因此，企业早期客户集中度高更可能引发亏损。然而，这些风险随着关系变得成熟逐渐减弱，最终，高客户集中度会带来更高的经营利润和更低的经营风险。

7.1.3　研究贡献

本节主要研究贡献如下：

其一，确认了客户集中度对企业业绩的影响是如何在整个生命周期循环下变化的。

其二，拓展了 Patatoukas（2012）的框架，进一步说明客户集中度如何影响企业经营业绩的。

其三，拓展了对于生命周期理论的实证分析文献。

其四，填补了企业与客户关系成熟后信息分享相关的文献空缺。

7.1.4　研究设计

样本及变量：

（1）样本。

本节样本区间为 1977—2007 年，初始数据来源于 Compustat 数据库 49760 个观测值，并与 CRSP 数据库中客户是否为上市公式进行匹配建立子样本，最终匹配数据为 22480 个观测值。

（2）解释变量。

客户集中度（CC），根据以下模型计算：

$$CC_{i,t} = \sum_{j=1}^{n} \left(\frac{SalestoCustomer_{i,j,t}}{TotalSales_{i,j}} \right)^2 \qquad \text{模型}(7-1)$$

客户集中度变化（ΔCC）：与上年度客户集中度差异。

（3）被解释变量。

杜邦分析体系中衡量 Firmperformance 以及 Operatingefficiency 相关的变量。

关系生命周期：使用 CRSP 数据库匹配样本中的客户关系建立年限 LinkAge 衡量。

7.1.5　实证分析

（1）企业绩效和生命周期理论。

将衡量企业业绩的关键指标按照客户集中度和关系建立时间两个维度的五

分位进行分组，检验高低组之间业绩的差异。结论证明，关系初期，客户集中度越高，企业经营风险越大，投资带来的固定成本越高。

（2）成本弹性和需求不确定性。

通过检验客户集中度对成本弹性、SG&A 弹性以及需求不确定这三个指标的影响发现，客户集中度高，企业会有更低的成本弹性，说明有更多的客户关系专用性投资，这些投资让企业容易扩大经营来满足客户需求，但一旦客户关系改变，投入的成本则很难消除。需求不确定性结论类似，进一步，加入客户关系年限与客户集中度的交乘项进行回归，结果发现随着关系成熟，客户集中度对成本弹性的作用降低。

（3）客户关系持续年限对企业绩效的影响。

将企业与大客户建立关系年限进一步按五分位来检验，随着关系建立的成熟，是否会对企业绩效产生不同的影响。结果发现，关系初期，客户集中度与业绩显著负相关，而关系后期，客户集中度与业绩显著正相关，说明生命周期是影响客户集中度与企业经营业绩关系的重要方面。关系专用性投资带来的不利影响随着时间的增加而缓和，并最终产生正向收益。然而，GM（毛利率）并没有随着时间而显著获得缓和，说明大客户依然保留显著的议价能力。

（4）生命周期下客户集中度对经营效率的影响。

通过将指标分为资产周转和营运资本效率两部分，来检验客户集中度对经营效率的影响。其中，存货持有成本、存货周转率、无形资产周转率、现金循环以及广告成本，在客户集中度与生命周期变量交乘后显著正相关，说明关系越成熟，资产周转率越高，而营运资本效率指标相关性也同样显著。

（5）客户集中度变化对企业价值和绩效的影响。

之前，Patatoukas 对于市场反应的解释是，认为市场会预见大客户关系并抵消收益，但尚无相关会计业绩相关证据。本节通过计算客户集中度的年度变化，检验了其同时期和未来期间异常收益及经营绩效之间关系，结果发现，在客户集中度变化初期，市场将做出积极反应，而随着时间的变化，这种异常收益趋于正常。

（6）生命周期下的企业收益。

通过 Z－Score 和 O－Score 以及银行借款成本检验客户集中度建立时间变化对其影响。结果发现，在客户关系建立早期，客户集中度导致企业遇到违约的风险较大，而随时间变化，关系趋于成熟，则客户集中度显著降低了违约风险。

检验银行借款成本的变化则发现，关系建立初期，客户集中度导致借款成本较大，而当关系变得成熟，则客户集中度显著降低借款成本。

（7）客户集中度与企业创新。

本节利用专利引用，而非大多数人利用的R&D，来衡量企业创新及与客户之间信息共享情况，通过衡量企业引进客户专利以及客户专利数对企业专利的影响来检验，发现客户专利越多，关系越成熟，企业也会有更多的专利，并且企业直接引用客户专利的情况也越多。这证明了关系成熟后，客户与企业之间信息共享。

7.2　主要客户集中度对企业盈利能力的影响①

7.2.1　研究动机

越来越多的研究开始关注客户集中度对供应商业绩的影响，并分别提出了竞争与合作两种假说。竞争假说认为，较高的客户集中度意味着客户议价能力较强，这种强势地位会对供应商业绩产生负向影响；而合作假说则认为，大客户有利于增强供应链合作优势，促进经营协作，实现双方共赢。本节对支持合作假说的一些研究提出了质疑（Patatoukas，2012；Irvine et al.，2016），因而尝试通过弥补这些研究中的不足，重新检验客户集中度与公司业绩之间的关系。

7.2.2　理论框架

客户集中度是非随机的，它反映了公司与客户之间利益最大化的均衡结果。经典理论认为，客户和供应商会为各自的利益而竞争。较高的客户集中度意味着客户拥有较高的议价能力，处于强势地位，进而能够压低采购价格，加剧供应商之间的竞争，在谈判中获得更有利的合同条款，因此会对供应商造成负面

① Hui K. W.，C. Liang & P. E. Yeung，2018，"The Effect of Major Customer Concentration on Firm Profitability：Competitive or Collaborative?"，*Review of Accounting Studies*，1-41.

影响。客户集中度还直接影响着双方的交易量，大客户往往能享受更优惠的信贷条件、更优质的产品质量和物流服务。产业组织、金融等领域的研究也同样表明，客户集中度降低了供应商的业绩水平，支持了竞争假说。

近些年的几项研究得出了相反的结论。Patatoukas（2012）发现，客户集中度与会计收益率之间存在正向关系。具体而言，客户集中度较高的供应商不仅能获得更高的会计收益率，而且资产周转率也更高。他将这种现象解释为，供应商与客户之间的合作给供应商带来了正向的净收益。然而，Patatoukas（2012）参照 Fairfield and Yohn（2001）的做法剔除了亏损公司样本，但他可能误解了 Fairfield and Yohn（2001）的研究方法。Fairfield and Yohn（2001）将盈利能力作为解释变量，并剔除了 t－1 期亏损的公司；而 Patatoukas（2012）则将盈利能力作为被解释变量，并且剔除了 t＋1 期亏损的公司，其做法与 Fairfield and Yohn（2001）不符，因而可能存在样本选择问题。

此外，Irvine et al.（2016）提出了“合作关系生命周期”假说，该假说预期，在关系建立初期，客户集中度与公司业绩负相关，但随着关系的逐渐成熟，这种负向关系会被削弱。他们认为，供应商倾向于进行大量的初期投入以维持与客户的关系，这导致供应商在关系初期的业绩较差。随着这种关系的成熟，专有化投资逐渐减少，并且初期投入逐渐能够为公司带来收益，在关系生命周期的后期，这种收益将会更高。其研究结果表明，随着供应链关系持续时间的增加，供应商业绩也逐渐提升。然而，Irvine et al.（2016）的研究结论存在两个问题。首先，Irvine et al.（2016）没有直接检验合作假说的预期结果，即当供应链关系达到成熟阶段时，客户集中度是否与供应链关系正相关。实质上，Irvine et al.（2016）仅仅说明客户集中度与公司业绩之间的负向关系会被削弱。其次，供应商盈利能力的提高可能归因于另一种解释：供应商企业的自身实力随时间而增强。如果客户在供应链关系中获得了非竞争性租金，那么供应商逐渐增长的经济实力能够降低这种租金，这也预示着随着时间的推移，客户议价能力对供应商业绩的负向影响被减弱。

Gosman et al.（2004）分析了供应商披露的主要客户层面的盈利能力，但并未关注具体的客户集中度信息，而且只采用了零售业的小样本。Dhaliwal et al.（2016）、Campello and Gao（2017）研究了客户集中度对公司风险的影响，但 Campello and Gao（2017）也参照了 Patatoukas（2012）的样本剔除方法，其结果也可能受到样本选择偏误的影响。

综上所述，现有关于客户集中度经济后果的研究，大都存在研究设计等方面的问题，导致其研究结果可能会存在偏误。因而，本节研究尝试弥补 Patatoukas（2012）的样本选择偏误，以及纠正 Irvine et al.（2016）对合作关系生命周期的解释，以此来重新检验客户集中度与企业业绩之间的关系。

7.2.3　相关文献与研究贡献

（1）客户集中度相关文献。

Porter（1974）指出，当零售商议价能力较强时，制造商回报率会被压低。Snyder（1996；1998）认为，客户的议价能力会加剧供应商之间的竞争，导致更低的价格，对供应商利益造成负面影响。客户议价能力还会直接影响交易量，带来更优惠的信贷条件、更优质的产品质量和物流（Landeros and Monczka，1989；Scherer and Ross，1990；Balakrishnan，Linsmeier and Venkatachalam，1996；Yoshino and Rangan，1995；Borghesani，Peter and Berry，1997）。产业组织方面的文献表明，行业层面的客户集中度与供应商收益负相关（e. g.，Lustgarten，1975；McGuckin and Chen，1976；Clevenger and Campbell，1977；Schumacher，1991）。在金融领域的文献中，学者们专注于客户行业横向合并的经济后果（Fee and Thomas，2004；Shahrur，2005；Bhattacharyya and Nain，2011）。

Patatoukas（2012）发现，客户集中度与公司业绩之间存在正向关系。Irvine et al.（2016）的研究表明，随着供应链关系持续时间的增加，供应商业绩也逐渐提升。Gosman et al.（2004）发现，相比于同行业其他公司，供应商披露的主要客户信息越多，会计利润越高。Dhaliwal et al.（2016）研究表明，较高的客户集中度增加了供应商风险，提高了资本成本。Campello and Gao（2017）发现，客户集中度提高了供应商银行贷款利差和限制性条款的数量。

（2）本节贡献。

第一，前人文献对客户集中度的经济后果存在争论，本节检验了客户集中度影响公司业绩的机理，并且支持了竞争假说。

第二，本节对 Patatoukas（2012）和 Irvine et al.（2016）的研究结论提出了质疑，并通过对研究设计进行完善，纠正了其研究偏误。

第三，本节阐释了在较高的客户集中度下，供应商实现自身利益最大化的方式，丰富了现有关于客户集中度的文献。

7.2.4 研究设计

（1）样本与数据。

本节以1977—2013年美国上市公司为样本，从Compustat数据库获得公司的主要客户销售占比和客户名称数据。参照Patatoukas（2012）的做法，本节剔除了金融类公司和主要变量缺失的样本。但是，不同于Patatoukas（2012）的是，本节没有剔除亏损公司的样本。经上述处理后，本节得到73856个公司-年度观察值。此外，根据Irvine et al.（2016）的做法，本节需要可用的客户信息来构建客户关系时长的指标，剔除了客户信息缺失样本，剩余32751个样本观测值。最后，在对客户业绩的分析中，本节剔除了客户为金融类公司的样本，剩余32085个样本观测值。

（2）变量。

①被解释变量。

本节被解释变量为公司业绩变量，具体包括：ROA（总资产报酬率）；ATO（总资产周转率）；GM（毛利率）；PM（营业利润率）；SG&A（销售费用、一般性支出与管理费用）。

②解释变量。

Rank（CC）：客户集中度，根据下式计算得出的加权客户集中度取十分位数。其中$Sale_{ijt}$表示j公司在t年对i客户的销售额，$Sale_{it}$表示j公司在t年的总销售额。

（3）模型。

本节采用下式计算加权客户集中度：

$$CC_{it} = \sum_{j=1}^{J}\left(\frac{Sales_{ijt}}{Sales_{it}} \times \frac{Sales_{ijt}}{Sales_{it}}\right) \qquad \text{公式}(7-1)$$

同时，采用如下模型进行主回归分析：

$$Performance_t = \mathrm{a} + \mathrm{b} \times CC_t + \sum \mathrm{c_i} \times Controls + \mathrm{e} \qquad \text{模型}(7-2)$$

7.2.5 实证分析

（1）客户集中度与供应商盈利能力。

模型全样本回归结果显示，解释变量Rank（CC）与ROA、ATO、PM、GM

均显著负相关，与SG&A显著正相关，说明客户集中度与供应商盈利能力显著负相关。随后，本节参照Patatoukas（2012）的做法，剔除营业利润率为负的公司（样本减少23%），并进行回归。回归结果与Patatoukas（2012）相似，即Rank（CC）与ROA、PM正相关，与SG&A负相关。由上述两次回归的差异可以得出，Patatoukas（2012）的结果可能是样本截取偏差导致的。因此，其回归结果是有偏的，不能作为客户集中度与供应商盈利能力正相关的证据。

为进一步证明样本截断偏差会导致估计系数符号的反转，本章采用Tobit模型进行回归，并将负的ROA转换为0。结果显示，Rank（CC）与ROA显著负相关。同时，采用OLS进行回归，Rank（CC）与ROA的系数显著为正，由于OLS回归未对因变量的分布进行修正，因而存在估计偏误。采用营业利润率作为因变量进行稳健性检验，与前述结果一致。

综上所述，本节证明了客户集中度与供应商盈利能力负相关，支持了竞争假说，而Patatoukas（2012）的结果是由样本截取偏误导致的。

（2）重新解释合作关系生命周期假说的先验证据。

Irvine et al.（2016）认为，供应链协作的收益应当在供应链关系的后期实现。这种关系生命周期假说认为，在供应链关系越过初期投资阶段后，客户集中度与企业盈利能力之间的关系会转为正相关。本节根据供应链关系年限的五分位数构建变量LinkageQ1-LinkageQ5，并在模型中加入其与Rank（CC）的交乘项进行回归。回归结果并不支持合作关系生命周期假说，虽然交乘项回归结果显著为正，但交乘项的F检验均不显著。Irvine et al.（2016）仅仅因为其交乘项符号为正，就声称验证了该假说，但交互效应不等同于总效应，F检验的结果印证了这一点。

（3）重新检验客户集中度随时间减弱的负向影响。

本节的描述性统计结果表明，随着供应链关系年限的增加，供应商的规模（销售额和市场价值）会越来越大，初步验证了供应商议价能力随时间增强的现象。此外，本节进行了回归分析来验证该观点。本节首先将LINKAGE（供应链关系年限）对供应商的市场价值和销售额正交化，获得LINKAGE的预测值（pred_LINKAGE）和残差（res_LINKAGE）。pred_LINKAGE反映了由供应商规模解释的部分，而res_LINKAGE包含了供应商规模之外的因素。如果供应链关系本身的阶段的确很重要，预期res_LINKAGE的回归结果显著。

本节在模型中加入LINKAGE、pred_LINKAGE和res_LINKAGE与Rank

（CC）的交乘项，结果显示，LINKAGE 与 Rank（CC）交乘项系数显著为正，但 F 检验结果不显著；pred_LINKAGE 与 Rank（CC）交乘项结果显著为正，并且 F 检验结果显著，这表明 LINKAGE 的削弱效应可能是由 pred_LINKAGE 导致的；res_LINKAGE 与 Rank（CC）的交乘项不显著，LINKAGE 除去公司规模的剩余部分对 Rank（CC）和 ROA 之间的关系没有显著影响，将被解释变量换为 SG&A，得到了类似的结论。以上结果说明，客户集中度的负面效应随着供应链关系持续时间被削弱，主要是由于供应商不断增长的实力导致的，而供应链关系的阶段可能并不重要，符合竞争假说。

（4）客户经营业绩分析。

在竞争假说下，客户集中度为客户带来的收益会随着供应商实力的提高而下降；但在合作假说下，随着时间的推移，客户能够从专有化关系投资中获益。回归结果显示，客户的毛利率（CustomerGM）和应付账款天数（CustomerDaysPayable）均与 Rank（CC）显著正相关；而 Rank（CC）与供应商毛利率（GM）显著负相关，与供应商应收账款天数（DaysReceivable）显著正相关。该结果表明，客户能够从较高的集中度中受益，并且这种收益是以牺牲供应商利益为基础的，支持了竞争假说。

在模型中加入 LINKAGE、pred_LINKAGE 和 res_LINKAGE 与 Rank（CC）的交乘项。结果显示，对于客户毛利率，LINKAGE 与 Rank（CC）交乘项系数显著为负，并且该结果主要是由 pred_LINKAGE 导致的，支持了竞争假说下供应商实力增长的理论；对供应商毛利率，LINKAGE 与 Rank（CC）交乘项系数显著为正，并且该结果同样主要是由 pred_LINKAGE 导致的，对于应收账款和应付账款天数的回归结果也类似，支持了竞争假说。

总的来说，这些结果支持了供应商议价能力增长的预期，解释了随着关系周期的推移，客户集中度对公司业绩的负向作用逐渐减弱的原因。

（5）客户横向并购分析。

现有研究表明，客户横向并购可能会提高客户集中度（Fee and Thomas，2004；Shahrur，2005；Bhattacharyya and Nain，2011），因而客户横向并购为研究客户集中度变动提供了一个事件冲击的场景。本节采用 DID 模型，检验了公司主要客户横向并购前后客户集中度与公司盈利能力的变动。参照现有文献，本节首先确定了并购样本，同时要求必须有一个主要客户是收购方。此外，主要客户至少收购目标公司 20% 的股权，并且收购完成后至少持有目标公司 51% 的股权；目标公司与客户公司属于同一行业。共得到2070个存在客户并购事件的公司-年度样本，对于每一个发生客户并购的实验组样本，本节根据并购前一年的CC、ROA和Asset进行PSM，为其在同行业内匹配一个未发生并购的对照组样本。差异性检验的结果显示，匹配后，两组样本的CC、ROA和Asset不存在显著差异。

随后，本节将两组样本的ΔCC和ΔROA（并购后一年与并购前一年的差额）进行差异性检验，实验组的ΔCC显著高于对照组，而ΔROA显著低于对照组。DID回归的结果显示，变量Treat（实验组取1，对照组取0）与ΔCC显著正相关，与ΔROA显著负相关。这与本节的预期一致，即主要客户的并购事件提高了供应商的客户集中度，降低了供应商业绩。

（6）进一步分析。

第一，使用一阶差分模型。本节使用CC和ROA的变化量（ΔCC和ΔROA）进行回归，有利于控制不随时间变动的遗漏变量，回归结果无明显差异。

第二，加入未披露主要客户的样本。前述回归要求企业必须披露主要客户的销售信息，为避免样本选择偏差，本节将没有披露主要客户信息的公司也纳入样本，并对缺失的CC数据进行如下处理：①将其定义为0（代表CC的下限，表示存在很多客户，并且每个客户所占的比重很小）；②将其定义为0.1（代表没有大客户情况下CC的上限，因为单个客户销售占比10%是披露的最低值）；③在0到0.1之间取一个随机数。回归结果表明，经上述处理后，Rank（CC）与供应商公司业绩依然显著负相关。此外，本节还进行了Heckman两阶段回归，第一阶段参照Ellis，Fee，and Thomas（2012）的做法对是否存在大客户进行了回归，并计算逆米尔斯系数。第二阶段的结果显示，Rank（CC）仍与公司业绩显著负相关。

第三，变更客户议价能力衡量方式。本节使用主要客户采购总额与供应商销售额之比（以下简称采购销售比）来衡量客户议价能力。如果一个大客户的采购额在供应商销售收入中占有重要地位，而供应商又无法轻易替换客户，那么该客户往往就处于强势地位（Snyder，1998；Ellison and Snyder，2010；Hui，Klasa，and Yeung，2012）。此外，大客户还对纵向一体化产生了威胁（Perry，1988）。由于大客户有可能生产出更通用、转换成本更低的产品，因而他们有更高的动机和能力转向价格更低的供应商（Porter，1979）。变更衡量方式后的结果与上述推论一致，即采购销售比与供应商业绩显著负相关，并且随着供应商自身实力的增长，这种负向影响会被削弱。

第8章　供应商－客户关系对公司行为的影响

8.1　供应商－客户关系与公司避税[①]

8.1.1　研究动机

供应链上的税收规避行为吸引了政策制定者及媒体的广泛关注，如 Caterpillar 公司利用供应链节约了 24 亿美元的税收，说明供应商或客户在企业纳税筹划中可以扮演辅助角色。近年来，部分学者提出税收规避行为受企业与市场参与者外部关系的影响，如所有者（Chen et al.，2010）、员工（Chyz et al.，2013）、联合投资者（Shevlin，1987）、政府部门（Kim and Zhang，2016）等。然而，鲜有学者研究供应链关系对企业避税行为的影响。供应商或客户可以通过合作降低企业税收筹划成本，基于此，本节试图探究重要的供应商或客户关系是否会对企业避税行为产生影响。

8.1.2　理论框架

部分税收筹划战略需要企业间的合作、谈判、实施等（Gallemore and Labro，2015；U. S. Senate，2014），而供应链上重要的供应商或客户关系，可以通过整合或信息共享降低税收筹划的边际成本。比如，大客户可以利用较强的

① Cen L，Maydew E L，Zhang L，et al. “Customer－Supplier Relationships and Corporate Tax Avoidance”，*Social Science Electronic Publishing*，2016，123：377－394.

谈判力，要求供应商将产品直接销售给客户在避税天堂的子公司，以帮助供应商避税；供应商可以在客户避税天堂建立自己的子公司，降低自身税负；供应商和客户还可以合作在低税率地区转移资产以降低税负。因此，主要客户或供应商通过降低税收筹划的边际成本降低税负，在避税天堂建立子公司是供应链降低税负的机制之一，主要客户或供应商会基于避税考虑在避税天堂建立子公司。

8.1.3　相关文献与研究贡献

（1）相关文献。

①纳税行为受企业与其他利益相关者关系的影响。

Chen et al.（2010）以及 Desai and Dharmapala（2006）探究实际税率与所有者的关系；Chyz et al.（2013）探究实际税率与员工关系；Shevlin（1987）探究实际税率与联合投资的关系；Erickson（1998）探究实际税率与并购的关系；Kim and Zhang（2016）探究实际税率与政府的关系。

②供应商客户关系文献。

Kale and Shahrur（2007）以及 Banerjee et al.（2008）均分析了供应商客户关系对资产负债率的影响；Cannon and Homburg（2001）、Sobrero and Roberts（2001）以及 Vickery et al.（2003）分析供应链上企业间的协作。

（2）本节贡献。

第一，本节从供应链角度探究企业避税行为，补充了避税相关的理论研究；第二，本节对供应商或客户关系的分析补充了供应链相关的研究；第三，本节对避税行为的研究能为政策制定者提供政策建议。

8.1.4　研究设计

（1）样本。

本节研究样本选取 1994—2009 年美国上市公司数据，从 1994 年开始因为 EDGAR 数据库始于 1993 年，1993 年的 SFASNo. 109 改变了所得税会计处理，美国法定公司税率也由 34% 提高至 35%。借鉴前人研究，剔除了税前净利润或账面价值小于等于 0 的公司；剔除了资产小于 100 美元的公司；剔除了金融及公共服务类公司；剔除样本缺失值，最终剩余42565个样本。

（2）变量设计。

美国要求上市公司披露销售给客户的金额占上市公司销售收入比重超过10%的客户名称，因此，本节定义的主要客户为被上市公司披露且上市的客户；本节定义主要供应商为客户销售占比超过10%的供应商。

避税指标：GETR以及CETR，其中GETR为所得税费用除以税前净利润与特殊项目收益之差；CETR为应付所得税除以税前净利润与特殊项目收益之差。两个指标值越大，表明实际税率越高，越不能避税。

8.1.5 实证分析

首先，本节以是否主要客户或供应商为自变量，避税指标为因变量，结果发现两者之间显著负相关，表明主要客户或供应商降低实际税率。作者为避免衡量误差，再次参考前人指标，建立了四个衡量实际税率的变量，结果一致；为验证因果关系，发现当年度成为主要客户或供应商后，下年度及以后实际税率降低，而上年度实际税率不降低。以上分析说明，主要供应商或客户影响企业避税。

其次，为了验证在避税天堂建立子公司是供应链上的避税机制之一，本节用主要客户（供应商）是否在避税天堂建立子公司以及是否存在主要客户与供应商同时在避税天堂建立子公司为自变量，避税指标为因变量，研究发现主要客户（供应商）在避税天堂建立子公司以及主要客户与供应商同时在避税天堂建立子公司，均能够降低实际税率，说明在避税天堂建立子公司是供应链避税的机制。

最后，既然在避税天堂建立子公司是供应链避税的机制之一，那么主要客户或供应商是否会在避税天堂建立子公司呢？我们以是否主要客户或供应商为自变量，以是否在避税天堂建立子公司为因变量，研究发现主要客户或供应商倾向于在避税天堂建立子公司；边际税率越高，这种现象越显著。最后，作者还检验了供应商与客户的子公司是否在同一地方，以客户商子公司是否在某地为自变量，供应商子公司是否在某地为因变量，结果发现两者显著正相关，当该地为避税天堂时，结果更显著。说明供应商与客户倾向于选择相同地方建立子公司。

8.2　客户集中度风险和权益资本成本①

8.2.1　研究动机

源于公司经营模式的商业风险和公司信息环境，是公司融资权益资本成本高低的重要决定因素（Modigliani and Miller，1958）。美国财务会计准则和 SEC 的相关文件都规定，上市公司必须披露其主要客户的信息，同时指出，这些主要客户特质，是衡量供应商公司现在和未来现金流风险的重要评估标准。据统计，美国 45% 以上的上市公司在报告中称，其收入的大部分依赖于其大客户产生（Ellis et al.，2012）。那么，大客户作为公司商业风险的重要来源之一，是否会对公司权益资本产生影响呢？基于此，本节开展了相关问题的研究。

8.2.2　理论框架

当供应商销售收入中较大部分依赖于大客户时，主要会从以下两方面给公司带来风险：第一，供应商可能面临着因大客户破产、大客户转换供应商、财务紧张、客户转而自己研发商品等原因造成的未来销售收入损失风险，与此观点一致，Hertzel et al.（2008）的研究表明，供应商的股票异常回报率与其大客户宣告破产之间显著负相关，说明大客户的破产确实会给供应商带来未来收益的下降；第二，若供应商和大客户之间存在债务契约，那么供应商可能面临因大客户破产而不能按时收回巨额应收款项的现实性现金流风险。Jorion and Zhang（2009）的研究发现，如果供应商和客户之间更多依赖的是信用交易，那么股票异常回报率与大客户宣告破产之间的负向关系将更为显著。既然客户集中度能从未来收入流和现实性现金流方面增加供应商的风险，那么

① Dhaliwal，D. S.，J. S. Judd，M. Serfling，S. Shaikh. "Customer concentration risk and the cost of equity capital"，*The Journal of Accounting and Economics*，2015（03）：01 – 26.

这种风险很可能会反映在公司融资时投资者对公司风险评估的重要指标——资本成本上。据此，本节提出假设，客户集中度能够显著提高公司的权益资本成本。

依照以上假设，既然客户集中度风险能够显著提高公司融资的权益资本成本，那么这种因客户集中度而带来的风险更大时，两者正向关系可能会更加显著。据此，本节提出假设，当客户面临更高的破产风险、违约风险、较低的供应商转换成本，或供应商－客户之间有更高的应收－应付债务时，客户集中度风险对权益资本成本的影响将更加显著。

客户集中度和公司权益资本成本之间的正向关系表明，这种由客户集中度所带来的风险可能是不可分散风险。根据传统资产定价理论，客户集中度风险可能与以不可分散风险为特征的公司的系统性风险相关，进而导致投资者出于分散自身风险考虑，将公司这种不可分散的风险成本纳入权益资本成本定价之中（Lambert et al.，2007）。因此，本节提出假设，客户集中度能够显著提高供应商的系统性风险（用供应商的权益 β 系数衡量），进而造成公司融资权益资本成本的提高。然而，市场不完备和投资者持股偏好往往使投资者不能完全分散投资组合，造成其对公司特有风险的定价，而且 Taylor and Verrecchia（2014）的研究表明，系统性风险和非系统性风险都能纳入理性预期模型的定价中，基于此，投资者才会委托机构投资者管理其交易。因此，为了检验客户集中度风险所带来的定价效应是否也可能来自于公司层面的风险，本节也对客户集中度风险是否会对公司非系统性风险影响进行了相关检验。

本节以上的假设都是以客户为企业客户为研究对象的，然而联邦政府的支出也是十分显著的，据统计，2011 年联邦政府支出约占 GDP 总支出的 23.2%。同时，联邦政府的破产可能性更小、更有可能与企业签订长期且明确的合同，这大大降低了联邦政府转换供应商的可能性，并且降低了大客户是联邦政府时的客户集中度风险。因此，本节提出假设：当公司的客户是联邦政府客户时，客户集中度能够显著降低公司融资的权益资本成本。

8.2.3 研究贡献

首先，本节研究弥补了相关领域的空白；其次，本节的研究丰富了关于权益资本成本决定因素和非财务利益相关者对公司财务政策影响的相关文献。

8.2.4　研究设计

（1）样本。

本节关于权益资本成本的相关变量来自 IBES 数据库，供应商－客户数据来自 Compustat 的客户明细文件，控制变量中的财务数据来均来自 Compustat，股票收益数据来自 CRSP 数据库。剔除金融行业和公共事业公司，以及数据缺失公司，并将所有数据进行上下 1% 极端值的缩尾处理，最终得到 44218 个供应商－年度工业上市公司数据，作为本节的研究样本。

（2）变量。

①因变量。

CostofEquityit：供应商 i 在 t 年的权益资本成本。权益资本的衡量方法主要参考前人文献，首先分别采用 Ohlson et al.（2005），Easton（2004），Claus et al.（2001）和 Gebhardt et al.（2001）的模型，计算出四个不同的权益资本成本，再将它们的均值作为本节的权益资本成本。

②自变量。

本节关于自变量 CustomerConcentration 的衡量，主要通过以下三种方式（若某客户销售收入占供应商总销售收入 10% 或以上，则该客户为大客户）：

MajorCustomer：若公司披露了至少一个大的公司类客户，则取 1，否则取 0；

CustomerHHI：按照大客户销售额和供应商总销售额为基础计算的赫芬达尔指数，计算方法如模型（8－1）所示；

TotalMajorCustomerSales：大客户销售额占供应商总销售额的比例。

（3）模型。

$$CustomerHHI_{it} = \sum_{j=1}^{J}\left(\frac{Sales_{ijt}}{Sales_{it}}\right)^2 \qquad \text{模型}(8-1)$$

$$CostofEquity_{it} = \alpha_1(CustomerConcentration)_{it} + X_{it}\beta + \beta_r \times \beta_t + \varepsilon_{it} \qquad \text{模型}(8-2)$$

8.2.5　实证分析

第一，本节利用模型（8－2）首先检验了客户集中度风险对公司权益资本的影响。回归结果显示，三个衡量客户集中度的变量都显著增加了公司融资的权益资本成本。经济意义上，自变量 MajorCustomer 的回归结果显示，至少有一个大客户的供应商超过无风险收益率部分的权益资本成本比样本均值（即样本中所有公司高出无风险收益率的权益资本成本的平均值）高出 21.2% 个基准点，根据描述性统计中上市公司年末权益的市场价值均值为 3771 万美元可得，平均每个有大客户的公司平均要多付出 799 万美元的权益融资；此外，主回归中加入衡量系统性风险和非系统性风险的控制变量后，β 值、非系统性风险指标、三个衡量客户集中度的指标对权益资本成本的影响依然显著，并且三个衡量客户集中度的指标的显著性减弱。

第二，本节将因变量替换为衡量公司系统性风险的 β 值和衡量公司非系统性风险的变量，以检验客户集中度风险是否通过增加公司风险，进而投资者将这部分风险溢价加入权益资本成本定价中的路径假设。结果发现，客户集中度风险确实显著增加了公司的系统性风险和非系统性风险，结合主假设的检验可以看出，客户集中度确实是一定程度上通过增加公司层面的风险，进而造成公司融资的权益资本成本的增加，验证了本节的假设。

第三，本节接下来检验了调节效用，即风险相对较高的大客户是否会对权益资本成本增量效应影响更为显著。本节采用了三种衡量方式衡量供应商的大客户风险，分别是：①大客户违约和破产风险。衡量方式共有三种，分别参考 Bharath et al.（2008），Shumway（2001），Kim et al.（2011）的变量设计，将破产和违约风险高于中位数的分组设为 1，否则为 0。②客户更换供应商的风险。衡量方式同样一共有三种，分别用供应商占所在行业销售比例（分别按照第二和第三行业类标准）和大客户在供应商处购买份额占客户总销货成本比重衡量，低于中位数的分组设为 1，否则为 0。③信用借款和单一业务部门风险。信用借款用客户与供应商之间应收账款占总资产比重衡量，高于中位数的分组设为 1，否则为 0，单一业务部门风险用哑变量衡量，若公司只有一个业务部门则取 1，否则取 0。然后，将以上变量与衡量公司客户集中度的交乘项进行回归，结果发现大客户的破产风险越高、客户更换供应商成本越低、供应商 - 客户之间信用借款越多，公司的权益资本成本越高；相反，那些财务状况良好、客户 - 供应商关系稳定、信用借款较少的公司的权益资本成本与客户集中度风险无关，验证了本节的假设。

第四，本节最后检验了公司大客户为联邦政府客户时，客户集中度风险与公司权益资本融资的关系。参照公司客户集中度风险的指标设计，分别将三个公司客户集中度指标替换为政府客户集中度指标，再一起放入模型（8 - 2）中进行回归。结果发现，当大客户为联邦政府客户时，客户集中度能够显著降低公司融资的权益资本成本，并且公司类大客户集中度对权益资本的增量影响依然显著，与本节假设相符。

第五，为解决遗漏变量等可能的内生性问题，本节采用 PSM 配对和工具变量方法分别进行了稳健性检验。①PSM 配对方法。首先运用 Logit 回归对控制变量中对客户集中度有影响的变量进行回归得到匹配值，并按照 1∶1 比例配对出没有大客户但和有大客户的公司特质相似的公司，然后将其放入主回归进行检验，发现结果与主回归结果依然一致；②工具变量方法。本节采用滞后 2 年和 3 年行业内平均客户集中度指标作为工具变量，该指标与自变量客户集中度相关，但通过萨尔甘识别性测试得出其与因变量权益资本成本无关，并且 F - statistic 和 partial R^2结果显示选取的工具变量为强工具变量。之后，将工具变量与三个客户集中度指标第一步回归得到的拟合值分别带入主回归，结果依然显著，再次说明本节主回归结果稳健，解决了可能的遗漏变量问题。

8.3　客户集中度与公司避税行为①

8.3.1　研究动机

研究企业避税行为的文献发现，其影响因素包括企业的财务特征、公司治理及高管薪酬、所有权结构，以及外部利益相关者（如工会、审计师、美国国税局等）。客户集中度作为供应商客户关系的一个重要特征，其与供应商的财务政策、业绩与风险，以及财务报告质量之间的关系已被各方学者研究。但是，已有文献中鲜有研究客户集中度对于供应商与其他重要利益相关者之间关系的影响（如政府），因此，本节从这个角度出发，研究客户集中度与缴税的关系。

① Huang H H, Lobo G J, Wang C, Xie H, 2016, "Customer Concentration and Corporate Tax Avoidance", *Journal of Banking & Finance*, 72: 184 - 200.

8.3.2 理论框架

本节认为，客户集中度高的企业有动机持有更多的现金，因为：①客户集中度高时，客户破产或更换供应商都会对供应商的未来现金流造成损害，导致供应商的现金流风险很高；②供应商通过高现金流向客户传递积极信号，承诺有能力持续为关系专有化资产进行长期投入，进而吸引并保有大客户；③大客户拥有更强的议价能力，可通过谈判使供应商降价、放宽信用周期、增加发货频率等，而使供应商利润下降，现金流减少且波动性强。

避税可以通过暂时性和永久性账税差异减少现金支出，那么试图从内部获得现金流的企业会考虑避税。与其他获得现金流的方式相比，避税的成本相对较低，对企业长期的不利影响也较小。已有文献认为，客户集中度较高的企业更有可能陷入财务困境（Ravenscraft，1983；Balakrishnan et al.，1996；Gosman et al.，2004；Piercy and Lane，2006），而 Mills and Newberry（2001）和 Noga and Schnader（2013）认为，有可能陷入财务困境的企业更有动机通过增加账税差异来提高现金流和盈余。同时，拥有大客户的企业需要维持较低的负债率，以传递积极信号，因此不愿意通过举债获取现金流。综上，客户集中度高的企业会通过避税活动来增加现金流。

从另一个角度而言，供应商客户关系的建立需要关系专有性投资，而这些投资脱离了该关系后的价值会大大缩水。倘若供应商的未来前景不好或者不确定性很高，客户则不愿意建立这样的联盟关系。为了吸引客户建立长期稳定的合约关系并进行关系专有性投资，供应商就有动机进行向上盈余管理，以提升客户对其未来前期的预期。同时，紧密的供应商客户关系可能有利于客户对供应商进行准确的评估，也使大客户可以利用其议价能力要求供应商提供稳健的财务信息，进而阻止供应商通过避税达到向上盈余管理的目的，该路径有待通过实证研究进行验证。以下提出本节的两个假设：

假设 H1：企业型客户集中度与供应商的避税活动正相关。

与企业型客户相比，政府型客户使供应商的风险大大降低，因为政府客户：①更加稳定，不容易违约或破产；②更倾向于签订长期合约；③形成的政治关联可能会被避税引起的公共监督和税务检查打破；④有可能行使监督职能阻碍企业进行高风险的避税活动。

假设 H2：政府型客户集中度与供应商的避税活动负相关。

8.3.3　相关文献与研究贡献

（1）相关文献。

Hertzel et al.（2008），Dhaliwal et al.（2013），Dhaliwal et al.（2016）和 Campello and Gao（2014）认为，依赖大客户会导致更高的现金流风险；Ravenscraft（1983），Balakrishnan et al.（1996），Gosman and Kohlbeck（2009），Piercy and Lane（2006）等认为，大客户会利用其议价能力向供应商争取最优惠的合约条件，导致供应商的利益受损；Desai and Dharmapala（2009），Badertscher et al.（2010），Hanlon and Heitzman（2010）等提出，避税能减少现金流出；Dhaliwal et al.（2004），Cook et al.（2008）等发现，企业会通过应计税额进行向上盈余管理。

（2）本节贡献。

①本节研究填补了有关企业商业模式（即客户集中度）对其纳税策略影响的研究空白。

②本节研究拓展了外部利益相关者对企业避税行为影响的文献，且首次提出不同类型的大客户对企业避税行为有不同的影响。

③本节研究发现了对于拥有企业大客户的供应商，避税与真实盈余管理具有替代效应。

④本节研究还为执政周期对避税行为的影响提供了初步的证据。

8.3.4　研究设计

（1）样本。

客户集中度数据来自 Compustat Segment Customer Database，避税及其他财务数据来自 Compustat，税率来自 OECD 税务数据库。剔除金融行业和亏损企业后，共获得 1988—2011 年美国境内 48386 个企业 - 年度样本。

（2）主要变量。

被解释变量：避税程度。CurrentETR 和 CashETR 两个指标衡量有效税率，值越小，表明避税程度越高。BTDFactor 指标衡量账税差异，值越大，表明避税程度越高。

主解释变量：客户集中度。①CorpMajorCustomer，当企业报告有至少一个企业型大客户时取 1，否则取 0；②MajorCustomerHHI，等于供应商对其每一个大客户的销售占比的平方求和；③MajorCustomerSales，供应商对大客户销售占比的总和。以上三个指标越大，表明客户集中度越高。政府型大客户的指标类似（GovMajorCustomer，GovMajorCustomerHHI，GovMajorCustomerSales）。

（3）模型。

$$TaxAvoidance_{i,t} = \alpha + \beta_1 CustomerConcentration_{i,t} + \beta_2 Size_{i,t} + \beta_3 ROA_{i,t} + \beta_4 LEV_{i,t} + \beta_5 NOL_{i,t} + \beta_6 \Delta NOL_{i,t} + \beta_7 ForeignIncome_{i,t} + \beta_8 PPE_{i,t} + \beta_9 IntangibleAssets_{i,t} + \beta_{10} EquityIncome_{i,t} + \beta_{11} MB_{i,t} + IND + YEAR + \varepsilon_{i,t} \quad \text{模型}(8-3)$$

8.3.5 实证分析

结果显示：①以 CurrentETR 和 CashETR 与三个企业型客户集中度指标分别回归，系数均显著为负，用 BTDFactor 回归时系数均显著为正，表明当拥有企业型大客户时，供应商的避税程度增加，验证了假设 H1；②同理，将三个避税指标与三个政府型客户集中度指标分别回归时，系数与企业型客户回归结果相反，说明当拥有政府型大客户时，供应商会减少避税行为，验证了假设 H2；③以供应商的行业市场份额衡量客户的转换成本，该指标越大客户的转换成本越高，类似地，以业务分部的数量衡量收入多样化程度，两个指标与企业型大客户的哑变量的交乘项系数，均与自变量系数符号相反且显著，表明客户的高转换成本和供应商的多样化收入来源，都会使供应商的风险降低，削弱客户集中度与避税程度的正向关系；④以经营异常现金流和异常 discretionary expenses 之和来衡量真实盈余管理程度，该指标越大，说明真实盈余管理程度越高，其与企业型大客户的哑变量的交乘项系数与自变量系数符号相反且显著，表明真实盈余管理与避税活动具有替代效应；⑤本节还利用 change analysis、PSM 和高客户集中度企业并购低客户集中度企业的外部事件等方式缓解内生性问题；⑥已有文献指出，民主党执政期间会增加政府支出的波动性，这使得拥有政府型大客户的供应商的现金流不确定性增加，将民主党执政期的年份取 1、否则取 0 的哑变量与拥有政府型大客户的哑变量交乘后，系数与自变量政府型大客户的系数相反且显著，表明民主党执政期间，拥有政府大客户的供应商避税动机会增强；⑦在稳健性检验中，控制了商业战略、经营周期、经营年限、CEO 薪酬波动性以及其他影响企业避税行为的因素后，结果依然稳健。

第9章　客户-供应商关系对公司行为的经济后果

9.1　预期盈余公告与客户-供应商异象[①]

9.1.1　研究动机

Cohen and Frazzini（2008）研究表明，公司公开披露的客户第t月的股票回报能够预测公司第t+1月的股票回报（客户-供应商异常），公司股价对客户信息的滞后调整表明了投资者对主要客户信息的有限理性。本节的研究目的是，检验如果投资者能够预期到公司的定期披露信息，能否引起对客户信息的搜集，并缓解客户-供应商异象的市场无效行为。

9.1.2　理论框架

本节立足于盈余公告，因为盈余公告是每季度都会公告，投资者能够提前预期到公告日期，而且盈余公告能够引起重大的价格和交易量的反应，投资者有动机在公告前搜集信息，但这时的信息搜集不局限于公司自身。鉴于客户与公司之间的紧密经济依存，投资者也会搜集客户的信息。因此，本节提出“预期假设”，当投资者能够预期公司的定期披露时间，则会在公司盈余公告前增加对其客户信息的关注，改善客户信息对公司股票价格的定价能力，缓解 Cohen

---

① Madsen J，2017，“Anticipated Earnings Announcements and the Customer-Supplier Anomaly”，*Journal of Accounting Research*，55（2）：709-741.

and Frazzini（2008）发现的客户 - 供应商异象。

（1）公司定期盈余公告与客户信息搜集。

盈余公告是定期发生的事件，能够对股票价格和交易量产生重大影响，因此能引起投资者的关注，并有动机去搜集信息。因为客户与供应商有紧密的经济依存性，客户与供应商的销售收入存在正相关关系，所以投资者可以使用客户的信息来校正供应商盈余的预期。鉴于客户对供应商来说有重要的经济关系，那么供应商的投资者在供应商盈余公告时会加大对客户信息的搜集。

（2）客户信息定价能力的改善。

对（1）中的经济后果进一步检验，如果供应商盈余公告前，投资者对客户的关注增加，那么对客户信息搜集的增加能否改善客户信息的定价能力，并且缓解投资者有限理性导致的客户 - 供应商异象。如果客户信息能够预测供应商盈余公告前回报，说明客户信息提高了客户信息的定价能力；如果客户信息能够预测供应商盈余公告前的回报，但同时不能预测公告后的回报，说明这些定期公告前客户信息的搜集能够缓解客户 - 供应商异象。

（3）客户信息的定价能力是否随着客户信息搜集的增加而增加。

将上述（1）和（2）结合在一起，考查（2）中的客户信息定价能力是否随着（1）中对客户信息搜集的增加而增加。

（4）预期假设对不可预测的事件是否成立。

为了检验本节的预期假设是否仅仅对可预测事件成立，本节选取了不可预测的伪事件（季度内除了盈余公告前后 10 天以外，有绝对值最大市场回报和交易量的日期）和预测性较弱的管理层盈余预测，考察研究结论是否成立，研究发现，在这类事件中，预期假设不成立。

9.1.3 相关文献与研究贡献

（1）相关文献。

①投资者有限理性的文献。Kahneman（1973）认为，注意力是稀缺的认知资源，对一项任务的关注必然会减少对其他任务的关注；Hong and Stein（1999）研究发现，在信息传播扩散较慢的不同市场间，投资者不能从价格中及时提取信息，使得股票回报具有可预测性；Ramnath（2002）研究发现，同一行业间不同公司的超额盈余具有相关性，行业内第一家公司超额盈余能够预测到同行业

内其他公司的超额盈余和股票回报；Hou（2006）研究发现，行业内滞后效应普遍存在：大公司的回报能够预测到小公司的回报；Cohen and Frazzini（2008）研究表明，公司公开披露的客户第 t 月的股票回报能够预测公司第 t + 1 月的股票回报（客户 - 供应商异常）。

②盈余公告与信息搜集。Kothari（2001）认为，盈余公告能够引起市场价格和交易量的较大反应；Kim and Verrecchia（1991）和 McNichols and Trueman（1994）认为，投资者有动机在定期盈公告前获得信息。

（2）本节贡献。

本节研究丰富了定期信息披露的文献。以前的研究发现，盈余公告能够促进投资者对公告企业的信息搜集，信息搜集同时发生在公告前和公告后；而本节发现定期盈余公告还能够促使投资者对客户信息的搜集，并且可以解决投资者的有限理性，加速客户信息的定价能力，缓解客户 - 供应商异象。

9.1.4　研究设计

（1）样本。

本节从 Compustat、CRSP、Raven Pack News Analytics 数据库中搜集了美国 1990—2014 年的个 130327 盈余公告事件，剔除了客户数据缺失的公告 89023 个公告和控制变量缺失的 7564 个公告，最终获得 33740 个公告事件。

（2）变量。

①被解释变量。

DailyGoogleSearchVolumeIndex（SVI）：客户股票代码的谷歌日搜索指数。

DailyDownloadsofCustomerFilings：客户年报的下载量。

CAR [-3， -1]，CAR [0.2]：供应商盈余公告前 3 后和后 3 天的超额累计回报。

②解释变量。

$SuppEarnings_{[-3,-1]}$：虚拟变量，供应商盈余公告前 3 天取值 1，否则为 0。

$CustomerCAR_{[-65,-6]}$：供应商盈余公告前 60 天的客户的超额累计回报。

（3）模型。

$$Demand_{i,t} = \alpha + \beta_1 Supp\ Earnings_{[-3,-1]} + \beta_2 Supp\ Earnings_{[0,2]} + \beta_3 Earnings_{[-3,-1]} + \beta_4 Earnings_{[0,2]} + \gamma NewsDummy + \delta FirmFE + \eta Day - of - week\ FE + \theta Year - Month$$

$FE + \varepsilon_{i,t}$, 模型(9 - 1)

$$CAR_{[-3,-1]} = \alpha + \beta_1 CustNews_{[x,y]} + \gamma Controls + \varepsilon_{i,t}, \quad 模型(9-2)$$

$$CAR_{[0,2]} = \alpha + \beta_1 CustNews_{[x,y]} + \gamma Controls + \varepsilon_{i,t}, \quad 模型(9-3)$$

9.1.5 实证分析

（1）检验公司定期盈余公告与客户信息搜集的关系。

第一种方法采用了 OLS 多元回归。研究发现，模型 9 - 1 中 $SuppEarnings_{[-3,-1]}$系数显著为正，表明在供应商盈余公告前 3 天客户信息的搜集确实显著增加。第二种方法考察供应商盈余公告前后，对客户信息搜集的平均异常搜索量，并以伪事件作为对比组（每季度不是盈余公告宣告日但有最大的绝对回报和交易量的日期）。研究发现，盈余公告前 3 天对客户信息的异常搜索量显著高于伪事件，说明供应商盈余公告的可预测性促使投资者收集了客户的信息。

（2）检验客户信息对供应商股价的定价能力。

模型 9 - 2 中的 customernews（$CustomerCAR_{[-65,-6]}$）系数显著为正，表明对客户信息的搜集提高了客户信息的定价能力。同时，模型 9 - 3 中（$CustomerCAR_{[-65,-6]}$）的系数不显著，进一步表明，对客户信息的关注缓解了客户 - 供应商异象。作为稳健性检验，窗口期改为 40 天、20 天和 80 天，结果基本不变。

（3）检验客户信息的定价能力是否随着客户信息搜集的增加而增加。

第一，采用 OLS 多元回归方法。在模型 9 - 2 和模型 9 - 3 中加入了交乘项 $customernews \times CustDemand_{[-3,-1]}$，系数在 20 天和 40 天的窗口期显著为正，表明随着对的客户信息搜集的增加，客户信息的定价能力也增加。第二，考察盈余公告窗口期间投资组合的回报。按照客户在供应商盈余公告前 60 天的回报对供应商进行排序，并进行五等分（Cohen and Frazzini，2008），在每等分内计算供应商 $CAR_{[-3,-1]}$和 $CAR_{[0,2]}$的平均值和买入客户回报最高组别和卖出客户回报最低组别的套期组合收益。实证结果显示，供应商 $CAR_{[-3,-1]}$随着客户回报的增加而增加，并且套期组合收益在 10% 的水平上显著，但是供应商 $CAR_{[0,2]}$不显著。这表明，对客户信息的搜集使得客户信息在公告前就已被定价，缓解了客户 - 供应商异象。同时，作者还根据客户在盈余公告前 60 天回报和对客户信息收集量（供应商盈余公告前 3 天）2 个维度对供应商的平均 CAR 值进行分组，研究发现：①当以客户年报的下载量衡量客户信息收集时，在最高的 2 个客户回报组，只有当客户信息收集较多时供应商 $CAR_{[-3,-1]}$才较高，并且对客户信息的收集会随着客户回报的增加而增加；②当以客户股票代码的日搜索指数衡量客户信息收集时，则得不到类似结论，但当使用客户在供应商盈余公告前 20 天和 40 天的回报和客户信息收集量分组时，则可以得出类似的结论，支持“预期假设”。第三，考察盈余公告下个月的投资组合回报。按照客户上个月销售加权的回报对供应商排序，并进行五等分，在每等分内计算供应商的平均超额回报和套期组合收益，然后按照供应商上月是否发布盈余公告分为 2 组检验。研究发现，供应商（包括 Non - Announcers and Announcers）的超额回报会随着客户回报的增加而增加，但是套期组合收益在 Non - Announcers 组在 1% 的水平上显著，在 Announcers 组在 10% 的水平上显著，进一步支持了预期假设。

（4）稳健性检验：不可预测的披露事件。

在不可预测的伪事件和预测性较低的管理层盈余预测中，在模型 9 - 1 中 $SuppEarnings_{[-3,-1]}$系数不显著，表明在供应商盈余公告前 3 天客户信息的搜集没有显著增加，相反，$SuppEarnings_{[0,2]}$显著为正；模型 9 - 2 中的 customernews（$CustomerCAR_{[-65,-6]}$ 系数不显著，而模型中 customernews（$CustomerCAR_{[-65,-6]}$）系数显著为正，表明对客户信息对供应商的定价能力没有显著影响，预期假说不成立，说明本节的预期假说仅仅对投资者能够预期到的定期披露成立。

9.2　客户财务危机对供应商资本结构的影响[①]

9.2.1　研究动机

客户和供应商议价能力的不平衡性会影响供应商的财务政策，甚至会产生

① Oliveira M. , P. Kadapakkam and M. Beyhaghi, 2017, “Effects of customer financial distress on supplier capital structure”, *Journal of Corporate Finance*, (42): 131 - 149.

强势的购买行为，要求额外的折扣、延迟付款、售后回扣、退换未售商品等，这会造成供应商成本的上升，减少本应该用于投资的资金。本节研究了供应商提高议价能力的一种途径，面对客户的危机风险，如何策略性地改变资本结构，来提高议价能力。

9.2.2 理论框架

议价能力理论（Bronars and Deere，1991）表明，当对方的议价能力增加时，公司会增加财务杠杆去提高议价能力，来减少谈判中可供分配的租金。在供应商和客户关系中，当客户陷入财务危机时，可能会要求供应商提供更好的交易条件，例如，降低价格或延迟信用期限。

同时又因为在供应商－客户关系中有较多的关系专用资产，供应商置换交易伙伴的成本较高，所以危机中的客户的议价能力就会增加，供应商就会策略性的应对客户增加的议价能力，特别是当供应商认为客户重组成功的可能性较大时，会策略性提高自身的财务杠杆（暂且不考虑专用资产理论对财务杠杆的影响），保持较强的谈判地位，而且在客户重组成功之后，又会将财务杠杆调整到以前的水平。当然，如果客户重组失败的话，供应商就不会做出此策略行为。同时，研究排除了供应商给危机客户提供流动资产，导致自身财务杠杆增加的可能性。

9.2.3 相关文献及研究贡献

（1）相关文献。

①负债影响因素的文献。Parsons and Titman（2008）在综述资本结构的影响因素时指出，传统的方法都是用根据可辨认的公司特征和市场特征来解释公司的债务水平。Titman（1984），Bronars and Deere（1991），Perotti and Spier（1993）拓展了资本结构影响因素的研究——主要包括公司非财务利益相关者，如员工、竞争者、客户和供应商等。

②破产对供应商影响的文献。Lang and Stulz（1992）研究了破产公告会对竞争者的权益价值的影响，主要取决于产业集中度和公司的杠杆，当负相关时为“传染效应”，但是正相关时为“竞争效应”。Hertzel et al.（2008）研究了危

机公司对其供应商和客户的价值影响，以及对行业内竞争对手财富的影响。研究发现，不仅仅对竞争者有传染效应，对供应商也有传染效应（对客户并没有传染效应），而且对产业内竞争对手传染效应较重时，对供应商的传染效应会更严重。Kolay et al.（2015）研究发现了财务危机溢出效应的本质。更换危机客户的成本解释了对供应商的溢出效应。在客户破产申请时期，供应商的综合管理费用会上升，盈利会较少。进一步研究发现，如果客户仅仅是财务危机，供应商几乎不发生或者发生很少的溢出成本，但是当客户是经济危机时，供应商的市场价值会损失严重，这与置换破产客户的成本有重要关系。

（2）本节贡献。

本节研究首次提供了供应商会策略性调整财务杠杆应对危机客户的经验证据，发现了客户破产申请时供应商平衡议价能力的一种机制，会战略性调整财务杠杆。客户成功重组时，供应商会降低杠杆，恢复到以前的状态。此外，本节还为研究供应商资本结构的影响因素提供了新的视角。

9.2.4　研究设计

（1）样本。

本节选取美国 1980—2013 年提出破产申请的 980 家公司后，剔除价值小于 1 亿美元的企业，公共事业单位、金融和行政管理单位后，得到 195 家申请破产客户及对应的 751 家供应商；删除供应商 - 客户关系只有 1 年和 2 年的样本，得到 386 组供应商 - 客户，其中包括 358 家供应商和 94 家破产申请客户；在客户提出破产申请前 2 年、前 1 年和当年 3 年中至少有 1 年存在供应商 - 客户关系，156 家供应商，62 家破产客户，1664 供应商 - 客户 - 年观测样本。

（2）变量。

被解释变量：公司的账面财务杠杆。

解释变量：

①BeforeFilingdummy 表示客户危机，客户破产申请提出前 2 年（ -2 和 -1）时取值 1，否则为 0。

②Transitiondummy 表示客户重组过渡期，客户提出破产申请当年和之后 2 年（0，1 和 2 年）取 1，否则取 0。

③AfterFilingdummy 表示重组成功后（3 和之后所有年份）取 1，否则取 0。

（3）模型。

$$Leverage_{i,t} = \alpha + \beta_1 BeforeFiling_{i,t} + \beta_2 Transition_{i,t} + \beta_3 AfterFiling_{i,t} + \sum_{j=4}^{8} \beta_j X_{i,t-1} + u_i + \mu_t + \varepsilon_{i,t}$$

模型(9 -4)

9.2.5 实证分析

（1）在客户重组成功的子样本里，检验客户破产申请的三个阶段里供应商财务杠杆如何变化。BeforeFiling 显著为正，AfterFiling 不显著，表明供应商在客户发生财务危机并且预计会重组成功时，会战略性提高杠杆，而且在重组后恢复到以前的杠杆水平。进一步将 BeforeFilingdummy 分解为 $BeforeFiling_{[-2]}$，$BeforeFiling_{[-1]}$两个虚拟变量进行检验，结果表明这两个虚拟变量都显著正相关。

（2）区分议价能力机制和商业信用机制。

①商业信息机制。如果客户发生了财务危机，基于在客户中的隐形权益，供应商可能会通过提供更多的商业信用使其渡过难关，所以供应商为了弥补暂时的流动资产缺口，会向银行申请短期借款，从而导致供应商的财务杠杆提高。为了排除该机制，我们采取了如下措施：

首先，检验了流动资产短缺与短期借款的匹配有效性。发现供应商的应收账款与总负债和流动负债有显著的正相关关系，而与长期负债没有显著关系。所以商业信用机制仅仅能够解释短期债务的增加，而不能解释长期债务的增加。

其次，在客户重组成功的子样本里，检验了供应商的短期杠杆和长期杠杆如何变化，发现 BeforeFiling 在两个模型中显著为正，表明客户危机同时提高了供应商的短期杠杆和长期杠杆，所以商业信用机制不能完全解释这种现象。

最后，检验供应商的商业信用在客户危机时期是否有显著变化。BeforeFiling 不显著，即供应商并没有提供更多的商业信用给危机客户。

②议价能力机制。当供应商预测危机客户能够重组成功时，会策略性提供财务杠杆提高议价能力，不仅仅是短期财务杠杆，还包括长期财务杠杆，特别是长期财务杠杆，更能使客户相信供应商确实没有能力提供优惠的交易条款。这与观察到的现象一致（供应商同时提高了短期和长期杠杆），而且在控制了异

常商业信用时，BeforeFiling 仍显著为正。

（3）排除行业共同因素的影响。

构建了客户 – 供应商控制组，要求与实验客户 – 供应商组在同行业同年度，客户供应商都没有发生破产，并且与实验组的公司不重复，并没有发现供应商的财务杠杆发生显著变化，所以排除了行业因素的影响。

（4）进一步研究。

行业集中度会增加供应商的议价能力，所以较高的行业集中度会使供应商较少使用财务杠杆作为议价能力的工具。较高的行业集中度缓解了客户危机与供应商杠杆的正相关关系。

在客户重组失败和虽然成功但关系断裂的样本里，变量 BeforeFiling 的系数不显著，证明了只有在预计客户会重组成功时，供应商才会提高财务杠杆。

基于 Logit 模型预测客户重组成功的样本（大于 0.5 分为重组成功组），发现 BeforeFiling 仍显著为正。

9.3　贷款者对同行和客户重述的反应①

9.3.1　理论框架

银行贷款是上市公司主要的外部融资来源之一，所以分析影响贷款者制定贷款条款时的考虑因素很重要。本节研究银行在制定贷款合同时，是否以及如何对经济上有关联的公司发布的财务重述做出反应。本节还研究了来自同行业公司和大客户发布的财务重述如何影响借款者的贷款利差。大量文献研究了公司和市场特有风险对银行贷款的影响，而少有文献研究行业特定风险对贷款合同的影响。

财务重述纠正前期财务报告中的重大差错。财务重述是一种信息事件，它会引起人们对发生重述的公司的会计运作和内部控制产生严重怀疑（Kinney and McDaniel，1989）。此外，一些财务重述会导致对过去盈余的负面调整以及公司

① Files R，Gurun U G，2018，“Lenders' Response to Peer and Customer Restatements”，*Contemporary Accounting Research*，35（1）：464 – 493.

价值和预期未来现金流量的显著下降（Palmrose et al.，2004）。在考虑借款公司与其同行业公司以及大客户之间的重要经济联系后，本节假设这些经济上有关联的公司发布的财务重述会促使贷款者重新评估借款者的风险状况，从而制定更高的贷款利率。

以上假设通过以下两种途径实现：

一是经济上有关联的公司发布的财务重述可能会传达借款者经济前景以及偿还能力的不利信息。比如，同行业公司财务重述通常表明行业状况恶化（Dechow et al.，2010）。同样的，客户发布的财务重述会降低公司履行对利益相关者现有承诺的能力，也可能表明客户支付能力下降或是未来与借款公司订单数量的减少（Chakravarthy et al.，2014）。因此，本节猜想贷款者会根据同行业公司和大客户的财务重述，改变他们对借款公司未来偿还债务的现金流量预期，从而对借款公司制定更高的利率。

二是同行和客户财务重述会通过借款者财务信息的不确定性增加来影响贷款利差。同行会从事类似的交易，面临相似的业绩预期风险，使用相似的会计操作，所以当一个行业中错报增加时，贷款者会重新评估这个行业中所有公司的会计质量。客户重述也能传递公司财务信息质量方面的信息。比如，当客户重述涉及供应商折让、退货或者折扣时，会增加借款者在应收账款或者收入余额方面的不确定性。财务报告可信度下降会增加借款者和贷款者之间的信息不对称性，从而使银行更紧密地监督公司（Lambert et al.，2007）。

以上论点表明，来自同行和客户的财务重述可能会改变贷款者对借款者未来现金流量以及监督成本的预期。将这两种渠道分开很难，因为许多财务重述同时影响这两种途径（Graham et al.，2008），所以本节研究的是同行和客户财务重述对贷款合同的整体影响效果。

9.3.2 相关文献及本节贡献

（1）相关文献。

①贷款者对行业信息的使用。

Hertzel and Officer（2012）：公司破产公告会通过增加贷款利率和担保来影响同行业竞争对手的银行贷款合同；De Franco，Edwards and Liao（2012）：检验同一贷款者的竞争对手的贷款定价含义，研究表明贷款者会使用来自同一产品市场公司的内部知识去降低借款成本，特别是那些财务报告不透明的公司；Fang，Li，Xin and Zhang（2014），Kim，Kraft and Ryan（2013）：同行业公司的会计可比性使贷款者更容易理解关键信息，从而减少不确定性，降低借款成本。

②财务重述作为信息来源。

Hennes et al.（2008）：将财务重述分为两类，即差错和违规，会计差错是那些对股价和现金流影响较小的普通错误。违规则是故意的虚报或者歪曲事实，一经发现便会导致股价下跌、管理层变更以及集体诉讼等后果；Chen et al.（2013）：在公布重述后的三年内，除了市值下降，发生重述的公司获得公开债务和股权融资的机会也会减少；Graham et al.（2008）：在重述公告之后，银行发布贷款比公告之前的贷款利率更高、期限更短、限制性条款更少、提供担保的可能性更大。

③财务重述传染效应。

Gleason et al.（2008）：重述发生后，不只是发生重述的公司会受到影响，同行业其他公司的股价也会下降约 1.5%；Xu et al.（2006）：发现重述公司的同行股价下降少于 1%，并且这种传染效应只发生在这个群体的某个子集中；Hirschey et al.（2013）：同行重述后的平均股价没有显著异于 SOX 事件后的股价；Chen and Lai（2008）：供应商和客户在重述公告日期间会出现负的超额收益，但是并不显著；Diamond（1991）和 Dhaliwal，Hogan，Trezevant and Wilkins（2011）：银行在接触信息和处理信息方面优于股票投资者，这可以帮助他们减少信息不对称和信息风险。

（2）本节贡献。

①本节检验了贷款者在制定贷款条款时是否会利用行业信息，本节研究有助于理解贷款者在制定贷款条款时考虑的行业风险因素。

②本节研究有助于丰富股票市场中财务重述传染效应方面的文献。

③本节研究填补了关于复杂市场中参与者如何处理重述信息的文献空白。

9.3.3 研究设计

（1）样本。

①贷款样本为 5871 家借款公司的 29519 笔贷款数据，该数据来自 DealScan 数据库，这个数据库包含了美国和外国公司的商业贷款的详细信息。

②客户样本作者使用 CBSF（Compustat Business Segment Files）来识别贷款发起之前的大客户名称，将大客户名称与 CRSP 中的公司进行配比，删除地区、政府或者行业的客户，将剩余客户名称与 CRSP 中的上市公司进行比较配对。

③财务重述样本来自 GAO（the Government Accountability Office）数据库中的从 1997 年 1 月 1 日到 2005 年 12 月 31 日之间的 2443 笔重述公告数据，作者又用来自 AA（Audit Analytics）数据库的 2006 年 1 月 1 日到 2014 年 12 月 31 日的 9300 个重述公告数据进行补充，两个数据库重叠的部分为 2005 年 7 月到 2006 年 7 月的数据。为了保证数据没有重复值，作者识别出 9 笔重复样本，将重述公告日期最早的数据保留下来，最后得到 11734 笔重述数据。为了判断一个行业中发生财务重述的频率，作者要求每个发布重述公告的公司都要有 SIC 代码。这样，删掉 812 个观测值，最终留下 10922 笔财务重述公告数据。

（2）变量。

①被解释变量。

lnSpread：超过 LIBOR 的借款利差。

②解释变量。

CountPeerRestate：与借款者来自同一行业的其他公司在借款者发起贷款之前的 12 个月内，发布财务重述公告的数量。

CountCustomerRestate：借款者的大客户在借款者发起贷款之前的 12 个月内，发布财务重述公告的数量。

③控制变量。

CountBorrowerRestate：借款者在发起一笔贷款之前的 12 个月内，发布财务重述公告的数量。

（3）模型。

$$lnSpread = \alpha + \beta_1 CountPeerRestate + \beta_2 CountCustomerRestate + \beta_3 CountBorrowerRestate + \beta_{4-20}[Controls] + \sum \beta_T Type + \sum \beta_p Purpose + \sum \beta_Y Year + \varepsilon$$

模型(9 - 5)

9.3.4 实证分析

（1）单变量分析。

当发生一个或多个同行重述时，借款者的贷款平均利差为 2.19%，当没有同行重述发生时，贷款平均利差为 2. 13%，两者之间 0. 065% 的差别在 1% 的水平上显著。

同样，发生一个或多个客户重述时，借款者贷款平均利差为 2. 27%，没有客户重述发生时，贷款利差平均为 2. 16%，两者相差 0. 11%，但是这个差别并不显著。

当借款者自己发生至少一个重述，借款者贷款平均利差为 2. 31%，没有重述发生时，贷款利差平均为 2. 16%，并且两者差别显著，可见借款者自己发生重述时，贷款利差显著增加。

（2）多变量分析。

主回归检验的是同行和客户发生的重述对贷款利差的影响。因为 lnSpread 是对数形式，自变量一个单位的变化引起的是因变量贷款利差百分比的变化，为了以利差的影响解释这些变化，作者将估计的百分比变化值乘以贷款利差的平均值，即 2. 16%。

在所有的发生贷款的样本中，在控制借款者、行业和贷款特征后，CountPeerRestate 的系数显著为正，系数 0. 002 表示每增加一个来自同行公司的重述，借款者利差增加约 0. 2%，或者利差平均增加 0. 43 个基准点，虽然贷款利差增加较少，但是结果很显著。

客户重述也会影响贷款利差。CountCustomerRestate 系数为 0. 051 正显著，表明每发生一个客户重述，贷款利差会增加 11. 3 个基准点，是 CountBorrowerRestate 前系数 0. 154 的 1/3，借款者重述占比大，表明信用风险高（Graham et al.，2008）。

对那些披露了至少一个客户的借款公司的样本，作者发现 CountCustomerRestate 前的系数仍然正显著，控制变量系数结果与前人研究一致。

（3）重述性质对两者关系影响。

作者将重述分为违规重述、差错重述、对利润有积极影响的重述、对利润有消极影响的重述，来进一步分析来自客户或者同行重述的性质对贷款利差的影响。回归结果显示，同行无论是违规重述、差错重述、对利润有积极影响的重述还是对利润有消极影响的重述，都会影响贷款利差。进一步，作者对比贷款者对同行违规重述与对同行差错重述的反应，结果发现，贷款者对这两种重述的反应差别并不大。此外，作者还对比贷款者对于对利润有积极影响的重述与对于对利润有消极影响的重述的反应，结果表明，贷款者对于对利润有积极影响的重述的反应比对利润有负面影响的重述反应更强烈。

不同于同行重述，客户重述很严重时，其重述会增加借款者贷款利差。作者发现，当重述更严重时，借款公司其自身公布的重述会对贷款利差产生很大影响。

（4）借款者转换成本对两者关系影响。

开发专有产品的公司更可能与其客户签订更强的契约，如果客户无法履行承诺，他们会面临更高的转换成本。当借款者转换成本高时，作者发现客户重述会对借款者贷款条款产生影响更重大。

作者还发现，在非制造行业或者研发强度低的借款公司中，CountPeerRestate 之前的系数与贷款利差显著相关，这表明，当产品更具一般化以及借款者所处行业竞争激烈时，贷款者会使用来自同行重述的信息。

（5）贷款者对重述事件的经验对两者关系影响。

作者将贷款发起前一年内同行发布重述的数量划分为两组样本，一组是那些有未偿还贷款且与借款公司有相同牵头行的同行业公司发布的重述数量，另一组是在借款者发起贷款之前没有未偿还贷款的同行公司发布的重述数量，或者有未偿还贷款，但是牵头行与借款公司不同的同行公司发布的重述数量。

结果表明，当发布重述的同行与借款者是同一牵头行时，贷款者会对同行重述更敏感。具体来说，每增加一个上述的同行重述，贷款利差会增加 5. 27 个基准点。这表明，当贷款者接触到来自同一牵头行的借款者同行公司重述时，银行更容易理解行业中的财务报告失败。但是，对于客户是否是同一牵头行发布的重述，贷款者的反应没有显著差别。对客户重述，作者也按照相同方法进行分组，结果类似。

（6）借款者业绩和风险的事前变化对两者关系影响。

本部分研究的是未来发布重述的借款者与那些没有发布重述的借款者相比，贷款利差的差别：前者是增加 2. 27%，后者是增加 2. 15%，并且这种差别很显著。当 FutureBorrowerRestate 加入回归模型中去预测 lnSpread 时，回归系数是正显著。结果发现，未来会发布重述的公司贷款利差会高出 27. 64 个基准点。这表明，银行在获取信息和处理信息方面比股票市场参与者更有优势，因为他们能在贷款发起日预测未来重述。

当银行能在贷款发起之前观察到同行违规时，那些未来会发布重述的公司的贷款利差会显著增长约 17 个基准点。这表明，同行违规是一个行业内会计出现问题的信号。即使没有同行违规发生，贷款者也会对未来发布重述的借款者贷款利差增长约 7. 5 个基准点。

第 10 章　供应商 - 客户信息披露的影响因素及其经济后果

10.1　供应商诉讼损失或有事项的策略性披露——当客户供应商关系存在危机时[①]

10.1.1　研究动机

本节研究了依赖型和非依赖型供应商面对诉讼风险或有事项时的信息披露策略。当供应商被第三方机构起诉时，诉讼风险的或有事项可能损害供应商的财务稳定性、导致产品质量恶化，和短期内对客户专有关系投资的不足。此外，Johnson et al.（2014）发现，诉讼风险或有事项可能会损害供应商的公众形象，最终可能影响供应商的财务稳定和长期经营业绩。大客户为了规避这种来自供应商诉讼的负面影响，权衡利弊后可能选择提前终止供应链关系。那么，供应商面对客户这种可能的选择，在披露关于诉讼消息时会采取相应策略维护供应链关系吗？本节针对这个问题进行了研究。

10.1.2　理论框架

依赖型供应商和非依赖型供应商之间最重要的差异之一是客户集中度（Patatoukas，2012）。由于这种差异，依赖型供应商承担了比非依赖型供应商

---

① Cen L.，F. Chen，Y. Hou and G. D. Richardson，2018，“Strategic Disclosures of Litigation Loss Contingencies When Customer - Supplier Relationships Are at Risk”，*The Accounting Review*，（93）2：137 - 158.

更高的专有化成本，因此，披露坏消息或推迟好消息导致供应链关系终止，对依赖型供应商的影响更大。另一方面，由于大客户的销售占依赖型供应商总销售额的比例较高，因此，依赖型供应商面临的现金流风险相对于客户更多元化的非依赖供应商也要大得多。因此，本节认为这样的额外专有成本会使依赖供应商在其财务报表中披露诉讼损失或有事项时与非依赖供应商的行为不同。

本节的研究中，重大诉讼损失或有事项的策略性披露与以往的会计文献有重要区别。现有研究的基础是对大客户的讨价还价能力的预测，是一种重复博弈的设计；本节研究的是面临客户终止供应链关系的决策，即终止博弈的设计。如大客户所认为的，当供应商面临重大诉讼损失或意外事故时，不仅会有损它的产品可信度或声誉，还可能被客户感知为潜在的风险。本节中的终止供应链关系风险激励了依赖型供应商的战略披露行为。

当供应商公司的管理层掌握有利的私人信息（比如供应商作为被告，但掌握有利于胜诉的消息）时，真实和及时地披露既满足了大客户对信息共享的需求，又满足了供应商自身希望保留这些客户的经济动机，且鉴于推迟乐观披露涉及更高的专有成本，与非依赖型供应商相比，依赖型供应商更有可能及时提供有关诉讼损失或有事项的乐观披露。可以推断，其他条件相同时，拥有有利私人信息的依赖型供应商更愿意提供有关法律案件的乐观公开披露，因为与非依赖供应商相比，这些供应商面临与失去客户相关的更高的专有成本。

当依赖型供应商有坏消息（比如即将发生重大诉讼损失的可能性很大）时，真实披露可能导致大客户终止关系链，因此不是理性的选择。此时，供应商可能选择推迟此类预警，以避免与主要客户立即终止关系。其他条件相同时，鉴于较高的专有成本，与非依赖供应商相比，当诉讼结果可能是坏消息时，依赖型供应商更有可能推迟甚至不披露即将发生的诉讼损失预警。

诉讼披露也会受到大客户转换成本的影响。正如 Titman and Wessels（1988）以及 Banerjee，Dasgupta and Kim（2008）所述，当供应商的关系专有投资较高时，大客户也面临较高的转换成本，原因有以下两个：①如果与原有供应商解除关系，则客户必须说服另一个供应商提供同样的高关系专有投资，由于寻找新的供应商会耗费时间，从而容易导致供应链中断；②供应商行业集中度很高的情况，正如 Banerjee（2008）的发现，如果供应商的产品是独一无二的，那么供应商将更加难以更换，此时客户转换成本也很高。随着转换成本的上升，大客户终止关系的风险会下降，因此，依赖型和非依赖型供应商之间披露的专有成本的差异也在下降。在其他条件不变的情况下，作者预计，当客户转换成本较高时，两种类型供应商之间的策略披露模式差异将会减少。

鉴于以上论述，本节提出以下两个假设：

假设 H1：其他条件相同，当依赖型供应商拥有不利于诉讼结果的私有信息时——a. 与非依赖型供应商相比，依赖型供应商可能延迟有关法律诉讼或有事项的预警披露；b. 当客户面临较低的转换成本时，会增强上述影响。

假设 H2：其他条件不变，当依赖型供应商拥有有利于诉讼结果的私有信息时——a. 与非依赖型供应商相比，依赖型供应商可能提前有关法律诉讼或有事项的乐观披露；b. 当客户面临较低的转换成本时，会增强上述影响。

10.1.3　相关文献与研究贡献

（1）相关文献。

自愿披露文献表明，在公司拥有私有信息的情况下，是否披露取决于披露成本和披露收益（Skinner，1994；Heal and Palepu，2001；Dye，2001；Verrecchia，2001；Wang，2007；Kothari et al.，2009）。Peters and Romi（2013）检查了对公司对监管机构强制性公开要求的遵守情况，结果发现，在要求是酌情披露的情况下，公司会根据各自的经济利益来考虑是否公开披露。

Nelson and Kinney（1997）研究发现，对大客户和监管机构来说，区分被起诉公司是故意延迟披露坏消息还是没有私有信息的成本很高。就其本质而言，是否涉及诉讼以及预期诉讼损失具有高度模糊性和不确定性。这种模糊性和不确定性引发了内部人（如管理层）和外部人（如投资者和外部人）之间的高度信息不对称。

Dye（2001）发现，由于诉讼或有事项的模糊性，大客户和监管机构无法轻易识别，也无法阻止和惩罚供应商的战略披露行为。实际上，知情的供应商有关于诉讼结果的坏消息可以与不知情的供应商一样保持沉默。

（2）研究贡献。

第一，本节研究供应链关系的背景为终止博弈设定，即研究供应商被第三方起诉时，如何进行战略性披露以避免供应链关系终结风险。这不同于以往客户供应商关系研究中的重复博弈设定，扩大了供应链文献的研究范围。

第二，前人关于客户供应商关系的研究中，很少有文献关注客户供应商关系面临风险时的信息共享情况，如对诉讼或有事项信息的共享。

10.1.4 研究设计

（1）样本。

本节样本区间选取1994—2012年，诉讼损失或有事项初始数据来自审计分析法律文件数据库，诉讼事项好消息与坏消息的区分为作者手工分类；客户供应商数据来自Compustat细分客户档案，其他控制变量数据来自Compustat数据库。最终样本包括630个坏消息诉讼事项和1567个好消息诉讼事项。

（2）变量。

①自变量。

Dependent supplier：哑变量，衡量供应商是否为依赖型供应商。Compustat细分客户档案中，如果供应商披露一个或多个大客户，则取1，否则为0；此外，本节将大客户定义为Compustat细分客户档案中供应商披露的客户。

②因变量。

Timing of Dis：诉讼损失或有事项披露的时机。以自诉讼启动日到诉讼首次披露日之间的季度数量，除以自诉讼启动日期到诉讼终结日之间的总季度数量的百分比衡量。

Likelihoods of Dis：是否披露诉讼损失或有事项。如果公司在诉讼完全解决之前披露损失预警或乐观消息则取1，否则取0。

③调节变量。

Durability：衡量客户转换成本的高低，本节用以下两个指标衡量：第一，参考Gomes，Kogan，and Yogo（2009）的耐用品行业分类标准，如果供应商处于耐用品（比如汽车、家具、大型设备等）行业，则客户的转换成本较高，Durability取1，如果供应商处于非耐用品（比如衣服、鞋子、食物等）行业，则客户的转换成本较低，Durability取0；第二，如果供应商处于垄断行业（标准工业分类之三位数字行业[①]的HHI指数大于25%定义为垄断行业），则客户的转换

---

① 国际标准行业分类具有层次。最高一个层次的行业代码由两位数字组成，再往下分数字就会相应的达到第二层、第三层，其代码也就是3位数、4位数。2位数行业是行业分类中层次最高、范围最广的那个层次的那些行业。

成本较高，Durability 取 1，否则取 0。

（3）模型。

$$TimingofDis = a + bDependentsupplier + cDurability + dDependentsupplier \times Durability + Contorls$$

$$LikelihoodsofDis = a + bDependentsupplier + cDurability + dDependentsupplier \times Durability + Contorls$$

模型(10 - 1)

10.1.5　实证分析

第一，描述性统计中，由于依赖型供应商和非依赖型供应商的基本财务指标数据有显著差异（比如依赖型供应商的公司规模、资产负债率、ROA 等与非依赖型供应商有显著差异），因此，有较大的样本自选择问题。为了缓解这种担忧，本节分别采用了 CEM 匹配和 PSM 匹配，对依赖型供应商和非依赖型供应商进行筛选，筛选后两者基本财务指标的描述性统计差异均不再显著，主回归中本节用两种匹配方法分别进行了回归。

第二，主回归结果显示：第一，当诉讼消息为坏消息时，依赖型供应商与披露时机的回归系数显著为正，交乘项系数显著为负，说明当诉讼的消息为坏消息时，依赖型供应商延迟了关于坏消息的披露，然而，当客户的转换成本较高时，会削弱上述负向影响；第二，当诉讼消息为坏消息时，依赖型供应商与披露可能性的回归系数显著为负，交乘项系数显著为正，说明当诉讼的消息为坏消息时，依赖型供应商降低了披露诉讼信息的可能性，然而，当客户的转换成本较高时，会削弱上述正向影响；第三，当诉讼消息为利好消息时，依赖型供应商与披露时机的回归系数显著为负，交乘项系数显著为正，说明当诉讼的消息为好消息时，依赖型供应商显著加快了关于好消息的披露，然而，当客户的转换成本较高时，供应商会显著降低披露的积极性；第四，当诉讼消息为利好消息时，依赖型供应商与披露可能性关系显著为正，交乘项系数显著为负，说明当诉讼的消息为好消息时，依赖型供应商加快了关于好消息的披露，然而，当客户的转换成本较高时，供应商会显著降低这种披露的积极性。

第三，进一步分析中，本节首先将手工将诉讼类型分类为三种类型：分别为：①可能导致破产和名誉受损的诉讼；②只会导致名誉受损，但不会导致破产的诉讼；③既不会导致名誉受损，也不会导致破产的诉讼。另外，本节将不同的诉讼类型分组，分别将子样本代入主回归，检验诉讼损失或有事项通过哪些路径影响供应商的策略性信息披露。结果发现，回归结果只在第一组和第二组显著，第三组不显著。这说明，由于披露诉讼损失或有事项会显著增加供应商陷入破产危机或使公司名誉受损，所以供应商选择延迟坏消息披露，提前好消息披露。

第四，本节主要进行了以下三个稳健性检验。①本节替换了大客户的衡量指标，重新定义大客户为占供应商销售收入超过20%的客户，带入主回归发现回归结果稳健；②既然提前披露关于诉讼损失或有事项坏消息会产生供应链断裂风险，那么为什么供应商还是会选择披露坏消息呢？作者对坏消息披露动机进行了检验，结果发现随着坏消息的拖延，它的成本（两个代理变量分别为诉讼损失金额和其他信息渠道的存在）会显著上升，直至超过拖延的收益，因此，供应商选择披露坏消息；③本节检验了供应商延迟披露坏消息的后果，结果发现如果供应商披露了关于诉讼损失或有事项的不利消息，那么客户供应商供应链终结的可能性也显著增加，这也反过来证明了供应商延迟披露坏消息的原因，完善了本节研究的逻辑。

10.2 客户风险信息披露与供应商投资效率①

10.2.1 研究动机

供应商产能过剩的成本需要供应商自身承担，而客户希望供应商有更多的可用存货来防止在需求高时发生缺货，这在供应链文献中被称为“捆绑效应”。在整个供应链中，从产品离开制造商的生产线到零售商的货架的流程中，产品的平均库存时间一般较长。被扭曲的需求信息使供应链中的各个主体都相应增加库存，这将会导致供应链中企业的生产预测能力变差。此外，由于无法及时处理积压订单，还会带来生产计划的不确定性（Lee et al. 1997；Cachon and

---

① Chiu，T.，J. Kim and Z. Wang. 2018，“Customers' risk fact or disclosures and suppliers' investment efficiency”，*Contemporary Accounting Research*，forthcoming.

Lariviere，2001）。因此，客户会倾向于夸大其需求或非约束订单，以促使其供应商在研发和生产中进行更多投资，从而导致供应商过度投资和产能过剩。

如果供应商更了解客户的风险和履行合同的能力，就能够更好地评估其投资的未来前景和结果，进而提高投资效率。SEC 于 2005 年发布一项规定，要求公司在 10 – K 文本的 Item1A 中提供投资风险相关的信息，通过这部分信息，可以增加投资者对公司与其投资相关的重大风险的了解。虽然风险信息主要是为资本市场参与者提供的，但其中也可能包含对公司其他利益相关者有用的信息，如供应商。基于此，本节检验客户的风险信息披露（RFD）是否有助于供应商做出合理的投资决策，进而改善它们的投资效率。

10. 2. 2 理论框架

客户年报中风险信息披露可以通过两种方式影响供应商。一方面，由于风险信息主要是负面新闻，客户不希望与供应商私下分享此类信息。同时，在面对议价能力相对较弱的小供应商时，客户会认为自身没有义务披露此类信息，因此，风险信息披露可能包含供应商从其他渠道无法获取的增量风险信息。另一方面，虽然公司可以通过私有渠道直接从客户接收需求信息，但客户共享的私人信息不一定可靠，而经审计的年度报告中提供风险信息往往更多，比来自其他来源的信息更可靠，因而年报中的风险信息可以更好地验证从私有渠道获得的风险信息。

由于供应商的投资过度的成本不是由客户承担，客户出于“自利动机”，为了避免自己在需求量大时候库存缺货，会夸大自身的需求。当供应商下游的客户数量较少、供应商的议价能力较弱时，供应商不得不承受来自客户的压力，并维持较高的生产能力和库存持有量，从而产生较高的关系专用型投资。年报中的风险信息能够帮助供应商更好地了解客户的销售状况、盈利能力和运营产生负面影响的因素，进而更好地评估自己对客户的关系专用型投资。因此，客户的风险信息披露有助于帮助供应商做出更优的投资决策，提高供应商的投资效率。

此外，当供应商处于讨价还价的劣势、供应商所处的行业为耐用品行业以及供应商更关心未来需求波动时，风险信息对投资效率的提升作用越强。首先，议价能力较弱的供应商往往处于信息劣势，其较难从私有渠道获取客户准确的需求信息，因而年报风险信息可能是它们获取客户不确定需求信息的最重要来源。因此，当供应商的讨价还价能力较弱时，风险信息的信息量对供应商的投资效率的影响作用更强。其次，生产耐用品的供应商投资中的关系专用型资产比重较高，用以支持客户所订购的独特产品。因此，与非耐用品行业的供应商相比，风险信息对耐用品行业供应商的投资决策可能更有用。最后，当供应商更关心未来需求的波动性时，它们可能会更有动机收集信息，使自己更好地了解客户风险，因此，可能会在年报中密切关注客户的风险信息披露。

10.2.3 相关文献和研究贡献

（1）相关文献。

①供应链投资的文献。供应链投资通常是关系专用性投资，供应商投资的设备和机器具有为特定客户交易或定制的特征（Joskow，1987），投资专用性越强，投资对其他客户的价值越低（Williamson，1975）。

②客户与供应商合同关系的文献。声誉因素可能会在事后对自己的行为施加市场约束，通过维持长期关系并遵守与供应商的隐性合同，公司可获得声誉优惠，会有折扣价格或更优惠的交易条款（Joskow，1987）。精心设计的关系合同可以减少客户违背和缓解供应商面临的投资不足的动机。然而，最佳关系合同可能非常复杂，并且通常依赖于客户与供应商的重复博弈（Debo and Sun，2004；Taylor and Plambeck，2007）。

③供应链投资效率的文献。当供应商仅向有限数量的主要客户销售时，这些客户具有相对较强的议价能力，并且可以对依赖供应商施加更大压力，以维持更高水平的生产能力和库存持有量（Porter，1974；Cachon and Terwiesch，2012）。为更好地评估特定关系投资的价值并实现更高的投资效率，供应商公司必须了解其客户的未来前景和履行义务的能力（Kreps et al.，1982；Raman and Shahrur，2008；Dou et al.，2013）。

（2）本节贡献。

第一，本节研究验证了风险信息具有信息性。既有研究提出风险信息是模板式的披露，对信息使用者无显著指导作用（Campbell et al.，2014；Hope et al.，2016；Chiu et al.，2017），本节验证了风险信息的有用性，且风险信息不仅对资本市场参与者有用，还对产品市场参与者有用。

第二，本节研究验证了供应链中的信息传递作用。既有文献关注企业向其供应链合作伙伴，特别是供应商和供应商利益相关者的披露的年度报告的信息量（Raman and Shahrur，2008；Pandit et al.，2011；Hui et al.，2012；Dou et al.，2013）。本节的研究通过显示客户年度报告中的 RFD 与供应商的投资决策相关并帮助提高供应商的投资效率，补充了这类文献。

第三，本节研究丰富了供应链管理文献。既有文献检验了各种机制来实现投资效率和最大化供应链的总利润，包括客户信息共享、垂直整合和关系合同。本节研究证明年报中的信息披露可能会在供应链中起作用，帮助供应商做出明智的决策并实现更高的投资效率。

10.2.4 研究设计

（1）样本。

本节获取了2005—2011年间36264份年度财务报告。样本处理过程如下：①剔除了金融公司样本；②剔除未披露主要客户名称的样本；③剔除关键变量缺失的样本。最终样本包含680家公司1829个“公司-年度”观测值。为消除极端值对回归结果的影响，对主要变量在1%和99%水平上进行了缩尾处理。

（2）变量。

①解释变量。

年报Item1A词频数LENGTH：各主要大客户年度财务报告1A项目中总词汇数加权平均值的自然对数，权重为供应商对其的销售额除以供应商总销售额。

年报Item1A风险相关词的数量RISK_WORDS：各主要大客户年度财务报告1A项目中风险相关词汇加权平均值的自然对数，权重为供应商对其的销售额除以供应商总销售额。

年报Item1A前瞻性关键字数量FL_WORDS：各主要大客户年度财务报告1A项目中前瞻性相关词汇加权平均值的自然对数，权重为供应商对其的销售额除以供应商总销售额。

②被解释变量。

总投资Invest为（资本支出+并购支出-出售长期资产收入-折旧+研发投

入）/期初总资产，并使用模型（10－2）回归，用残差衡量投资水平 *R_INVEST*（投资不足和过度投资），将残差三等分，最小等分取1，中间等分取2，最大等分取3。

（3）模型。

$$INVEST_{t+1} = \alpha_0 + \alpha_1 SGrowth_t + \varepsilon_{t+1} \quad \text{模型(10－2)}$$

$$R\_INVEST_{t+1} = \beta_0 + \beta_1 CRISKF_t + \beta_2 CWORD\_10K_t + \beta_3 CRETURN_t + \beta_4 CSTDRET_t + \beta_5 CRETURN_{t+1} + \beta_6 CSTDRET_{t+1} + \sum \beta_l Control_{l,t} + \varepsilon_{t+1} \quad \text{模型(10－3)}$$

$$INVEST_{t+1} = \beta_0 + \beta_1 CRISKF_t + \beta_2 CRISKF_t \times OverI_t + \beta_3 CWORD\_10K_t + \beta_4 CWORD\_10K_t \times OverI_t + \beta_5 OverI_t + \beta_6 GOV_t + \beta_7 GOV_t \times OverI_t + \beta_8 CRETURN_t + \beta_9 CSTDRET_t + \beta_{10} CRETURN_{t+1} + \beta_{11} CSTDRET_{t+1} + \sum \beta_l Control_{l,t} + IndustryIndicators + YearIndicators + \varepsilon_{t+1} \quad \text{模型(10－4)}$$

10.2.5 实证分析

（1）主回归检验。

模型（10－3）回归结果表明，无论是过度投资组还是投资不足组，客户年报风险信息的三个指标都与投资不足与过度投资显著负相关，表明客户风险信息披露提升了供应商的投资效率。

本节进一步分析供应商的议价能力对上述两者关系的调节作用。用供应商的规模（供应商的市场价值）和客户产品市场竞争程度（10－K文本中产品相似度）作为供应商议价能力的代理变量并，与年报风险信息交乘，并分别对投资不足和过度投资进行回归。结果显示，较小规模的供应商、产品市场竞争程度较低的供应商风险信息披露的作用更显著。因此，当供应商的讨价还价能力较弱时，风险信息的信息量对供应商的投资效率的影响作用更强。

生产耐用品的供应商更有可能投资关系专用型资产，用来支持客户所订购的独特产品（Kale and Shahrur，2007；Banerjee et al.，2008）。本节将行业代码在1000和4783之间的供应商定义为耐用品行业供应商，根据公司是否在耐用品行业中将样本分为两个子样本，回归结果显示：不管是投资不足还是过度投资，客户风险信息与投资效率都是在耐用品行业显著为负，在非耐用品行业不显著，且通过了组间差异性检验。这表明，与非耐用品行业的供应商相比，耐用品行业的供应商更可能关注和评估其客户的潜在风险。

当供应商更关心未来需求波动性时，它们可能会更加努力地收集信息，更好地了解客户风险，因此，可能会在年报中密切关注客户的风险信息披露。本节根据供应商是否在的 10 – K 文本中披露风险信息表达了对未来需求波动性的担忧，来将供应商区分为关心未来需求波动风险的供应商与不关心未来需求波动风险的供应商。回归结果显示，在投资不足样本中，风险信息披露对供应商投资效率提升的效果更显著，并通过了组间差异性检验。因此，对于需求波动风险较大的供应商而言，客户风险信息披露的信息量与供应商投资效率之间的正向关系更为显著。

（2）进一步分析与稳健性检验。

依据 Biddle et al. （2009）的研究，检验当供应商过度投资时，客户信息披露的信息量是否对供应商的投资水平产生影响。当企业现金流更充裕时，企业的融资约束较弱、代理问题越严重，越有可能过度投资；同时，高杠杆率的公司受到更多限制，容易遭受债务过重问题，投资不足的可能性更高。本节将现金除以资产表示现金水平，对资产负债率取负数并十等分，分别赋值为 0—1，取两者平均数，得到 0—1 的数值，数值越大，越可能过度投资。回归结果发现，客户风险信息与过度投资的交乘项显著为负，表明企业过度投资削弱了客户风险信息披露对投资水平的提升作用。

此外，本节还做了系列稳健性检验。首先，为解决遗漏变量的问题，本节将模型中变量都取一阶差分，因变量替换为残差绝对值（残差绝对值越小，表明与预期投资水平的偏差较小）。回归结果显示，风险信息披露提高了投资效率，与主回归的结论相一致。其次，本节对供应商的类型进行分类，分为依赖型供应商和非依赖型供应商。相对于非独立供应商，依赖供应商更有可能参考客户 10 – K 报告中新增的风险因素部分，以获取有关其客户业务风险的信息，回归结果显示，在依赖型供应商分组中显著，而在非依赖型供应商分组中不显著，表明风险信息对依赖供应商的影响要大于非依赖型供应商。最后，前人研究发现盈余管理，如收入平滑会影响供应商和客户的投资行为，会计稳健性影响客户与供应商之间的合同关系，本节在模型中进一步控制客户收入平滑和会计稳健性，所得结果与主回归相似。

10.3 客户集中度与公开信息披露：来自管理盈余与销售预测的证据①

10.3.1 研究动机

作为公司重要的利益相关者，客户需要获得公司大量的信息。例如，客户需要根据供应商的产品来决定自己的生产技术，因而了解供应商的经营发展信息对客户来说是非常重要的。前人大多研究资本市场和公司治理需求对公司信息披露的影响，鲜有文献关注客户关系对公司信息披露的影响，因此，本节则研究客户集中度与公司公开信息披露之间的关系以补充相关研究空缺。

10.3.2 理论框架

客户集中度与公司公开信息披露之间存在两种对立假说：

假说一：客户集中度越高，公司公开披露的信息可能越少。一方面，当私有信息越容易获取时，利益相关者对公开信息的需求则越少（Ball et al.，2000；Fama，1985）。贸易中公司员工间的私下交流和拥有共同的董事都能够导致大客户和供应商之间的日常交流增多，这种交流能够增加供应商与客户之间的私有信息传递，从而减少公司公开披露的信息数量。另一方面，如果存在大客户的话，供应商与大客户之间的直接私下沟通会更便利，沟通成本也更低。例如，存在两种情况，A 公司有 1000 个客户，B 公司只有 1 个客户，假设所有客户之间都有相同的信息需求，那么 A 公司向所有客户采用公开披露的方式更有效率，而 B 公司向单一客户采用私有信息披露的方式更有效。

假说二：客户集中度越高，公司公开披露的信息可能越多。大客户的议价能力一般更强，导致失去一个大客户对供应商而言成本较高（Hui et al.，

① Crawford S.，Y. Huang，N. Li，and Z. Yang，2019，"Customer Concentration and Public Disclosure：Evidence from Management Earnings and Sales Forecasts"，*Contemporary Accounting Research*，forthcoming.

2012）。因此，拥有大客户的供应商通常会通过私有和公开两种渠道来提供更多信息，而且，在公开披露信息时，管理层会更加关注公司的法律和声誉问题（Kothari et al.，2009），使得通过公开渠道披露的信息可信度更高。

本节采用盈余与销售预测衡量管理层的公开信息披露行为，原因在于客户十分关注供应商公司的生存能力，而盈余与销售预测就是披露公司前瞻性信息的一种非常重要的形式，并且盈余与销售预测中通常包括财务信息与非财务信息，非财务信息能够解释和证明财务预测，这些信息能够对客户起到增量作用。

10.3.3 相关文献与研究贡献

（1）相关文献。

现有文献研究了供应商 - 客户关系对资本结构（Banerjee et al.，2008）、公司业绩（Patatoukas，2012）、运营效率（Krishnan et al.，2019）、经营风险（Tuli and Bharadwaj，2009）和高管薪酬（Albuquerque et al.，2010）等方面的影响。Hui et al.（2012）研究发现当公司供应商或客户的议价能力较强时，公司能够更快地发现自己的亏损情况；另外一些研究发现，供应商会利用他们在交易中的优势来要求客户披露更多的财务信息（Raman and Shahrur，2008）。

已有文献发现私有信息能够替代公开信息（Ball et al.，2000；Biddle and Hilary，2006；Fan and Wong，2002）。其中，Biddle and Hilary（2006）研究发现，在日本，投资 - 现金流之间的敏感性与会计质量不存在相关关系，而在美国，两者之间存在相关关系，其原因在于，日本资本市场是通过相关银行解决信息不对称问题，因此公开信息的重要性较低。Ajinkya et al.（2005）研究发现，机构投资者持股越多的公司自愿性信息披露越少，因为机构投资者有更好的途径获取私由信息，因此，他们不会对公司的披露行为带来压力。

（2）本节贡献。

前人研究主要关注供应商 - 客户关系如何影响强制性信息披露行为（Hou and Richardson，2014；Dou et al.，2013；Hui et al.，2012），研究发现，当客户的信息需求和议价能力较强时，供应商公司会提高他们的财务信息披露质量。本节关注客户集中度与公司自愿性信息披露之间的关系，研究发现，客户集中度能够影响客户获取供应商私有信息的成本，从而改变供应商公司对私有信息和公开信息披露之间的权衡，扩展了研究客户信息环境与公司信息环境之间关系的文献。

已有文献研究了公司信息披露的影响因素，本节考虑了利益相关者获取私有信息对公司信息披露的影响。本节研究支持了利益相关者在获取私有信息后能够减少对公开信息需求的观点（Ball et al.，2000）。

10.3.4 研究设计

（1）样本。

本节的样本期为2002—2016年，其中，2002—2016年的盈余预测数据来自CIG和I/B/E/S数据库，2004—2016年的销售预测数据来自I/B/E/S数据库，公司财务数据来自Compustat数据库，股票价格信息来自CRSP数据库，分析师预测信息来自I/B/E/S数据库。

（2）变量。

①被解释变量。

Freq_Earn：盈余预测频率，一个会计年度中发布的盈余预测公告数量。

Freq_Sale：销售预测频率，一个会计年度中发布的销售预测公告数量。

②解释变量。

CCScore：客户集中度，公司所有大客户销售收入占比的平方和。其中，大客户是指交易收入占公司总收入10%以上的客户。

（3）模型。

$$\log(1 + Freq\_Earn\ or\ Freq\_Sale) = \alpha + \beta CCScore + \gamma Controls + YearFE + IndustryFE + \varepsilon \quad 模型(10-5)$$

10.3.5 实证分析

（1）主回归结果分析。

本节采用OLS方法进行主回归分析，回归结果显示：盈余与销售预测频率均与客户集中度显著负相关，表明客户集中度越高，越能够促进私有信息从供应商流向客户。在盈余预测频率回归的结果中，CCScore的系数为-0.213，根据经济显著性的计算公式，客户集中度每提高一个标准差，盈余预测频率相较于平均盈余预测频率会减少5%；在销售预测频率回归的结果中，CCScore的系数为－0.367，根据经济显著性的计算公式，客户集中度每提高一个标准差，销售预测频率相较于平均销售预测频率会减少 13.3%。

（2）横截面分析。

①供应商－客户专有关系投资。本节采用两种方法来衡量供应商－客户专有关系投资：第一种是供应商是否是耐用品生产企业，因为耐用品行业更有可能生产专有产品，需要更多的服务和配件，因此耐用品行业的供应商－客户专有关系投资更多。实证结果显示，在耐用品行业分组中，盈余和销售预测频率与客户集中度显著负相关，在非耐用品行业分组中，盈余和销售预测频率与客户集中度的关系不显著；第二种是公司 R&D 投资强度，因为研究密集型的公司更有可能产生专有投资并生产出更多的专有产品，因此，R&D 投资强度更高的公司供应商－客户专有关系投资更多。实证结果显示，在 R&D 投资强度较高的分组中，盈余和销售预测频率与客户集中度显著负相关，在 R&D 投资强度较低的分组中，盈余和销售预测频率与客户集中度的关系不显著。上述结果表明，供应商－客户专有关系投资更多时，盈余和销售预测频率与客户集中度之间的负相关关系更强。

②私人信息获取成本。本节采用三种方法来衡量客户对私有信息的获取成本。第一种是供应商与客户建立关系的时间，因为供应商与客户之间持续重复的交流能够降低私人信息的获取成本，促进信息的流动，因此，供应商与客户建立关系的时间越长，私有信息的获取成本越低。实证结果显示：在供应商与客户建立关系的时间较长的分组中，盈余和销售预测频率与客户集中度显著负相关，并且 CCScore 的系数大于在供应商与客户建立关系的时间较短的分组。第二种是供应商和客户之间是否存在共同董事，因为拥有共同董事能够促进信息共享，降低私有信息获取成本。实证结果显示，CCScore 的系数在拥有共同董事的分组中更大。第三种是供应商与大客户之间的地理距离，因为地理距离越近越能够促进私有信息的获取和利用，因此，供应商与大客户之间的地理距离越近，私有获取成本越低。实证结果显示：在供应商与大客户之间的地理距离较近的分组中，盈余和销售预测频率与客户集中度显著负相关，并且 CCScore 的系数大于供应商与大客户之间的地理距离较远的分组。上述结果表明，当私有信息获取成本较低时，盈余与销售预测频率与客户集中度间的负相关关系更强。

③客户的转换成本。当客户更换供应商的转换成本较低时，客户的议价能力会更强。为了留住客户，供应商会给予更多的私有信息。本节采用供应商的

市场份额来衡量客户的转换成本，供应商的市场份额越高，客户的转换成本高。实证结果显示：在供应商市场份额越低的分组中，盈余和销售预测频率与客户集中度显著负相关，在供应商市场份额越高的分组中，盈余和销售预测频率与客户集中度的关系不显著。上述结果表明，当转换成本较低时，盈余与销售预测频率与客户集中度之间的负相关关系更强。

（3）稳健性检验。

本节进行了如下稳健性检验：使用个体固定效应；样本中加入不存在大客户的公司；被解释变量更换为盈余和销售预测是否存在、销售预测的精准度；解释变量更换为资本支出预测的频率，回归结果依旧保持稳健。

第 11 章　其他利益相关者对供应商－客户关系及信息的反应

11.1　紧密供应链关系下的卖空行为的信息内涵①

11.1.1　研究动机

有研究表明，在信息公开的几个月之前，卖空的等级包含了价值相关的信息。特别地，他们提供了进一步的证据，即卖空收益能够预测未来的坏消息、负盈余异常以及分析师盈余预测修正。这些证据显示，卖空收益与未来股票收益之间的横截面关系与未披露的信息相关，这些未披露信息反映了分析师从大量正式与非正式来源中揭露不利消息的能力。

为了进一步研究该问题，本节检验了异常的卖空收益是否能有效预测与是否存在紧密供应链关系相关的不利消息。这一话题之所以重要，是因为当客户与供应商之间关系密切时，负面消息可能不会在资本市场中披露。当供应链中的一个企业的经营环境下行时，供应链上其他公司的经营风险也会增加。基于此，本节所提出的问题是：对于处于相互联系的供应链关系中的公司，投资高手的交易行为是否是坏消息的提前警告？坏消息可能与负盈余异常的披露以及因财务困境而被摘牌的上市公司有关系。

11.1.2　理论框架

与关联的客商关系相关的信息不对称问题可能为经验丰富的投资者提供获

① Evans, J. D. and D. G. Outlaw, 2018, "The Information Content of Short Selling Around Close Supply Chain Relationships", *Financial Review*, 53 (3): 627–655.

取利润的机会，因为与供应链相关的信息往往很难获得。前企业解决方案的副总裁与常务董事——Dow Jones，他们公司开发的供应商与风险监控系统有助于管理与关键供应商相关的信息流，为供应链管理层提供关键信息，帮助他们更好地管理风险，并在潜在的破坏性事件导致全面打击之前识别这些事件，如产品召回或收入损失。有人指出，这种有关供应链关系的信息是提供给经验丰富的投资者的，他们订阅了相对昂贵的供应商和风险监控，这是一种不太知名的数据库服务，用于监控影响供应商和客户的事件。

供应链关联关系的形成可能导致业绩不佳的公司的卖空行为增加，而这些公司在盈利披露方面不透明。假设在第 $t-1$ 季度，一个大客户代表至少占供应商销售额的 10% 的客户，但由于信息披露滞后，尚未向资本市场披露。在此期间，经验丰富的卖空者可以在证券交易委员会（SEC）下一季度 t 披露供应链关系之前建立他们的空头头寸。两个季度的短期收益水平 SIR_t 减去 SIR_{t-1} 的差额预计为正，即，第 t 季度的短期收益（SIR）应该高于前一季度 $t-1$。但是，如果关联关系是有利，那么第 t 季度的 SIR 应该更低。两个季度的短期利息变化（ΔSIR_t 减去 ΔSIR_{t-1}）预计为负，因为在信息披露向资本市场其余部分之前，卖空者将迅速增加头寸。以下提出本节假设。

假设 H1A：当公布与大客户建立供应商关系时，该季度的短期收益水平更高。

假设 H1B：当公布与大客户建立供应商关系时，由于成熟的投资者在正式披露之前开始建立头寸，因此，本季度的短期收益变化较低。

第二个假设检验了是否存在侵占问题，即利润较低的供应商公司向大型的、经济重要的客户提供更多的商业信用。

假设 H2A：连锁供应链关系中的公司表现不佳，股票价格表现为负异常。

假设 H2B：与大客户挂钩时，表现不佳的供应商的应收账款较高，而关联客户的应付账款较大。

第三个假设分析了在供应链关系中的企业是否存在较大的信息不对称。信息不对称的存在是因为依赖于供应链活动的盈余预测难以公开获得，而且很难解释。据推测，在公开披露财务信息之前，依赖性较强的供应商及其大客户能够对资本市场保守其财务及运营情况的秘密，但难以瞒过经验丰富的卖空者。

假设 H3：对于供应商和客户来说，出现负盈余异常的可能是由于高短期收益，对于供应链上的合作伙伴则更是如此。

在本节的分析中，由于严重的财务问题，与主要客户的关系有时被认为是商业信用有效分配的障碍。如此，卖空者可能会通过确认因业绩相关原因而可能从 SEC 退市的公司，在促进商业信用的市场效率方面发挥重要作用。作者认为，商业信用资源的低效分配与上市公司退市的可能性更高是一致的，提出第四个假设。

假设 H4：退市概率与关联供应链关系中表现不佳的供应商的短期利益正相关。

11.1.3　研究贡献

本节的贡献主要在于两个方面：

首先，卖空者使用来自供应链的信息来预测坏消息。大多数文献都没有将供应链关系视作加剧资本市场参与者（除成熟的投资者以外）收益信息不透明性的机制。

其次，当与供应链相关的坏消息没有立即向资本市场中的普通投资者披露时，卖空者能够利用即将发生的负盈余异常进行交易。

11.1.4　研究设计

（1）样本。

本节将分析范围限制在上市至少一年的国内普通股（CRSP 股票代码为 10 和 11），因此，排除了 IPO 和其他新上市公司。为了避免前瞻性偏差，本节将退市股票包括在内，并根据需要使用 CRSP 提供的退市回报信息。在上述限制的基础上，关联样本包括 27975 个公司年度观察结果和 9968 个独立的供应商-客户关系。数据收集自 Compustat（季度和年度财务报表）、CRSP（股票回报和市值）、Thomson Reuters 13F（机构所有权）、Thomson Reuters Financial（内幕交易）和 I/B/E/S（分析师）。Fama and French（1993）因子系列和 Carhart（1997）动量因子系列从 Professor Kenneth French 的网站上获得。

（2）自变量。

Linked：根据 Cohen and Frazzini（2008）的识别方法，我们通过客户-供应商关系确定经济关联公司。为了衡量客户-供应商关联关系，我们从 COMPUS-

TAT 的 KeyCustomers 字段获取。客户名称则手动与 COMPUSTATGVKEY 匹配供应商 - 客户信息。然后，本节利用 1990 年第一季度至 2014 年第四季度的倾向性评分匹配法（PSM）构建一个基于规模、权益账面价值（B/M）、资产回报率（ROA）以及行业的匹配样本进行比较。LINKED 是一个 0—1 变量，如果供应商拥有至少一位占其特定年度销售额 10% 以上的客户，则该变量为 1，否则为 0。

AbnormalReturn：季度收益率和 Fama - French 三因素进行 OLS 回归，其残差项为 AbnormalReturn。

（2）因变量。

①股票卖空类变量。

SIR：短期收益率（ShortInterestRatio）是以卖空股票的数量占总股票数量的百分比来衡量。

ΔSIR：短期收益率（ShortInterestRatio）的变化则是 SIR 的每季度的变化量。

②未预期盈余类变量。

Surprise：（除去非经常性项目的）每股收益减去每位分析师的预期每股收益除以第三季度末的股价。

NumberAnalysts：跟随该公司的分析师的数量。

（3）商业信用类指标。

①AcctPayable：应付账款与总资产之比。

②AcctReceivable：应收账款与总资产之比。

③ΔAcctPayable：每一季度的应付账款与总资产之比的变化。

④ΔAcctReceivable：每一季度的应收账款与总资产之比的变化。

11.1.5 实证分析

（1）紧密的供应链关系中的卖空优势。

本部分研究卖空和处于紧密供应链关系中的企业的关系，检验两者的因果关系。DiffSIR 是盈余公告发布的 SIR 与 SEC 披露前一季度的 SIR 之差。DiffΔSIR 是 SIR 在盈余公告季度的变化（$SIR_t - SIR_{t-1}$）与前一盈余公告季度 SIR 的变化（$SIR_{t-1} - SIR_{t-2}$）之差。结果显示，DiffSIR 为正、DiffΔSIR 为负，结果与假设一致，表明卖空者会在该关系披露之前增加在其本季度的头寸，以便在披露关联的供应链关系时卖空的水平是最高的。

对于供应商而言，披露关联关系的季度的短期利息水平差异（DiffSIR）显著高于上一季度 0.52%。而对于客户来说，两者差异更为显著，为 1.29%。短期利益变化的差异（DiffSIR）为负（ -0.83%），这表明，在公开披露供应链关联关系的前一季度、市场不了解这一关系时，卖空者的头寸增加幅度大于依赖性供应商前一季度的持仓量。同样，在公开供应链关系紧密的大客户之前的前一季度，DiffΔSIR 上涨了 0.26%。在 SEC 披露供应链关联关系之前，卖空者可能会意识到关联供应链关系中隐匿的坏消息。这一结果表明，当供应商和客户刚刚形成关联的供应链关系时，成熟的投资者就会注意到他们。

（2）了解关联供应链关系中的企业绩效。

这一部分旨在分析卖空者对关联供应链关系关注的原因。在检验关联供应链企业的异常股价回报与卖空的关系，实证结果显示，相较于资本市场的预期，大多数供应商的业绩表现均不佳；SIR 对未预期盈余的影响的显著性（0.089）较小，但靠近公开披露时期的 SIR 与未预期盈余显著正相关（0.589）。并且，供应链关联客户的业绩表现也较差，但卖空行为与股价表现无关。

在预测供应商与客户形成关联供应链的可能性时，实证结果显示，供应商形成紧密供应链关系的可能性随着公司资产收益率（ROA）的增加而降低；此外，账面净值为负的供应商与客户建立关联关系的可能性也更高（0.277）。这表明，因此，业绩表现差的供应商从关联关系中得到的好处最多，这些好处包括应收账款增加（2.316）和销售增长（0.117）。从客户层面看，拥有高水平的短期利益（ -0.259）和增加的短期利益（ -0.150）的客户不太可能拥有依赖性供应商。此外，关联客户占有更高的机构所有权、具有更大的规模、拥有更少的现金和更大的波动性。与依赖性供应商相比，这些重要客户在当前财务表现和增长潜力很强的情况下更有可能参与到供应链关联关系中。

在检验供应商（客户）提供（获得）应收账款（应付账款）融资的意愿（能力）是否与客户与供应商供应链关系密切相关时，实证结果显示，关联供应商的应收账款往往会增加（0.006），股权账面价值为负的供应商的应收账款增加更大（0.018）。相比之下，具有负资产的非关联供应商的应收账款平均变化较小（ -0.023），并且在控制了销售增长的积极影响后，关联客户的应付账款增长比未关联客户的应付账款增长要小（0.006）。

（3）盈余相关信息不对称与卖空行为。

在检验一般普通投资者对经济关联大客户及其依赖供应商的忽视程度时，

实证结果显示，平均而言，不论是有关联还是无关联的供应商，大多数供应商的负面盈余公告都会为市场带来波动，并且股票账面价值为负的公司不太可能因负面的盈利消息（0.637）以及更高的分析师覆盖率（0.53）、交易量（0.035）、更低的内部销售量（0.080）和机构所有权（0.023）而造成资本市场的意外波动。从客户层面看，大多数客户同样可能报告盈余意外。但是，不同于供应商，相比于非关联客户，关联客户更不可能报告负向的盈余意外。卖空行为增加了关联客户报告负向盈余意外的可能性（0.083），即便卖空行为降低了非关联客户样本中负向盈余意外发生的概率（-0.056）。总体来看，当短期利率较高时，供应商及其关联的客户更可能披露负向的盈余意外。

（4）资本市场对退市存在的代理问题的认识。

在研究商业信用融资扭曲是否会增加企业退市的可能性时，结果显示，相比于非关联关系的供应商，供应链关联关系中的供应商更可能被摘牌退市，除非近期供应商的应收账款增加。从长远来看，紧密的供应链关系对上市的依赖性供应商股东是有害的。退市前，供应商的短期利率水平较高，系数为0.137，而关联关系中的客户退市可能性较低，卖空并非客户退市的预测因素。

11.2 客户集中度和借贷契约条款①

11.2.1 理论框架

前人研究表明，客户集中度越高的企业会有更强关系投资：更多的研究开发、独特资产、专门化的生产线。然而这些投资都面临着高度不确定、更低的再销售能力、更低的资产出售价值。同时客户销售占比越大，其议价能力越大；其延期支付的可能性和延期支付的期限越长。这些都会使得企业的风险增加。当企业向银行借款时，消息灵通的借款人往往会考虑公司客户层面的信息所特有的风险来设计贷款条约，具体表现为更高的利率、更短的期限、更多的限制

① Campello M. and J. Gao, 2016, "Customer concentration and loan contract terms", *Journal of Financial Economics*, 3: 1-29.

性条款，因此提出本节假设 H1 客户集中度高的企业，贷款条约越严格。

在此提出本节假设 H2：当企业的大客户面临较大的金融压力、改变其所销售的产品、存在销售锐减迹象时，企业也会因此面临流动性短缺、产品再销售困难，进而严重影响企业的按期还本付息的能力，因此在借款时，银行就会对企业提出更严格的贷款条件。同时，提出本节假设 H3：银行会关心企业客户是否有延期支付现象，因为客户延期支付的不确定性会使企业面临流动性风险，而且企业的应收大客户款越多，企业无法投资盈利项目造成盈利减少的可能性越大，银行也会采取更严格的贷款条件。此外，提出本节假设 H4：客户集中度高的企业会从事更多的关系投资，包括更多的研究开发、独特资产、专门化的生产线。这些风险投资有很高的不确定性，因此有违约的可能性，银行此时会采取更严格的贷款条款。

基于上述的分析，我们提出本节假设 H5：客户集中度越高，企业面临更高的投资成功的不确定性，更高的流动性风险，更大的违约可能性。

11.2.2　相关文献与研究贡献

（1）相关文献。

①客户集中度文献。以往的研究文献中，客户集中度有利也有弊。利主要表现在：Patatoukas（2012）认为较高的客户集中度会帮助企业实现规模经济降低企业成本；Irvine et al.（2014）进一步发现这些利益因供应商的规模和年龄不同而有区别。弊主要表现在：Titman and Wessel（1988），Allen and Phillips（2000）研究表明当企业依赖大客户时，公司更愿意购买专有资产投资；Kale and Shahrur（2007），Banerjee et al.（2008）对此作了进一步补充，表明当依赖大客户的企业在客户清算时，往往伴随着较高的再处置成本，所以有大客户的企业往往负债率较低。

②贷款条款文献。竞争中往往存在竞争对手的破产，这使得企业面临更高的利差，这种现象在竞争激烈的行业更加显著（Valta，2012）。Cen et al.（2014）认为，长期来说，供给链关系可以减少公司和贷款人之间的信息不对称。

（2）本节贡献。

①本节通过检验客户集中度对贷款合约不同特征（利率、期限、限制性条款）的影响，拓展了客户集中度相关文献。

②本节第一次解释了企业过度依赖大客户会给企业带来不利影响，这些不利影响会表现在贷款的具体几个方面。

11.2.3 研究设计

（1）样本。

本节的贷款数据从 LPC - Dealscan 数据库中获得，样本仅包含制造业行业的大客户销售占比大于 10% 的公司，剔除大客户重复出现次数小于 3 次的样本。同时为使这些公司更符合供给链要求，剔除了跨行业客户的数据，接着将这些数据与 Compustat 数据库中的公司贷款数据匹配，同时获得每个借款的利率信息和关于期限和限制性项目等的细节信息，合并企业和银行的借款项目。最终获得了 25 个年度的 1110 家公司和 3375 项借款数据。

（2）变量。

①被解释变量（衡量借款相关的变量）：

LoanSpread：借款利差，为票面利息和年费与 6 个月伦敦同行拆借利息的差。

LoanMaturity：借款期限，为贷款到期的总月数。

LoanCovenants：限制性条款的数量。

FutureLoans：与银行关系的深度，为该笔借款之后从同一银行获得的贷款额度/现有贷款额度。

FutureDuration：与银行关系的长度，为初次提供贷款之后持续提供贷款的月数。

②解释变量（衡量客户集中度的变量）：

CustomerSales：大于 10% 客户的比例求和。

CustomerSize：销售占比 × 客户的规模（总资产）。

CustomerHHI：赫芬达尔指数，为销售百分比的平方求和。

CustomerGini：基尼系数，该公司最大客户的销售占比。

CustomerCount：大客户的数量。

（3）模型。

$$LoanTerm_{i,k,t} = \beta_0 + \beta_1 CustomerConcentration_{i,t} + \beta_2 FirmCharacteristics_{i,t} + \beta_3 MacroVariables_t + \beta_4 LoanCharacteristics_{k,t} + \sum_g Industry_g + \sum_h Bank_h + \varepsilon_{i,k,t}$$

模型(11 - 1)

$$BankingRelationship_{i,h,t} = \beta_0 + \beta_1 CustomerConcentration_{i,t} + \beta_2 FirmCharacteristics_{i,t} + \beta_3 MacroVariables_t + \sum_g Industry_g + \sum_h Bank_h + \varepsilon_{i,h,t} \quad \text{模型(11 - 2)}$$

11.2.4　实证分析

第一，在控制了公司固定效应、银行固定效应、宏观经济因素的基础 OLS 回归发现，客户集中度越高，贷款合约的条款越严格。具体表现为更高的利差、更短的贷款期限、更多的限制性条款、与银行关系的深度和持久度都会降低。

第二，本节进一步使用下游并购活动作为工具变量进行 IV 检验。选用下游并购活动作为工具变量，是基于以下理由：非企业客户可能由于并购变成了企业客户，非企业大客户可能由于并购活动变成大客户，进而导致企业客户集中度显著增加，而下游并购活动并不会对企业贷款合约条款产生影响。研究结果表明，当并购活动发生时，客户集中度显著升高，而客户集中度的提升会使贷款合约的条款越严格。同时，本节使用美国颁布相关法令来放松行业竞争管制作为外生事件分析，DID 的结果的显著性也验证了上述结论。

第三，有大客户的企业由于规模效益往往利润都比较高，银行在设计贷款条款时也会考虑企业业绩，而较好的业绩会使得银行放松贷款条件。企业业绩表现好对贷款条款正向影响是否会抵消客户集中度对贷款的负面影响？本节使用 3SLS 和 GMM 回归发现，考虑了利润之后，客户集中度的变量结果依然显著为正，表明尽管企业业绩较好是有利于贷款条款，但是并不能完全抵消由于高客户集中度带来的不利影响。

第四，本节进一步检验银行对客户集中度较高的企业往往采取严格的贷款条款是否是因为这些公司违约可能性更大。本节以 LoanFailures（dummy 变量，在贷款到期前申请破产为 1，否则为 0）作为被解释变量，客户集中度变量为解释变量，再次采用下游并购活动作为工具变量进行两阶段回归。回归结果显示，客户集中度的系数都显著为正，表明客户集中度高的企业在贷款期限内更容易违约，即可以说明银行对客户集中度较高的企业往往采取严格的贷款条款，是因为这些公司违约可能性较大。进一步通过保守计算发现，每份贷款由于客户集中度导致贷款平均损失 470 万元，而且违约金额随着过去的 20 年逐年增加。

第五，前文的研究表明，有大客户的企业会增加企业风险，进而银行会采取严格的贷款条件。本节进一步研究与大客户有关的那些因素会导致企业风险增加。通过检验大客户的财务状况（资产负债率、离企业破产的距离指标）、大客户应付企业账款和大客户的差异化和独特的原材料需求对贷款条约的影响。回归结果表示企业的大客户财务状况越差、企业与大客户之间的应付账款越多、企业对大客户的关系投资越多，银行会采取更严格的贷款条款。

第六，考虑到全球化竞争格局会导致企业现金流压力，竞争环境的改变会影响企业的金融政策，进而影响银行贷款条款，本节先用竞争作为控制变量，再将竞争加入三阶段回归。回归结果都显著，表明尽管竞争会影响公司借款条款，但是对于客户集中度和借款组成的负向关系影响不大。

参考文献

[1] Ak B. K., Patatoukas P. N. Customer – Base Concentration and Inventory Efficiencies: Evidence From the Manufacturing Sector [J]. The Production and Operations Management Journal, 2015.

[2] Akhigbe A., Easterwood J. C., and Pettit R. R. Wealth Effects of Corporate Debt Issues: The Impact of Issuer Motivations [J]. Financial Management, 1997, Vol. 26 (1), 32 – 47.

[3] Albuquerque A. M., Papadakis G., Wysocki P. D. The Impact of Risk On Ceo Equity Incentives: Evidence From Customer Concentration, 2014, Working Paper.

[4] Alldredge D. M., Cicero D. C. Attentive Insider Trading [J]. Journal of Financial Economics, 2015, Vol. 115, Issue. 1, 84 – 101.

[5] Allen J W, Phillips G M. Corporate Equity Ownership, Strategic Alliances and Product Marker Relationships [J]. The Journal of Finance, 2000, 55 (6): 2791.

[6] Altman E. I., Financial Ratios. Discriminant Analysis and the Prediction of Corporate Bankruptcy [J]. The Journal of Finance, 1968, Vol. 23 (4): 589 – 609.

[7] Anderson M C, Banker R D, Janakiraman S N. Are Selling, General, and Administrative Costs Sticky? [J]. Journal of Accounting Research, 2003, 41 (1): 47 – 63.

[8] Anderson R. C., Mansi S. A., and Reeb D. M. Founding Family Ownership and the Agency Cost of Debt [J]. Journal of Financial Economics, 2003, Vol. 68 (2): 263 – 285.

[9] Anderson S., and H. Dekker. Management control for market transactions: The relation between transaction characteristics, incomplete contract design, and subsequent performance [J]. Management Science, 2005, 51 (12): 1734 – 1752.

[10] Anderson S W, Dekker H C. Strategic cost management in supply chains,

part 1: Structural cost management [J]. Accounting Horizons, 2009, 23 (2): 201 -220.

[11] Arndt J. Toward a concept of domesticated markets [J]. The journal of marketing, 1979: 69 -75.

[12] Arora A, Alam P. Ceo Compensation and Stakeholders' Claims [J]. Contemporary Accounting Research, 2005, Vol. 22, 3, 519 -547.

[13] Baber W. R. , Gore A. K. , Rich K. T. , and Zhang J. X. Accounting Restatements, Governance and Municipal Debt Financing [J]. Journal of Accounting and Economics , 2013, Vol. 56 (2/3): 212 -227.

[14] BaimanS. , RajanM. V. The Role of Information and Opportunism in the Choice of Buyer - Supplier Relationships [J]. Journal of Accounting Research, 2002, Vol. 40, 2, 247 -278.

[15] Balakrishnan R, Gruca T S. Cost Stickiness and Core Competency: A Note. Contemporary Accounting Research, 2008, 25 (4): 993 -1006.

[16] Balakrishnan R, Linsmeier T J, Venkatachalam M. Financial Benefits from JIT Adoption: Effects of Customer Concentration and Cost Structure [J]. The Accounting Review, 1996, 71 (2): 183 -205.

[17] Balakrishnan R, Petersen M J, Soderstrom N S. Does capacity utilization affect the stickiness of cost? [J]. Journal of Accounting, Auditing & Finance, 2004, 19 (3): 283 -300.

[18] Banerjee S. , Dasgupta S. , Kim Y. Buyer - Supplier Relationships and the Stakeholder Theory of Capital Structure [J]. The Journal of Finance, 2008, Vol. 63, Issue. 5, 2507 -2552.

[19] Banker R D, Byzalov D. Asymmetric cost behavior [J]. Journal of Management Accounting Research, 2014, 26 (2): 43 -79.

[20] Banker R D, Basu S, Byzalov D, et al. The confounding effect of cost stickiness on conservatism estimates [J]. Journal of Accounting and Economics, 2016, 61 (1): 203 -220.

[21] Banker R D, Byzalov D, Chen L T. Employment protection legislation, adjustment costs and cross - country differences in cost behavior [J]. Journal of Accounting and Economics, 2013, 55 (1): 111 -127.

[22] Banker R D, Byzalov D, Ciftci M, et al. The moderating effect of prior

sales changes on asymmetric cost behavior [J]. Journal of Management Accounting Research, 2014, 26 (2): 221 -242.

[23] Barbara B. Flynn, Baofeng Huo, Xi and e Zhao. The impact of supply chain integration on performance: A contingency and configuration approach [J]. Journal of Operations Management, 2010, 28: 58 -71.

[24] Beaver W. H. Financial Ratios as Predictors of Failure [J]. Journal of Accounting Research, 1966, Vol. 4 (1): 71 -111.

[25] Bensaou M. Interorganizational cooperation: the role of information technology an empirical comparison of US and Japanese supplier relations [J]. Information Systems Research, 1997, 8 (2): 107 -124.

[26] Bernanke B. S., and Blinder A. S. Credit, Money, and Aggregate Dem and [J]. American Economic Review, 1988, Vol. 78 (2): 435 -439.

[27] Bharath S. T., Sunder J., and Sunder S. V. Accounting Quality and Debt Contracting [J]. Accounting Review, 2008, Vol. 83 (1): 1 -28.

[28] Bhattacharya S. and Chiesa G. Proprietary Information, Financial Intermediation, and Research Incentives [J]. Journal of Financial Intermediation, 1995, Vol. 4 (4): 328 -357.

[29] Booth J. R. and Ii R. L. S. Capital Raising, Underwriting and the Certification Hypothesis [J]. Journal of Financial Economics, 1986, Vol. 15 (1 -2): 261 -281.

[30] Borisova G., Fotak V., Holl and K., and Megginson W. L. Government Ownership and the Cost of Debt: Evidence From Government Investments in Publicly Traded Firms [J]. Journal of Financial Economics, 2015, Vol. 118 (1): 168 -191.

[31] Bowen R. M., Ducharme L., Shores D. Stakeholders' Implicit Claims and Accounting Method Choice [J]. Journal of Accounting & Economics, 1995, Vol. 20 (3): 255 -295.

[32] Bradburd R. M. Price - Cost Margins in Producer Goods Industries and the Importance of Being Unimportant [J]. Review of Economics & Statistics, 1982, Vol. 64 (3): 405.

[33] Brown D. T., Fee C. E., Thomas S. E. Financial Leverage and Bargaining Power with Suppliers: Evidence From Leveraged Buyouts [J]. Journal of Corporate Finance, 2009, Vol. 15 (2): 96 -211.

[34] Cachon G. P. , Fisher M. Supply Chain Inventory Management and the Value of Shared Information. [J]. Management Science, 2000, Vol. 46 (8) : 1032.

[35] Calleja K, Steliaros M, Thomas D C. A note on cost stickiness: Some international comparisons [J]. Management Accounting Research, 2006, 17 (2): 127 – 140.

[36] Campello M. and Gao J. Customer Concentration and Loan Contract Terms [J]. Journal of Financial Economics, 2017, Vol. 123 (1): 108 – 136.

[37] Cannon J N. Determinants of sticky costs: An analysis of cost behavior using United States air transportation industry data [J]. The Accounting Review, 2014, 89 (5): 1645 – 1672.

[38] Cen L. , Maydew E. L. , Zhang L. , and Zuo L. Customer – Supplier Relationships and Corporate Tax Avoidance [J]. Journal of Financial Economics, 2017, Vol. 123 (2): 377 – 394.

[39] Cen L. , F. Chen, Y. Hou and G. D. Richardson, Strategic Disclosures of Litigation Loss Contingencies When Customer – Supplier Relationships Are at Risk [J]. The Accounting Review, 2018, Vol. 93 (2): 137 – 158.

[40] Chang H, Hall C, Paz M T. Customer Concentration and Cost Structure. Working Paper, 2015.

[41] Chang H. , Hall C. M. , Paz M. T. Cost Structure and Customer Concentration , 2014.

[42] Chen C X, Lu H, Sougiannis T. The Agency Problem, Corporate Governance, and the Asymmetrical Behavior of Selling, General, and Administrative Costs [J]. Contemporary Accounting Research, 2012, 29 (1): 252 – 282.

[43] Chen C X, Matsumura E M, Shin J Y, et al. The Effect of Competition Intensityand Competition Type on the Use of Customer Satisfaction Measures in Executive Annual Bonus Contracts [J]. The Accounting Review, 2014, 90 (1): 229 – 263.

[44] Chen I J, Paulraj A. Towards a theory of supply chain management: the constructsand measurements [J]. Journal of operations management, 2004, 22 (2): 119 – 150.

[45] Chen J. , Chang H. , Chen H. C. , and Kim S. The Effect of Supply Chain Knowledge Spillovers on Audit Pricing [J]. Journal of Management Accounting Research, 2014, Vol. 26 (1): 83 – 100.

[46] Chen L. , Yu H. , Hsieh C. Corporate Disclosure On Customer Information and Average Stock Returns, 2012.

[47] Chen X. , Gong G. , Luo S. Customer's Short Interest and Supplier's Investment Decision, Working Paper, 2015.

[48] Cheng C A, Eshleman J D. Does the market overweigh timprecise information? Evidence from customer earnings announcements [J]. Review of Accounting Studies. , 2014, 1 - 27.

[49] Cheung Y. , Haw I. , Hu B. The Monitoring Role of Overlapping Institutional Investors in a Supplier - Customer Relationship, Working Paper, 2015.

[50] Chiu, T. , J. Kim and Z. Wang. Customers' risk factor disclosures and suppliers' investment efficiency [J]. Contemporary Accounting Research, 2018, forthcoming.

[51] Chu Y. Optimal Capital Structure, Bargaining, and the Supplier Market Structure [J]. Journal of Financial Economics, 2012, Vol. 106, Issue. 2, 411 - 426.

[52] Clark T. H. and Hammond J. H. Reengineering Channel Reordering Processes To Improve Total Supply - Chain Performance [J]. Production and Operations Management, 1997, Vol. 6 (3): 248 - 265.

[53] Clive Lennox, Bing Li. Accounting misstatements following lawsuits against auditors [J]. Journal of Accounting and Economics, 2014, Vol. 57 : 58 - 75.

[54] Cohen D. A. , Li B. Why Do Firms Hold Less Cash? A Customer Base Explanation. Working Paper, 2014.

[55] Cohen D. A. and Li B. Customer - Base Concentration, Profitability and the Information Environment: The U. S. Government as a Major Customer, Working Paper.

[56] Cohen L. and Frazzini A. Economic Links and Predictable Returns [J]. Journal of Finance, 2008, Vol. 63 (4): 1977 - 2011.

[57] Cooper R, Kaplan R S. The design of cost management systems: text and cases [J]. Prentice Hall, 1999.

[58] Corwin S. A. and Schultz P. The Role of IPO Underwriting Syndicates: Pricing, Information Production, and Underwriter Competition [J]. The Journal of Finance, 2005, Vol. 60 (1): 443 - 486.

[59] Costello A. M. Mitigating Incentive Conflicts in Inter – Firm Relationships: Evidence From Long – Term Supply Contracts [J]. Journal of Accounting and Economics, 2013, Vol. 56 (1): 19 – 39.

[60] Cowley P. R. Business Margins and Buyer/Seller Power [J]. Review of Economics and Statistics, 1986, Vol. 68 (2): 333.

[61] Crawford S., Y. Huang, N. Li, and Z. Yang. Customer Concentration and Public Disclosure: Evidence from Management Earnings and Sales Forecasts [J]. Contemporary Accounting Research, 2019, forthcoming.

[62] Crook T. R., Combs J. G. Sources and Consequences of Bargaining Power in Supply Chains [J]. Journal of Operations Management, 2007, Vol. 25, (2): 546 – 555.

[63] Cunat V. Trade Credit: Suppliers as Debt Collectors and Insurance Providers [J]. Review of Financial Studies, 2007, Vol. 20 (2): 491 – 527.

[64] Daniela Fabbri, Anna Maria C. Menichini. Trade credit, collateral liquidation, and borrowing constraints [J]. Journal of Financial Economics, 2010, 96: 413 – 432.

[65] Das, T. K., and B. S. Teng. Trust, control, and risk in strategic alliances: An integrated framework [J]. Organization Studies, 2001, 22 (2): 251 – 283.

[66] Dhaliwal D., Judd J. S., Serfling M., and Shaikh S. Customer Concentration Risk and the Cost of Equity Capital [J]. Journal of Accounting and Economics, 2016, Vol. 61 (1): 23 – 48.

[67] Dhaliwal, D., Michas, P. N., Naiker, V., Sharma, D. Major customer reliance and auditor going – concern decisions, Working Paper, University of Arizona, 2013.

[68] Dhaliwal D. S., J. Shenoy, R. Williams. Common Auditors and Relationship – Specific Investment in Supplier – Customer Relationships, Working paper, 2016.

[69] Dierynck B, Landsman W R, Renders A. Do managerial incentives drive cost behavior? Evidence about the role of the zero earnings benchmark for labor cost behavior in private Belgian firms [J]. The Accounting Review, 2012, 87 (4): 1219 – 1246.

[70] Dou Y., Hope O., Thomas W. B. Relationship – Specificity, Contract Enforceability, and Income Smoothing [J]. The Accounting Review, 2013, Vol. 88

(5): 1629 - 1656.

[71] Dowlatshahi S. Bargaining Power in Buyer - Supplier Relationships [J]. Production and Inventory Management Journal, 1999, Vol. 40, Issue. 1, 27 - 35.

[72] Drake A. R., Haka S. F. Does Abc Information Exacerbate Hold - Up Problems in Buyer - Supplier Negotiations [J]. The Accounting Review, 2008, Vol. 83, Issue. 1, 29 - 60.

[73] Duffee G. R. The Relation between Treasury Yields and Corporate Bond Yield Spreads [J]. Journal of Finance, 1998, Vol. 53 (6): 2225 - 2241.

[74] Ederington L. H. and Goh J. C. Bond Rating Agencies and Stock Analysts: Who Knows What When [J]. Journal of Financial and Quantitative Analysis, 1998, Vol. 33 (4): 569 - 585.

[75] Ellis J. A., Fee C. E., Thomas S. E. Proprietary Costs and the Disclosure of Information About Customers [J]. Journal of Accounting Research, 2012, Vol. 50, Issue. 3, 685 - 727.

[76] Emmanuel T. De George, Colin B. Ferguson, Nasser A. Spear. How Much Does IFRS Cost? IFRS Adoption and Audit Fees [J]. The Accounting Review, 2013, (2): 429 - 462.

[77] Fabbri D., Klapper L. F. Trade Credit and the Supply Chain, Working Paper, 2011.

[78] Fabbri D., Menichini A. M. C. Trade Credit, Collateral Liquidation, and Borrowing Constraints [J]. Journal of Financial Economics, 2010, Vol. 96, Issue. 3, 413 - 432.

[79] Fang L. H. Investment Bank Reputation and The Price and Quality of Underwriting Services [J]. The Journal of Finance, 2005, Vol. 60 (6): 2729 - 2761.

[80] Fang V. W., Gong G., and Luo S. Supply Chain Lending Relationship and Borrowers' Reporting Conservatism, Working Paper, 2014.

[81] Farber S. Buyer Market Structure and R&D Effort: A Simultaneous Equations Model [J]. Review of Economics & Statistics, 1981, Vol. 63, Issue. 3, 336.

[82] Fee C E, Hadlock C J, Thomas S. Corporate equity ownership and the governance of product market relationships [J]. The Journal of Finance, 2006, 61 (3): 1217 - 1251.

[83] Fee C. E. , Thomas S. Sources of Gains in Horizontal Mergers: Evidence From Customer [J]. Supplier and Rival Firms, Journal of Financial Economics, 2004, Vol. 74, Issue. 3, 423 -460.

[84] Files R, Gurun U. G. Lenders' Response to Peer and Customer Restatements [J]. Contemporary Accounting Research, 2018, 35 (1): 464 -493.

[85] Fischer P. E. and Verrecchia R. E. The Effect of Limited Liability on the Market Response to Disclosure [J]. Contemporary Accounting Research, 1997, Vol. 14 (3): 515 -541.

[86] Flynn B. B. , Huo B. , Zhao X. The Impact of Supply Chain Integration On Performance: A Contingency and Configuration Approach [J]. Journal of Operations Management, 2010, Vol. 28, Issue. 1, 58 -71.

[87] Freeman R E. Strategic management: A stakeholder approach [J]. Cambridge University Press, 2010.

[88] Gong G. , Luo S. Supply Chain Lending and Accounting Conservatism, Working Paper , 2014.

[89] Gosman M. , Kelly T. , Olsson P. , Warfield T. The Profitability and Pricing of Major Customers [J]. Review of Accounting Studies, 2004, Vol. 9, Issue. 1, 117 -139.

[90] Gosman M L, Kohlbeck M J. Effects of the Existence and Identity of Major Customers on Supplier Profitability: Is Wal - Mart Different [J]. Journal of Management Accounting Research, 2009, 21: 179 -201.

[91] Goto S. , Xiao G. , Xu Y. As Told by the Supplier: Trade Credit and the Cross Section of Stock Returns [J]. Journal of Banking & Finance, 2015, Vol. 60, 296 -309.

[92] Guan Y. , Wong M. , and Zhang Y. Analyst Following along the Supply Chain [J]. Review of Accounting Studies, 2015, Vol. 20 (1): 210 -241.

[93] Habib A. , Hasan M. M. , and Bhuiyan M. B. U. Customer Concentration [J]. Corporate Social Responsibility and Idiosyncratic Risk, Working Paper, 2015.

[94] Heide J B, Miner A S. The shadow of the future: Effects of anticipated interaction and frequency of contact on buyer - seller cooperation [J]. Academy of management journal, 1992, 35 (2): 265 -291.

[95] Hennessy C. A., Livdand. Debt, Bargaining, and Credibility in Firm - Supplier Relationships [J]. Journal of Financial Economics, 2009, Vol. 93, Issue. 3, 382 - 399.

[96] Henry S. Farber. Splitting the Difference in Interest Arbitration [J]. Industrial and Laber Relations Review, 1981, 35: 70 - 77.

[97] Hertzel, M., Li, Z., Officer, M., Rodgers, K. Inter - firm linkages and the wealth effects of financial distress along the supply chain [J]. Journal of Financial Economics, 2008, 87: 374 - 387.

[98] Hill M. D., Kelly G. W., and Lockhart G. B. Shareholder Returns from Supplying Trade Credit [J]. Financial Management, 2012, Vol. 41 (1): 255 - 280.

[99] Holzhacker M, Krishnan R, Mahlendorf M D. The impact of changes in regulation on cost behavior [J]. Contemporary Accounting Research, 2014, 32 (2): 534 - 566.

[100] Houston J. F., Lin C., and Zhu Z. The Financial Implications of Supply Chain Changes [J]. Management Science, 2016, Vol. 62 (9): 2520 - 2542.

[101] Houston M. B., Johnson S. A. Buyer - Supplier Contracts Versus Joint Ventures: Determinants and Consequences of Transaction Structure [J]. Journal of Marketing Research, 2000, Vol. 37, Issue. 1, 1 - 15.

[102] Huang H. H., Lobo G. J., Wang C., Xie H. Customer Concentration and Corporate Tax Avoidance, 2014.

[103] Hui K. W., Klasa S., and Yeung P. E. Corporate Suppliers and Customers and Accounting Conservatism [J]. Journal of Accounting and Economics, 2012, Vol. 53 (1 - 2): 115 - 135.

[104] Hui K. W., C. Liang & P. E. Yeung. The Effect of Major Customer Concentration on Firm Profitability: Competitive or Collaborative [J]. Review of Accounting Studies, 2018, 1 - 41.

[105] I. J. Chen A. Paulraj. Underst and ing supply chain management: critical research and a theoretical framework [J]. International Journal of Production Research, 2004, 42: 131 - 163.

[106] Intintoli V. J., Serfling M. A., Shaikh S. Ceo Turnovers and Disruptions in Customer - Supplier Relationships. Working Paper, 2012.

[107] Irvine P. J., Park S. S., Yildizhan Ç. Customer – Base Concentration, Profitability, and the Relationship Life Cycle [J]. The Accounting Review, 2015, Vol. 91 (3): 883 – 906.

[108] Irvine P., Saeyeul Park S., and Yildizhan Ç. Customer – Base Concentration, Profitability and The Relationship Life Cycle [J]. The Accounting Review, 2016, Vol. 91 (3): 883 – 906.

[109] Itzkowitz J. Customers and Cash: How Relationships Affect Suppliers' Cash Holdings [J]. Journal of Corporate Finance, 2013, Vol. 19: 159 – 180.

[110] Itzkowitz J. Buyers as Stakeholders: How Relationships Affect Suppliers' Financial Constraints [J]. Journal of Corporate Finance, 2015, Vol. 31: 54 – 66.

[111] Jap S. D. Pie – Expansion Efforts: Collaboration Processes in Buyer – Supplier Relationships [J]. Journal of Marketing Research, 1999, Vol. 36, Issue. 4, 461 – 475.

[112] Jarrow R. A. and Yu F. Counterparty Risk and The Pricing of Defaultable Securities [J]. The Journal of Finance, 2001, Vol. 56 (5): 1765 – 1799.

[113] Jengfang C., Hsihui C., Hsin – Chi C., Sungsoo K. The Effect of Supply Chain Knowledge Spillovers On Audit Pricing [J]. Journal of Management Accounting Research, 2014, Vol. 26, Issue. 1, 83 – 100.

[114] Jennifer Itzkowitz. Customers and cash: How relationships affect suppliers' cash holdings [J]. Journal of Corporate Finance, 2013, (19): 159 – 180.

[115] Jiang J. Beating Earnings Benchmarks and the Cost Of Debt [J]. Accounting Review, 2008, Vol. 83 (2): 377 – 416.

[116] Jin Wang. Do firms' relationships with principal customers/suppliers affect shareholders' income [J]. Journal of Corporate Finance, 2012, (18): 860 – 878.

[117] Johnson S. A. An Empirical Analysis of the Determinants of Corporate Debt Ownership Structure [J]. The Journal of Financial and Quantitative Analysis, 1997, Vol. 32 (1): 47 – 69.

[118] Johnson W. C., Kang J. K., and Yi S. The Certification Role of Large Customers in the New Issues Market [J]. Financial Management, 2010, Vol. 39 (4): 1425 – 1474.

[119] Johnson W. C., Karpoff J. M., and Yi S. The Bonding Hypothesis of

Takeover Defenses: Evidence from IPO Firms [J]. Journal of Financial Economics, 2015, Vol. 117 (2): 307 - 332.

[120] Johnstone, K. M. Client acceptance decisions: simultaneous effects of client business risk, audit risk, and risk adaptation [J]. Auditing: A Journal of Practice & Theory (Spring), 2000, 1 - 25.

[121] Johnstone, K. M., and Bedard, J. C. Risk management in client acceptance decisions [J]. The Accounting Review, 2003, 78: 1003 - 1025.

[122] Johnstone K. M., Li C., and Luo S. Client - Auditor Supply Chain Relationships, Audit Quality, and Audit Pricing [J]. Auditing A Journal of Practice and Theory, 2014, Vol. 33 (4): 119 - 166.

[123] Jurgen peters. Buyer market power and innovative activities [J]. Review of Industrial Organization, 2000, 16: 13 - 38.

[124] Jorion P. and Zhang G. Credit Contagion from Counterparty Risk [J]. The Journal of Finance, 2009, Vol. 64 (5): 2053 - 2087.

[125] Joskow P L. Contract Duration and Relationship - Specific Investments: Empirical Evidence from Coal Markets [J]. The American Economic Review, 1987, 77 (1): 168 - 185.

[126] Kai Wai Hui, S and y Klasa, P. Eric Yeung. Corporate suppliers and customers and accounting conservatism [J]. Journal of Accounting and Economics, 2012, (53): 115 - 135.

[127] Kale J., Kedia S., Williams R. The Effect of Ceo'S Risk - Taking Incentives On Relationship - Specific Investments by Customers and Suppliers, 2011.

[128] Kale J. R. and Shahrur H. Corporate Capital Structure and the Characteristics of Suppliers and Customers [J]. Journal of Financial Economics, 2007, Vol. 83 (2): 321 - 365.

[129] Kale J. R., Shahrur H. Corporate Leverage and Specialized Investments by Customers and Suppliers [J]. Journal of Applied Corporate Finance, 2008, Vol. 20, Issue. 4, 98 - 104.

[130] Kalwani M. U., Narayandas N. LongTerm Manufacturer Supplier Relationships: Do they Pay Off for Supplier Firms [J]. Journal of Marketing, 1995, Vol. 59, Issue. 1, 1 - 16.

[131] Kama I, Weiss D. Do earnings targets and managerial incentives affect sticky costs [J]. Journal of Accounting Research, 2013, 51 (1): 201 -224.

[132] Kang J., Xu L., Zhang L. Supplier - Customer Relationships and Corporate Hedging Policy, 2012.

[133] Kecskés A., Mansi S. A., and Zhang A. J. Are Short Sellers Informed? Evidence from the Bond Market [J]. Accounting Review, 2013, Vol. 88 (2): 611 -639.

[134] Kelly T., Gosman M. L. Increased Buyer Concentration and its Effects On Profitability in the Manufacturing Sector [J]. Review of Industrial Organization, 2000, Vol. 17, Issue. 1, 41 -59.

[135] Kim J., Song B. Y., and Zhang Y. Earnings Performance of Major Customers and Bank Loan Contracting With Suppliers [J]. Journal of Banking and Finance, 2015, Vol. 59: 384 -398.

[136] Kim Y. H. W. Does a Suppliers' Operational Competence Translate Into Financial Performance? An Empirical Analysis of Supplier - Customer Relationships [J]. Decision Sciences, 2015, Vol. 46, Issue. 1, 101 -134.

[137] Kim Y. H., Henderson D. Financial Benefits and Risks of Dependency in Triadic Supply Chain Relationships [J]. Journal of Operations Management, 2015, Vol. 36: 115 -129.

[138] Kolay M., Lemmon M. L., Tashjian E. Spreading the Misery? Sources of Bankruptcy Spillover in the Supply Chain, Working Paper, 2015.

[139] Krishnan, G. V. Did earnings conservatism increase for former andersen clients [J]. Journal of Accounting, Auditing and Finance, 2007, 3: 209 -228.

[140] Krishnan G. V., Lee H. S., Patatoukas P. N., and Wang A. Y. Major Customer Dependency: Implications for Audit Pricing and Quality, Working Paper, 2015.

[141] Kulp S. C. The Effect of Information Precision and Information Reliability On Manufacturer - Retailer Relationships [J]. The Accounting Review, 2002, Vol. 77, Issue. 3, 653 -677.

[142] Kulp S C, Lee H L, Ofek E. Manufacturer Benefits from Information Integration with Retail Customers [J]. Management Science, 2004, 50 (4): 431 -444.

[143] Kumar N. The Power of Trust in Manufacturer - Retailer Relationships

[J]. Harvard Business Review, 1996, Vol. 74 (6): 15 - 19.

[144] Lafrance V. A. The Impact of Buyer Concentration—An Extension [J]. Review of Economics & Statistics, 1979, Vol. 61, Issue. 3, 475.

[145] Lawrence J. Abbott, Susan Parker, Gary F. Peters. Serving Two Masters: The Association between Audit Committee Internal Audit Oversight and Internal Audit Activities [J]. Accounting Horizons, 2010, (24): 1 - 24.

[146] Lee H L, So K C, Tang C S. The value of information sharing in a two - level supply chain [J]. Management science, 2000, 46 (5): 626 - 643.

[147] Levy D T. The transactions cost approach to vertical integration: an empirical examination [J]. The Review of Economics and Statistics, 1985, 67 (3): 438 - 445.

[148] Li N. and Yang Z. Customer Relationship and Debt Contracting, Working Paper, 2011.

[149] Ling C., Sudipto D., Rik S. Discipline Or Disruption [J]. Stakeholder Relationships and the Effect of Takeover Threat, 2015.

[150] Longstaff F. A. and Schwartz E. S. A Simple Approach to Valuing Risky Fixed and Floating Rate Debt [J]. The Journal of Finance, 1995, Vol. 50 (3): 789 - 819.

[151] Luo S. and Nagarajan N. J. Information Complementarities and Supply Chain Analysts [J]. The Accounting Review, 2015, Vol. 90 (5): 1995 - 2029.

[152] Luo X., Kanuri V. K., Andrews M. How Does Ceo Tenure Matter The Mediating Role of Firm - Employee and Firm - Customer Relationships [J]. Strategic Management Journal, 2014, Vol. 35, Issue. 4, 492 - 511.

[153] Lustgarten S H. The impact of buyer concentration in manufacturing industries [J]. The Review of Economics and Statistics, 1975, 57 (2): 125 - 132.

[154] Madsen J. Anticipated Earnings Announcements and the Customer - Supplier Anomaly [J]. Journal of Accounting Research, 2017, 55 (2): 709 - 741.

[155] Maksimovic V, Titman S. Financial policy and reputation for product quality [J]. Review of Financial Studies, 1991, 4 (1): 175 - 200.

[156] Mansi S. A., Maxwell W. F., and Miller D. P. Analyst Forecast Characteristics and the Cost of Debt [J]. Review of Accounting Studies, 2011, Vol. 16

(1): 116 - 142.

[157] Martin L. Gosman, Mark J. Kohlbeck. Existence and identity of major customer on supplier profitability is Wal - Mart Different [J]. Journal of Management Accounting Research, 2009, (21): 179 - 201.

[158] Masschelein S, Cardinaels E, Van den Abbeele A. ABC information, fairness perceptions, and interfirm negotiations [J]. The Accounting Review, 2012, 87 (3): 951 - 973.

[159] Matsumura E. M., Schloetzer J. D. Sources of Customer - Base Concentration and Supplier Performance, 2015.

[160] Megginson W. L. and Weiss K. A. Venture Capitalist Certification in Initial Public Offerings [J]. The Journal of Finance, 1991, Vol. 46 (3): 879 - 903.

[161] Menon, Krishnagopal, Williams, David D. Long - Term Trends in Audit Fees [J]. Auditing: A Journal of Practice & Theory, 2001, 20: 115.

[162] Merton R. C. On the Pricing of Corporate Debt: the Risk Structure of Interest Rates [J]. The Journal of Finance, 1974, Vol. 29 (2): 449 - 470.

[163] Mihov A. and Naranjo A. Customer - Base Concentration and the Transmission of Idiosyncratic Volatility along the Vertical Chain [J]. Journal of Empirical Finance, 2017, Vol. 40: 73 - 100.

[164] Morgan J., Stundza T. Supply Strategy: Buyer - Supplier Alliances Don't Come Together [J]. Purchasing, 1993, Issue. 114, 11B - 34B.

[165] Morgan N. A., Kaleka A., Gooner R. A. Focal Supplier Opportunismin Supermarket Retailer Category Management [J]. Journal of Operations Management, 2007, Vol. 25, Issue. 2, 512 - 527.

[166] Murray J. Y., Kotabe M., Wildt A. R. Strategic and Financial Performance Implications of Global Sourcing Strategy: A Contingency Analysis [J]. Journal of International Business Studies, 1995, Vol. 26, Issue. 1, 181 - 202.

[167] Oatatoukas P. N. Customer - Base Concentration: Implications for Firm Performance and Capital Markets: 2011 American Accounting Association Competitive Manuscript Award Winner [J]. The Accounting Review, 2012, Vol. 87, Issue. 2, 363 - 392.

[168] Oliveira M., P. Kadapakkam and M. Beyhaghi. Effects of customer finan-

cial distress on supplier capital structure [J]. Journal of Corporate Finance, 2017, (42): 131 -149.

[169] Oliver Willimison. The economic institutions of capitalism [J]. New York: Free Press, 1985.

[170] Olsen C., Dietrich J. R. Vertical Information Transfers: The Association Between Retailers' Sales Announcements and Suppliers' Security Returns [J]. Journal of Accounting Research Issue, 1985, 23, 144 -166.

[171] P and it S., Wasley C. E., and Zach T. Information Externalities along The Supply Chain: The Economic Determinants of Suppliers' Stock Price Reaction to Their Customers' Earnings Announcements [J]. Contemporary Accounting Research, 2011, Vol. 28 (4): 1304 -1343.

[172] Pandit S., Wasley C. E., Zach T. Information Externalities Along the Supply Chain: The Economic Determinants of Suppliers' Stock Price Reaction to their Customers' Earnings Announcements [J]. Contemporary Accounting Research, 2011, Vol. 28, Issue. 4, 1304 -1343.

[173] Panos N. Patatoukas. Customer - Base Concentration: Implications for Firm Performance and Capital Markets [J]. The Accounting Review, 2012, (87): 363 -392.

[174] Patatoukas P N. Customer - Base Concentration: Implications for Firm Performance and Capital Markets [J]. Accounting Review, 2012, 87 (2): 363 -392.

[175] Paul Hribar, Todd Kravet, Ryan Wilson. A new measure of accounting quality [J]. Review of Accounting Studies, 2014, (19): 506 -538.

[176] Paulraj A., Lado A. A., Chen I. J. Inter - Organizational Communication as a Relational Competency: Antecedents and Performance Outcomes in Collaborative Buyer - Supplier Relationships [J]. Journal of Operations Management, 2008, Vol. 26, Issue. 1, 45 -64.

[177] Peters J. Buyer Market Power and Innovative Activities [J]. Review of Industrial Organization, 2000, Vol. 16, Issue. 1, 13 -38.

[178] Pfeffer J, Salancik G R. The external control of organizations: A resource dependence perspective [J]. Stanford University Press, 2003.

[179] Porter M E. Competitive strategy: Techniques for analyzing industries and

competition [J]. New York, 1980: 300.

[180] Porter M. E. Consumer Behavior [J]. Retailer Power and Market Performance in Consumer Goods Industries, Review of Economics & Statistics, 1974, Vol. 56, Issue. 4, 419.

[181] Porter M. E. How Competitive Forces Shape Strategy [J]. Harvard Business Review, 1979, Vol. 57, Issue. 2, 137 - 145.

[182] Radhakrishnan S., Wang Z., Zhang Y. Customers' Capital Market Information Quality and Suppliers' Performance [J]. Production & Operations Management, 2014, Vol. 23, Issue. 10, 1690 - 1705.

[183] Ramakrishnan R. T. and Thakor A. V. Information Reliability and a Theory of Financial Intermediation [J]. The Review of Economic Studies, 1984, Vol. 51 (3): 415 - 432.

[184] Raman K, Shahrur H. Relationship - specific investments and earnings management: Evidence on corporate suppliers and customers [J]. The Accounting Review, 2008, 83 (4): 1041 - 1081.

[185] Ramgopal Venkataraman, Joseph P. Weber, Michael Willenborg. Litigation Risk, Audit Quality, and Audit Fees: Evidence from Initial Public Offerings [J]. The Accounting Review, 2008, 83: 1315 - 1345.

[186] Ravenscraft D. J. Structure - Profit Relationships at the Line of Business and Industry Level [J]. Review of Economics &Statistics, 1983, Vol. 65, Issue. 1, 22.

[187] Robert S K, Robin C. Cost & effect: Using integrated cost systems to drive profitability and performance [J]. Harvard Business Press, 1998.

[188] Schloetzer J D. Process Integration and Information Sharing in Supply Chains [J]. Accounting Review, 2012, 87 (3): 1005 - 1032.

[189] Schumacher U. Buyer Structure and Seller Performance in Us Manufacturing Industries [J]. The Review of Economics and Statistics, 1991, Vol. 73, Issue. 2, 277 - 284.

[190] Sengupta P. Corporate Disclosure Quality and the Cost of Debt [J]. The Accounting Review, 1998, Vol. 73 (4): 459 - 474.

[191] Shahrur H. Industry Structure and Horizontal Takeovers: Analysis of Wealth Effects On Rivals, Suppliers, and Corporate Customers [J]. Journal of Finan-

cial Economics, 2005, Vol. 76, Issue. 1, 61 –98.

[192] Shail P and it, Charles E. Wasley, Tzachi Zach. Information Externalities along the Supply Chain: The Economic Determinants of Suppliers' Stock Price Reaction to Their Customers' Earnings Announcements [J]. Contemporary Accounting Research, 2011, Vol. 28 No. 4 : 1304 –1343.

[193] Shenoy J., Williams R. Trade Credit Decisions of U. S. Public Firms: The Joint Effects of Supplier and Customer Financial Characteristics [J]. Journal of Financial Intermediation, 2015.

[194] Shuqing L., Nagarajan N. J. Information Complementarities and Supply Chain Analysts [J]. Accounting Review, 2015, Vol. 90, Issue. 5, 1995 –2029.

[195] Simunic, D. A. The Pricing of Audit Services: Theory and Evidence [J]. Journal of Accounting Research, 1980, (18): 161 –190.

[196] Smith. C. W. and Warner J. B. On Financial Contracting: An Analysis of Bond Covenants [J]. Journal of Financial Economics, 1979, Vol. 7 (2): 117 –161.

[197] Smith R. E., Wright W. F. Determinants of Customer Loyalty and Financial Performance [J]. Journal of Management Accounting Research, 2004, Vol. 16, Issue. 1, 183 –205.

[198] Stanley baiman and madhav V. rajan. The Role of Information and Opportunism in the Choice of Buyer – Supplier Relationships [J]. Journal of Accounting Research, 2002, Vol. 40 (2).

[199] Stephen Farber. Buyer Market Structure and R&D Effort: A Simultaneous Equations Model [J]. The Review of Economics and Statistics, 1981, 63: 336 –345.

[200] Tian X. The Causes and Consequences of Venture Capital Stage Financing [J]. Journal of Financial Economics, 2011, Vol. 101 (1): 132 –159.

[201] Titman S. and Trueman B. Information Quality and The Valuation of New Issues [J]. Journal of Accounting and Economics, 1986, Vol. 8 (2): 159 –172.

[202] Tsung – Kang C., Hsien – Hsing L., Hui – Ju K., Hsieh Y. Information Flow Risk, Supply Chain Characteristics and Corporate Bond Yield Spreads, Working Paper, 2010.

[203] Ute Schumacher. Buyer Structure and Seller Performance in US Manufactural Industries [J]. The Review of Economics and Statistics, 1991, Vol. 73, (2),

277 – 284.

[204] Venieris G, Naoum V C, Vlismas O. Organisation capital and sticky behaviour of selling general and administrative expenses [J]. Management Accounting Research, 2014.

[205] Vojislav Maksimovic, Sheridan Titman. Financial Policy and Reputation for Product Quality [J]. The Review of Financial Studies, 1991, 4: 175 – 200.

[206] Wang J. Do Firms' Relationshipswith Principal Customers/Suppliers Affect Shareholders' Income [J]. Journal of Corporate Finance, 2012, Vol. 18 (4): 860 – 878.

[207] Weiss D. Cost behavior and analysts' earnings forecasts [J]. The Accounting Review, 2010, 85 (4): 1441 – 1471.

[208] William C. Johnson, Jun – Koo Kang, and Sangho Yi. The Certification Role of Large Customers in the New Issues Market [J]. Financial Management, 2010: 1425 – 1474.

[209] Williamson O. E. The Economic Intstitutions of Capitalism, Free Press, 1985.

[210] Williamson O. E. Comparative economic organization: The analysis of discrete structural alternatives [J]. Administrative Science Quarterly, 1991, 36: 269 – 296.

[211] Yoon Hee Kim and Urban Wemmerlöv. The Effect of Operations Strategy on Supplier – Customer Relationships and Suppliers' Financial Performance, Working Paper, 2010.

[212] Yu F. Accounting Transparency and The Term Structure of Credit Spreads [J]. Journal of Financial Economics, 2005, Vol. 75 (1): 53 – 84.

[213] Ziebart D. A. and Reiter S. A. Bond Ratings, Bond Yields and Financial Information [J]. Contemporary Accounting Research, 1992, Vol. 9 (1): 252 – 282.

[214] 蔡吉甫. 公司治理、审计风险与审计费用关系研究 [J]. 审计研究, 2007 (3): 65 – 71.

[215] 陈超, 李镕伊. 债券融资成本与债券契约条款设计 [J]. 金融研究, 2014 (3).

[216] 陈磊, 宋乐, 施丹. 企业的成本粘性被高估了吗? 基于中国上市公

司的实证研究 [J]. 中国会计评论，2012 (1): 3-16.

[217] 崔学刚，徐金亮. 境外上市、绑定机制与公司费用粘性 [J]. 会计研究，2013 (12): 33-39.

[218] 方红星，施继坤，张广宝. 产权性质、信息质量与公司债定价——来自中国资本市场的经验证据 [J]. 金融研究，2013 (4).

[219] 冯延超，梁莱歆. 上市公司法律风险、审计收费及非标准审计意见——来自中国上市公司的经验证据 [J]. 审计研究，2010 (3): 75-81.

[220] 付雷鸣，万迪昉，张雅慧. 中国上市公司公司债发行公告效应的实证研究 [J]. 金融研究，2010 (3).

[221] 何平，金梦. 信用评级在中国债券市场的影响力 [J]. 金融研究，2010 (4).

[222] 江伟，胡玉明，吕喆. 应计盈余管理影响企业的成本粘性吗 [J]. 南开管理评论，2015 (2): 83-91.

[223] 靳庆鲁，孔祥，侯青川. 货币政策、民营企业投资效率与公司期权价值 [J]. 经济研究，2012 (5).

[224] 靳庆鲁，李荣林，万华林. 经济增长、经济政策与公司业绩关系的实证研究 [J]. 经济研究，2008 (8).

[225] 孔玉生，朱乃平，孔庆根. 成本粘性研究：来自中国上市公司的经验证据 [J]. 会计研究，2007 (11): 58-65.

[226] 李补喜，王平心. 上市公司董事会特征与审计费用率 [J]. 中国会计评论，2006 (1): 105-118.

[227] 李扬，张晓晶. 新常态：经济发展的逻辑与前景 [J]. 经济研究，2015, 50 (5): 4-19.

[228] 梁上坤. 管理者过度自信、债务约束与成本粘性 [J]. 南开管理评论，2015 (3): 122-131.

[229] 刘武. 企业费用粘性行为：基于行业差异的实证研究 [J]. 中国工业经济，2006 (12): 105-112.

[230] 刘媛媛，刘斌. 劳动保护、成本粘性与企业应对 [J]. 经济研究，2014 (05): 63-76.

[231] 罗党论，佘国满. 地方官员变更与地方债发行 [J]. 经济研究，2015 (6).

［232］马永强，张泽南．金融危机冲击、管理者盈余动机与成本费用粘性研究［J］．南开管理评论，2013（6）：70－80.

［233］沈红波，冠民．信用评级机构可以提供增量信息吗——基于短期融资券的实证检验［J］．财贸经济，2014（8）.

［234］施丹，程坚．审计师性别组成对审计质量、审计费用的影响——来自中国的经验证据［J］．审计与经济研究，2011（5）：38－46.

［235］孙会霞，陈金明，陈运森．银行信贷配置、信用风险定价与企业融资效率［J］．金融研究，2013（11）.

［236］唐跃军．供应商、经销商议价能力与公司业绩——来自2005—2007年中国制造业上市公司的经验证据［J］．中国工业经济，2009（10）：67－76.

［237］田利辉，刘霞．国际四大的品牌溢价和我国上市公司的审计收费［J］．中国会计评论，2013（1）：55－70.

［238］汪莉，陈诗一．政府隐性担保、债务违约与利率决定［J］．金融研究2015（9）.

［239］王兵，辛清泉．分所审计是否影响审计质量和审计收费［J］．审计研究，2010（2）：70－76.

［240］王雄元，高开娟．客户关系与企业成本粘性：敲竹杠还是合作［J］．南开管理评论，2017，20（1）：132－142.

［241］王雄元，高开娟．客户集中度与公司债二级市场信用利差［J］．金融研究，2017（1）：130－144.

［242］王雄元，高开娟．如虎添翼抑或燕巢危幕：承销商、大客户与公司债发行定价［J］．管理世界，2017（09）：42－59＋187.

［243］王雄元，刘芳．客户议价能力与供应商会计稳健性［J］．中国会计评论，2014（3）：389－404.

［244］王雄元，彭旋．稳定客户提高了分析师对企业盈余预测的准确性吗［J］．金融研究，2016（5）：156－172.

［245］王雄元，王鹏，张金萍．客户集中度与审计费用：客户风险抑或供应链整合［J］．审计研究，2014（06）：72－82.

［246］王雄元，喻长秋．专有化成本与公司自愿性信息披露——基于客户信息披露的分析［J］．财经研究，2014，40（12）：27－38.

［247］王雄元，张春强，何捷．宏观经济波动性与短期融资券风险溢价

[J]. 金融研究，2015 (1).

[248] 翁君奕. 竞争、不确定性与企业间技术创新合作 [J]. 经济研究，2002 (3): 53-60.

[249] 吴育辉，魏志华，吴世农. 中国上市公司发行短期融资券的影响因素分析 [J]. 金融研究，2009 (5).

[250] 伍利娜. 盈余管理对审计费用影响分析——来自中国上市公司首次审计费用披露的证据 [J]. 会计研究，2003 (12): 39-44.

[251] 徐浩萍，杨国超. 股票市场投资者情绪的跨市场效应——对债券融资成本影响的研究 [J]. 财经研究，2013 (2).

[252] 杨清香，姚静怡，张晋. 与客户共享审计师能降低公司的财务重述吗？——来自中国上市公司的经验证据 [J]. 会计研究，2015 (6): 72-79.

[253] 张敏，马黎珺，张胜. 供应商-客户关系与审计师选择 [J]. 会计研究，2012 (12): 81-86.

[254] 朱松，陈关亭. 会计稳健性与审计收费：基于审计风险控制策略的分析 [J]. 审计研究，2012 (1): 87-95.

[255] 朱小平，郭志英. 不更换会计师事务所条件下审计费用增加的信息含量研究——不更换会计师事务所条件下审计意见购买的线索分析 [J]. 审计研究，2006 (2): 64-68.